reinhardt

ROLF VON SIEBENTHAL

Friedrich Reinhardt Verlag

Der Friedrich Reinhardt Verlag wird vom Bundesamt für Kultur mit einem Strukturbeitrag für die Jahre 2016–2020 unterstützt.

Alle Rechte vorbehalten
© 2017 Friedrich Reinhardt Verlag, Basel
Projektleitung: Denise Erb
Layout: Franziska Scheibler
Umschlaggestaltung: Bernadette Leus,
Visuelle Kommunikation
Titelbild: Collage unter Verwendung eines Bildes von Schlierner/AdobeStock
ISBN 978-3-7245-2227-0

www.reinhardt.ch

Für Julia

1

Auch wenn es schwer ist, geh einen Schritt nach dem anderen. Der Erfolg wartet am Ende des Weges.

Mit geschlossenen Augen lauschte Bernhard Kohler der Stimme aus dem CD-Player in seinem Opel Astra.

Nur wer entschlossen ist und einen starken Willen hat, lässt sich von Problemen nicht vom Weg abbringen.

Exakt so war es. Er musste immer nur einen Fuss vor den anderen setzen und das Ziel vor Augen haben. Er durfte einfach nicht so viel nachdenken. Schliesslich machte er so etwas nicht zum ersten Mal.

Kohler öffnete die Augen und drückte auf den Knopf am Armaturenbrett. Mit einem Surren glitt die CD heraus. Er kontrollierte den Sitz seiner Krawatte im Rückspiegel und drückte mit der flachen Hand ein paar widerborstige weisse Haare platt. Korrektes Aussehen und freundliches Auftreten waren die Basis für sein Geschäft als Sicherheitsberater. Sorgfältig legte Kohler die CD in die Hülle, schloss sie und betrachtete den Titel. *Mach endlich dein Ding! 60x Motivation kompakt in 30 Minuten.* Das Hörbuch hatte Ines ihm geschenkt. Aufmuntern sollte ihn die CD, ihn aus seinen Grübeleien reissen. Seit Monaten lag sie ihm in den Ohren, dass er es doch endlich gut sein lassen könne mit dem Job. Mit 68 Jahren könne er doch mehr Zeit zu Hause verbringen, einen Gemüsegarten anlegen oder all die Bücher lesen, die er immer hatte lesen wollen.

Schön wärs. Die Hypothek drückte, und als Freiberufler hatte er sich noch nie gross um eine Altersvorsorge gekümmert. Solange zwei seiner drei Kinder in der Ausbildung waren, würde er wohl oder übel weitermachen müssen.

Kohler studierte die Eggasse in der Berner Vorortsgemeinde Worb, leichter Regen tröpfelte auf die Frontscheibe. Hohe Thujahecken reihten sich aneinander, dahinter versteckten sich schmucke Einfamilienhäuser.

An diesem nasskalten Donnerstagnachmittag spazierte niemand durch die Strasse. Auch vor dem Zielobjekt, dem Haus von Eva Bärtschi 50 Meter von seiner Parkposition entfernt, regte sich nichts. Hinter der Hecke konnte Kohler gerade noch das obere Stockwerk ausmachen. An der Fassade blätterte hellblaue Farbe ab, auf dem Dach fehlten einige Ziegel. Kohler hätte etwas Exklusiveres erwartet von einer vermögenden Politikerin, etwas Protzigeres. Dort drüben könnte auch ein Handwerker mit zwei Kindern wohnen. Aber diskret war die Wohnlage, genau richtig für seine Zwecke.

Kohler nahm den Heftordner vom Beifahrersitz. Für Politik interessierte er sich nicht. Doch es gehörte zum Geschäft, dass er sich gut ins Bild setzte über seine Zielobjekte. Was war nochmal Bärtschis Spezialgebiet im Ständerat? Der Ordner enthielt Artikel, eine Biografie und diverse Fotos. Kohler griff nach einem Zeitungsausschnitt vom vergangenen Oktober. «Eva Bärtschi schafft die Wiederwahl.» Er überflog den Text, die 76-Jährige war also anerkannte Expertin für das Gesundheitswesen, seit zwölf Jahren sass sie im Ständerat. Er klappte den Ordner zu und legte ihn auf den Nebensitz.

Kohler wollte nach der Aktenmappe auf dem Rücksitz greifen. Wie ein Messer fuhr ihm der Schmerz ins Kreuz. Dummkopf! Drehbewegungen waren doch Gift für seine Bandscheiben. Kohler atmete durch, bis die Qualen nachliessen.

Dann stieg er vorsichtig aus dem Astra, öffnete die Fondstür und zog die Aktenmappe zu sich heran. Ein kurzes Klingeln signalisierte eine SMS. Kohler fischte das Handy aus seinem Sakko.

Denk an die Aufführung!

Kohler seufzte. Natürlich würde er an das Schultheater denken, in dem seine Enkelin Lara den Petit Prince spielte. Zumal Ines ihn seit Tagen damit nervte. Die Uhr auf dem Display zeigte 14.48, das würde locker reichen. Mehr als 30 Minuten würde er sowieso nicht brauchen für diesen Auftrag.

Er steckte das Handy in die Jackentasche, griff nach der Aktenmappe, liess mit dem Schlüssel das Autoschloss zuklicken und ging die ansteigende Strasse hoch.

Bestimmt nicht mal 15 Grad. Und das im Juni. Der Klimawandel liess in ganz Westeuropa Flüsse über die Ufer treten, das Wetter spielte verrückt. Vielleicht sollte er sich nach diesem Job ein Hybridauto zulegen. So vollbrächte er praktisch eine gute Tat.

Bei dem Gedanken musste Kohler schmunzeln.

«Warnung vor dem Hunde», stand auf einer Tafel am Gartentor, obwohl die Politikerin keinen Hund besass. Kohler öffnete das Metalltor, das die Hecke vor dem hellblauen Haus unterbrach.

Über Granitplatten an Rosenbüschen und Blumenbeeten vorbei schritt Kohler zur dunkelblau gestrichenen Haustür. Er drückte die Klingel, ein melodisches Ding-Dong erklang im Innern. Ein letztes Mal richtete er seinen Krawattenknoten, der erste Eindruck zählte, ein guter machte solche Jobs einfacher.

Kohler warf einen Kontrollblick in die Runde. Das einzige Haus, das in Sichtweite hätte liegen können, verbarg sich hinter einem hohen Gebüsch. Auf der Strasse vor dem Gartentor regte sich nichts. Alles klar.

Ein Schatten glitt hinter dem Türspion vorbei, Kohler lächelte breit.

Der Schlüssel klickte im Schloss. «Guten Tag. Sie wünschen?» Eva Bärtschi trug eine rote Küchenschürze über einer schlichten Jeans und einer weissen Bluse. Sie war gross und schlank, ihre Frisur hatte sie zu einem kurzen, braun gefärbten Bob geschnitten. Er stand in starkem Kontrast zu ihrem blassen Teint.

«Frau Bärtschi, guten Tag, Kohler mein Name.»

Missmutig verzog die Ständerätin ihren Mund. «Ich kaufe nichts. Und den Weg zu Gott finde ich auch ohne fremde Hilfe.»

Kohler schüttelte den Kopf. «Keine Sorge, ich bin kein Vertreter. Ein Auftrag führt mich hierher.»

«Ein Auftrag?»

«Genau. Wir hatten schon früher einmal miteinander zu tun.»

Sie runzelte die Stirn. «Tut mir leid, aber …»

«Kein Problem, es ist ein paar Jährchen her.» Kohler stellte die Aktentasche auf den Boden und klappte das Schloss auf. Er griff schnell hinein, legte die Hand um den Griff seiner Glock und zog die Pistole mit dem aufgeschraubten Schalldämpfer heraus.

Ihre Augen weiteten sich, ein stummes O zeichnete sich auf ihren Lippen ab.

Respekt, sie wich keinen Schritt zurück. Kohler lächelte breit. «Ich hoffe, Sie nehmen es mir nicht übel. Das ist nichts Persönliches.»

Routiniert hob er die Pistole, zielte und schoss Bärtschi eine Kugel mitten in die Stirn.

2

Alex Vanzetti, Ermittler der Bundeskriminalpolizei, stand auf dem Rasen vor dem Haus von Ständerätin Eva Bärtschi und bewunderte die akkurat geschnittenen Büsche und gepflegten Blumenbeete. Da hatte jemand viel Zeit und Mühe in den Garten gesteckt. Im Vergleich dazu sah das zweistöckige Haus mit den dunkelblauen Fensterläden etwas vernachlässigt aus: Die Fassade könnte einen Anstrich vertragen, Spinnen hatten einige der vergitterten Fenster in Beschlag genommen. So ähnlich wie bei ihm zu Hause.

Mit raumgreifenden Schritten kam sein Kollege Reto Saxer über das nasse Gras auf ihn zu, wie immer elegant gekleidet im grauen Anzug und weissen Hemd. Saxer, der sich bereits am Tatort umgesehen hatte, schüttelte den Kopf mit ernster Miene. «Kein schöner Anblick.»

«Ist es wirklich Bärtschi?», fragte Vanzetti.

«Kein Zweifel.»

«Sobald die Medien Wind davon kriegen, ist der Teufel los.»

Saxer war mit 47 elf Jahre älter als Vanzetti. In den sechs Jahren, die sie zusammen bei der BKP arbeiteten, war er zu einem guten Freund geworden. «Das solltest du doch mittlerweile gewöhnt sein.»

Vanzetti schnaubte. Die Aufklärung einer Mordserie im vorigen Herbst hatte ihm zu 15 Minuten Ruhm verholfen. «Darauf kann ich gut verzichten.» Er klaubte eine Packung Nikotin-Kaugummis aus seinem Jackett und fummelte an der Plastikhülle herum, die sich nicht abstreifen liess. «Man sollte den Kerl einsperren, der diese Dinger erfunden hat.»

«Die Kaugummis oder die Verpackung?»

«Beide. Zuerst bringst du diese Dinger nicht auf. Und wenn du es schaffst, schmecken sie wie Dachpappe.»

«Ähnlich wie eine Zigarette also.» Saxer grinste von seinen 1,90 Metern herunter.

«Witzig», knurrte Vanzetti und steckte sich einen Kaugummi in den Mund. Seit zwei Wochen hatte er keine Zigarette angerührt, das zehrte an seinen Nerven. Und dann noch dieses Sauwetter. «Lass uns ins Haus gehen.»

«Im Flur vorn treten sich die Forensiker auf die Füsse. Am besten nehmen wir den Hintereingang.» Saxer führte ihn über Granitplatten um das Haus herum, an einem Unterstand mit einem Elektrovelo und Gemüsebeeten vorbei. Von der Rückseite her betraten sie die Küche.

Als Erstes fiel Vanzetti das Lämpchen an der Kaffeemaschine auf, es leuchtete grün. Unter dem Auslass stand eine volle Tasse, die niemand mehr trinken würde. Auf der Anrichte lagen eine Gurke,

Mais und Zwiebeln ausgebreitet, auf einem Schneidbrett daneben ein Messer und in einer durchsichtigen Schüssel eine zerstückelte Tomate.

Durch die Türe zum Flur erspähte Vanzetti Techniker in weissen Schutzanzügen bei der Spurensicherung. Zwischen ihren Beinen konnte er den reglosen Körper von Eva Bärtschi auf dem Boden erkennen. «Was wissen wir bis jetzt?»

Saxer zog einen Notizblock aus seiner Gesässtasche. «Keine Hinweise auf ein gewaltsames Eindringen ins Haus, keine Anzeichen eines Kampfes, nichts ist zu Bruch gegangen. Bärtschi scheint aus kurzer Distanz erschossen worden zu sein. Vermutlich hat der Täter einen Schalldämpfer verwendet. Zumindest hat keiner der Anwohner, die wir bis jetzt befragt haben, einen Schuss gehört. Eine Nachbarin wollte zu Besuch kommen und hat sie» – er schaute auf seine Uhr – «vor etwa 90 Minuten gefunden.»

«Lebte sie alleine hier?»

«Ja. Bärtschi hatte zwei Kinder, einen Sohn und eine Tochter. Der Sohn wohnt in Bern, von der Tochter besorge ich die Adresse noch.»

«Wir werden mit ihnen reden müssen.» Vanzetti holte Luft und wappnete sich für den Anblick der Leiche. «Schauen wir uns das mal aus der Nähe an.» Am Kühlschrank vorbei, an dessen Türe Postkarten aus aller Welt mit runden Magneten befestigt waren, betrat er den Flur. Vanzetti schlängelte sich zwischen

Technikern hindurch, einige von ihnen nickten ihm zu und wichen zur Seite.

Die weissen Wände und hellbraunen Fliesen im Flur wiesen Risse auf, ein IKEA-Regal diente als Schuhständer, an Haken darüber hingen Jacken, Mützen und ein Velohelm. Zwei Meter von der Leiche entfernt ging Vanzetti in die Hocke. Er fokussierte seinen Blick ganz auf den leblosen Körper und blendete alles andere aus. Die Haut sah kalt aus, doch der Verfärbungsprozess war nicht abgeschlossen. Vermutlich war die Politikerin zwei bis drei Stunden tot. Bärtschi trug eine Schürze, sie hatte in der Küche einen Salat zubereitet und einen Kaffee trinken wollen. Und dann war sie erschossen worden. Von jemandem, dem sie wohl selbst geöffnet hatte.

Ausser dem Loch auf der Stirn und der schmalen Blutspur schien ihr Gesicht ganz unversehrt. Doch der Hinterkopf fehlte. Partikel der Hirnmasse, zersplitterte Schädelknochen und Blut hatten sich über die Fliesen ausgebreitet.

Was sie wohl in ihrem letzten Moment gefühlt hatte? Das Gesicht sprach für Resignation. Aus den Medien kannte Vanzetti die Frau ganz anders. Sie galt als Kämpferin, die sich für die Schwachen einsetzte und nicht lockerliess. Die kräftigen Hände der Ständerätin waren ihm auf den Fotos nie aufgefallen. Hände, die nie mehr in der Gartenerde wühlen würden.

Schleifspuren führten von der Haustür zwei Meter in den Flur. Vanzetti erhob sich. «Der Mörder klingelt und Bärtschi macht auf. Man könnte erwarten, dass eine bekannte Politikerin etwas vorsichtiger ist. Vielleicht war es jemand, den sie erwartete oder dem sie vertraut hat.»

«Möglich. Oder es war jemand, der bloss vertrauenserweckend aussah», erwiderte Saxer. «Jemand in Uniform zum Beispiel, ein Briefträger oder ein Telefontechniker.»

Vanzetti nickte. Beim Anblick einer Uniform vergassen viele Menschen jede Vorsicht. «Der Täter erschiesst sie an der Tür, dann schleift er die Leiche ein Stück in den Flur. Wieso riskiert er, dass er Spuren an der Leiche hinterlässt?»

Mit dem Daumen wies Saxer über seine Schulter. «Weil er Zeit und Ruhe brauchte, um das Haus zu durchsuchen. In einigen Räumen stehen Schränke und Schubladen offen. Der Mörder hat die Leiche bewegt, damit er die Eingangstür schliessen konnte.»

«Verdammt kaltblütig.» Das gefiel Vanzetti nicht. Beziehungsdelikte liessen sich relativ rasch aufklären, oft handelte es sich beim Täter um einen eifersüchtigen Ehemann oder einen geldgierigen Enkel. Danach sah das hier nicht aus. «Fehlt etwas im Haus?»

«Schwer zu sagen.» Saxer fuhr sich mit der Hand durch die dichten grauen Haare. «Wir werden Bärtschis Kinder fragen müssen, welche Wertsachen ihre Mutter besass. Der Fernseher steht jedenfalls noch im Wohnzimmer. Doch in der Schlafzimmerkommode liegt eine leere Schatulle, und Bargeld oder ein Portemonnaie haben wir nirgends gefunden.»

Einer der Kriminaltechniker trat vor Vanzetti, er hielt eine Kamera hoch. «Darf ich?»

Vanzetti nickte ihm zu und warf einen letzten Blick auf Eva Bärtschis leblosen Körper. «Wir sind fertig hier.»

3

Der Schweiss tropfte Zoe Zwygart vom Gesicht, als sie in Worb von ihrem Rennvelo stieg. 12,2 Kilometer Wegstrecke registrierte der Tacho, von der Redaktion an der Berner Effingerstrasse über das Kirchenfeld und Muri war sie gefahren, eine halbe Stunde hatte sie dafür gebraucht. Normalerweise hätte sie das genossen, doch die Kälte und vor allem der Verkehr hatten ihr zugesetzt. Wann bekam Bern endlich ein paar Velobahnen?

Wenigstens machte der Regen mal eine kurze Pause. Sie hängte den Helm an den Lenker und schüttelte Tropfen von der Goretex-Jacke, bevor sie ihr Velo die Eggasse hochschob.

50 Meter weiter oben sah sie den Trubel. Die Strasse war mit Polizeiautos, einem weissen Kleinbus und einem Leichenwagen zugeparkt. Die Heckklappe des metallic-grauen Mercedes Kombi stand offen, ein gutes Dutzend Männer und Frauen in Zivil und Uniform wuselten herum.

«Hier können Sie nicht durch.» Ein junger Polizist mit rotem Dreitagebart und dunkelblauem Overall versperrte ihr den Weg.

Zoe zückte ihren Presseausweis. «Ich bin von den Berner Nachrichten.»

Das Bubi prüfte ihr Kärtchen eingehend und nickte schliesslich. «Okay, aber nur bis zur Absperrung.»

Zoe steckte den Ausweis zurück in ihr Portemonnaie. «Wer hat hier das Sagen?»

«Vanzetti von der Bundeskriminalpolizei.»

Vanzetti, das traf sich gut. Mit ihm hatte sie im vergangenen Oktober eine Mordserie aufgeklärt, das hatte ihr Exklusivgeschichten und einen Namen in der Medienszene eingetragen. Zoe schenkte dem Rotbart ein zuckersüsses Lächeln. «Darf ich mein Velo hier stehen lassen? Unter den strengen Augen des Gesetzes wird es bestimmt niemand klauen.»

Er sah sich um, als hielte er Ausschau nach jemandem, der etwas dagegen haben könnte. «Kein Problem.»

Zoe lehnte das Velo gegen eine Hecke, dann ging sie vor bis zum gelben Absperrband. Vanzetti konnte sie zwischen den Fahrzeugen nirgends entdecken. Zu Beginn ihrer Bekanntschaft hätte sie den überkorrekten Polizisten auf den Mond schiessen können. Doch mit der Zeit war sie doch recht gut klargekommen mit ihm. Und sie hatte das Gefühl, dass auch er sie mochte. Okay, mochte war übertrieben. Aber er flippte zumindest nicht mehr aus, wenn sie an einem Tatort auftauchte.

Nur eine schmale Lücke in der hohen Thujahecke gab den Blick auf einen Streifen hellblaues Haus frei, es stand etwa zehn Meter entfernt in einem piekfeinen Garten. Viel zu sehen gab es hier nicht. Ein Stück die Strasse hoch entdeckte Zoe einen Kollegen von der Berner Zeitung, der eine Nachbarin in deren Garten befragte. Der Rest der Medienmeute schien es noch nicht hierher geschafft zu haben. Doch das würde sich bald ändern, falls es sich bei der Toten – wie ein Tippgeber am Telefon berichtet hatte – wirklich um Eva Bärtschi handelte.

Okay, Zoe, an die Arbeit. Wenn es hier eine Story gibt, wirst du sie kriegen.

Zoe tigerte um das Grundstück herum, suchte ein Guckloch in der Hecke und belauschte Kriminaltechniker. Sie sprach Nachbarn auf beiden Seiten der Strasse an und fing Polizisten ab – alles ohne grossen Erfolg. Mehr als die Bestätigung, dass die Ständerätin tatsächlich seit 18 Jahren in dem Haus wohnte, bekam sie nicht heraus.

Nach und nach trafen weitere Journalisten ein, dazu kamen Fotografen und Kameraleute. Zoe hielt sich von ihnen fern und spürte den Druck steigen. Sie wollte keine 08/15-Geschichte, sie suchte eine Exklusivstory.

Ein pausbäckiger Typ in Zivilkleidung und mit einem Bauch, der sich über den zu engen Gürtel wölbte, schritt durch die Gartenpforte und duckte sich unter dem Absperrband hindurch. Dann marschierte er die Reihen der parkierten Autos entlang.

Zoe guckte sich um und stellte sicher, dass keiner der Kollegen sie beobachtete. Dann folgte sie dem Schwergewicht in zehn Metern Abstand. Sie beobachtete, wie er mit einem Schlüssel einen schwarzen Skoda öffnete und sich in den Innenraum beugte. Sie stellte sich hinter ihn. «Entschuldigung.»

Er schnellte in die Höhe und stiess mit dem Kopf gegen den Dachhimmel. «Gopferdelli.»

Am Armaturenbrett konnte Zoe ein Funkgerät ausmachen. Es musste sich um einen Zivilfahnder von Bund oder Kanton handeln. «Zwygart von den Berner Nachrichten. Darf ich Ihnen ein paar Fragen stellen?»

Der Mann drehte sich halb um. «Ach Sie! Für Fragen müssen Sie sich an den Chef wenden. Die Zentrale wird später eine Presseerklärung herausgeben.» Der Mann nahm ein Klemmbrett vom Beifahrersitz, ächzte und stemmte sich aus dem Auto hoch.

«Sie könnten mir doch einen klitzekleinen Vorsprung geben. Sonst flippt mein Chef noch aus.» Zoe warf einen verstohlenen Blick auf das Klemmbrett. Es schien eine Namensliste zu sein.

«Es ist noch zu früh, viel wissen wir nicht.» Der Mann war 30 oder 50, einen halben Kopf kleiner als Zoe und hatte einen Schädel wie eine Bowlingkugel.

«Ich bin für alles dankbar.»

Er schloss das Auto ab und sah sich kurz um. «Ihre Artikel letztes Jahr über den Serienmörder haben mir gefallen. Sachlich, objektiv. Das war gute Arbeit.»

«Danke.»

Wie ein Verschwörer trat er dicht an Zoe heran. «Im Haus liegt die Leiche einer Frau», sagte er mit gesenkter Stimme.

«Ist es Eva Bärtschi?»

«Ja.»

«Wurde sie ermordet?»

Der Mann reckte den Kopf und sah einen Kriminaltechniker im weissen Schutzanzug die Strasse hochkommen. Augenblicklich rückte er von Zoe ab. «Dazu kann ich Ihnen nichts sagen.»

Shit, hätte sie nur eine Minute länger gehabt. «Darf ich Ihren Namen haben?»

«Nein, ich möchte nicht in der Zeitung zitiert werden. Einen schönen Tag noch.» Der Mann drehte ihr den Rücken zu und studierte das Klemmbrett. Dann ging er auf den weissen Kleinbus zu, in dem der Techniker verschwunden war.

Aus zehn Metern Entfernung sah Zoe den Glatzkopf durch die offene Schiebetür sprechen. Sie spitzte die Ohren, konnte jedoch nichts verstehen. Das Klemmbrett hielt der Mann lose an seiner Seite. Wenn sie das in die Finger bekäme … Moment, vielleicht war das gar nicht nötig.

Sie eilte zurück zum Absperrband vor dem Haus, wo die Kollegenschar noch grösser geworden war.

Nach kurzer Suche entdeckte sie ihren Hausfotografen Paul Aebi. Er schoss Bilder über die Gartenpforte hinweg. «Paul, hast du einen Moment?»

Aebi war Anfang sechzig, klein und von schmaler Statur. «Kompletter Schrott hier, mehr als Polizeiautos und den Rasen kriege ich nicht drauf.» Der mürrische Alte wartete sehnlichst darauf, in Pension zu gehen und an einem Strand in Mallorca nur noch Oben-ohne-Girls zu knipsen – das erzählte er zumindest jedem.

«Komm bitte kurz mit.» Am Arm führte ihn Zoe ein Stück die Strasse hoch und stoppte in gebührendem Abstand vom weissen Kleinbus. «Siehst du diesen Glatzkopf dort?»

«Bin ja nicht blind.»

«Das Klemmbrett, das er in der Hand hält – kannst du ein Foto davon machen? Mit grossem Zoom?»

«Ist der Papst katholisch?» Aebi nahm die Kamera hoch, liess das Objektiv ausfahren und drückte den Auslöser. Es klickte drei Mal in rascher Folge. «War es das?»

Gerne hätte sie ihm einen Tritt in den Hintern gegeben, doch Zoe riss sich zusammen. «Zeig mir bitte die Fotos gleich jetzt.»

«Verdammt, Zoe, ich muss noch an ein Schultheater und eine Parteiversammlung.»

«Es ist wichtig.»

Er knurrte, tippte ein paar Mal auf die Kamera und hielt ihr das Display hin. «Zufrieden?»

Zoe beugte sich darüber, die Namen auf der Liste waren gut lesbar.

Gabriela Kupferschmid, Eichenweg, Worb, als Erste am Tatort.

«Gute Arbeit.» Sie boxte Aebi freundschaftlich auf den Oberarm, zückte ihr Handy und gab die Adresse bei Google Maps ein. Der Eichenweg kreuzte die Eggasse bloss ein Stück weiter oben.

Zoe ging die Strasse hoch, wobei sie Rinnsalen auf dem Asphalt auswich. Sie bog in die dritte Querstrasse ein und stoppte vor einem Doppelhaus mit hellgelber Fassade und grünen Fensterläden. Im Garten stand eine Satellitenschüssel. Die Haustür wurde in dem Moment geöffnet, als Zoe über den Parkplatz vor der Garage schritt.

Eine ältere Dame trat heraus und hob einen Deckel über einem Glas in ihrer Hand. Ein Insekt flog ins Freie.

«Entschuldigung, sind Sie Frau Kupferschmid? Ich heisse Zwygart und arbeite für die Berner Nachrichten.»

«Von der Zeitung sind Sie?» Die Frau hatte ein herzförmiges Gesicht und ein spitzes Kinn. Ihre Augen waren gerötet und sie blickte unbehaglich drein.

«Darf ich Ihnen kurz ein paar Fragen stellen? Über Frau Bärtschi?»

«Woher haben Sie meine Adresse?»

«Ich habe mit Polizisten gesprochen.» Das war nicht ganz gelogen. «Wie kam es, dass Sie Frau Bärtschi gefunden haben?»

Kupferschmid schwieg und sah aus, als würde sie gleich in Tränen ausbrechen.

«Das muss schrecklich gewesen sein für Sie.»

«Oh, ja», bestätigte Kupferschmid. «Nie im Leben werde ich das vergessen.»

«Besuchten Sie Ihre Nachbarin oft?»

Sie zögerte, schüttelte den Kopf. «Ich wollte Eva bloss von meiner Konfitüre bringen.» Mit der Hand deutete sie auf eine Reihe von Himbeersträuchern. «Sie schien nicht zu Hause zu sein, also wollte ich das Glas in der Küche deponieren. Eva lässt die Hintertüre meistens offen.»

Ob der Täter so reingekommen war? «Hat Frau Bärtschi da noch gelebt?»

«Ja … also nein. Ich sah sie im Flur liegen und habe zuerst gedacht, sie sei vielleicht ohnmächtig geworden. Doch dann habe ich all das Blut gesehen. Und einen Teil ihres Kopfes … Es war grauenhaft.»

«Ist Ihnen sonst etwas aufgefallen an der Leiche? Oder im Haus?»

«Nein, nichts. Na ja, ausser dem Radio vielleicht.»

«Ja?»

«Eva hörte gerne Musik. Es war also nichts Besonderes, dass in der Küche das Radio lief. Doch sie liebte Verdi und Puccini. Ich habe diese schreckliche Musik dann abgestellt.»

«Was lief denn im Radio?»

«Die Tochter meiner Nachbarin spielt das immer so laut ab, dass ich es bis in mein Schlafzimmer hören kann. Ich glaube, sie nennen es Techno.»

Hatte sich Bärtschi in ihren letzten Minuten Techno anhören müssen? Es wäre ein schrecklicher Tod gewesen.

4

Flickenteppiche bedeckten den Flur im ersten Stock von Bärtschis Haus. Eine abgelaugte Kiefernkommode stand auf dem abgeschliffenen Holzparkett, auf der Oberfläche hatte sich Staub angesammelt. An den Wänden hingen Spanplatten, auf die verblichene Fotodrucke aufgezogen waren. Sie zeigten Wälder und Berge.

Im Schlafzimmer waren die Wände hellblau gestrichen. Schwaches Licht drang durch ein verschmutztes, bogenförmiges Fenster herein und erhellte einen weissen Schreibtisch mit einem modernen PC. Daneben lag ein Buch: «Bildatlas der Galaxien». Das schmale Bett aus massivem Holz stand an der Wand unter gerahmten Fotos von Kindern. Vanzetti trat einen Schritt näher, sie dokumentierten das Erwachsenwerden eines Mädchens und eines Jungen – vermutlich Bärtschis Kinder. Das Bett mit dem dunkelblauen Bezug war ordentlich gemacht.

Er stellte sich in die Mitte des Raumes und wollte ein Gefühl für dieses Haus bekommen und für die Frau, die darin gewohnt hatte. Doch es gelang ihm nicht so recht. Alles wirkte auf den ersten Blick ordentlich und sauber. Bei genauerer Betrachtung zeigten sich jedoch überall Abnutzung und Nachlässigkeiten. Zudem gab es im ganzen Haus nur wissenschaftliche Bücher, keine Belletristik. Wie hatte schon Cicero geschrieben? *Ein Raum ohne Bücher ist wie ein Körper ohne Seele.*

Die Treppe knarrte, kurz darauf betrat Saxer das Schlafzimmer. «Ich hatte gerade Verena Christen am Telefon, die persönliche Assistentin von Eva Bärtschi.»

«So etwas hatte sie? Nicht schlecht.»

«Das ist nichts Besonderes. Viele Parlamentarier beschäftigen so jemanden für ihren Bürokram.»

Das hätte Vanzetti auch gerne. «Wie hat Frau Christen die Nachricht aufgenommen?»

«Sie hatte schon am Radio davon gehört und schien ziemlich durch den Wind. Und sie hat gefragt, ob Bärtschis PC oder Laptop gestohlen wurde. Darauf sollen sich wichtige Dokumente befinden.»

«Hier steht ein PC.» Mit dem Kinn deutete Vanzetti auf den Schreibtisch. «Hast du irgendwo einen Laptop entdeckt?»

«Bis jetzt nicht.»

«Lass die Kollegen danach suchen. Und sobald die Forensiker hier fertig sind, sollen sie den PC in die Zentrale bringen. Jemand muss ihn unter die Lupe nehmen.»

«Habe ich schon veranlasst.»

Auf Saxer war Verlass. «Gut. Wann können wir mit Frau Christen reden?»

«Jetzt gleich, wenn du willst. Sie wohnt im Breitenrainquartier und ist zu Hause.»

«Okay, fahren wir hin.» Vanzetti ging voran die Treppe hinunter. «Was weisst du eigentlich über Bärtschi?», fragte er über die Schulter. Saxer interessierte sich für Politik.

«Sie soll aus einem vermögenden Haus stammen und war ein animal politique. Sass bereits in den 1970er-Jahren im Berner Grossen Rat und im Nationalrat, damals noch für die Partei der Arbeit. Später ist sie zur SP übergetreten. Zwischendurch verschwand sie für eine Weile von der Bildfläche. Doch nach der Jahrtausendwende tauchte sie wieder auf und trat erneut zu den Wahlen an, diesmal für den Ständerat. Sie hat sich einen Ruf als kompetente Sozialpolitikerin erarbeitet. Allerdings galt sie auch als knallhart und berechnend.»

Draussen in der Eggasse entdeckte Vanzetti eine ganze Horde von Medienleuten. Bestimmt hofften die Hyänen auf grässliche Bilder zur spektakulären Tat, nur damit sie mehr Zeitungen verkaufen und bessere Einschaltquoten erzielen konnten. Er verabscheute diese Typen.

Vanzetti holte Luft, steckte den Kopf zwischen die Schultern und öffnete das Gartentor. Augenblicklich prasselte ein Gewitter aus Fragen auf ihn herab. Alle redeten gleichzeitig, als hätte jemand den Schalter umgelegt. Das Geschrei vermischte sich zu einem Kauderwelsch.

«… Ständerätin tot?» – «Wie wurde …?» – «Wer …?» – «… Raubmord?»

Mit seinen Ellenbogen bahnte sich Vanzetti eine Gasse, quetschte sich zwischen den Journalisten durch, befreite seine Arme und Schultern von grapschenden Händen. Zwei Polizisten in Uniform eilten ihm zu Hilfe und hielten die Meute zurück.

Kaum hatte sich Vanzetti etwas Luft verschafft, beschleunigte er seinen Schritt und eilte die Eggasse hinab. Wohlweislich hatte er sein Dienstauto ganz unten bei der Pizzeria parkiert. Er stopfte einen Nikotin-Kaugummi in den Mund. «Die Kerle gehen mir echt auf den Geist.»

Saxer hielt mit ihm Schritt. «Noch sind wir nicht alle los.»

Vanzetti blickte zurück, ein Fotograf verfolgte sie. «Aasgeier …»

«Na, auf der Flucht?», fragte eine nur zu bekannte weibliche Stimme. Zoe Zwygart rollte mit ihrem Velo neben ihn.

Vanzetti blieb stehen. «Was tun Sie denn hier?»

Sie bremste ab und stieg vom Sattel. «Arbeiten.»

«Ich meinte eher, wieso Sie nicht dort oben um den Kadaver herumlungern wie Ihre Kollegen.» Er deutete die Eggasse hoch.

Zwygart lächelte. Sie trug einen roten Helm, das schwarze Haar lugte in einem Zopf darunter hervor. Ihre Augen verbarg sie hinter einer Sonnenbrille. «Ich habe meine Story beisammen und bin auf dem Weg in die Redaktion. Aber ich füge gerne noch ein Exklusivinterview mit Ihnen hinzu. Wie wärs?»

Vanzetti schnaubte. «Sie wissen doch, wie das läuft. Sie werden eine Pressemitteilung von uns bekommen.»

«In der nur belangloses Zeug drinsteht.»

Der Fotograf, ein hagerer Kerl mit stoppeligen weissen Haaren, schloss zu ihnen auf und begann zu knipsen. «Fotos von den Superbullen passen bestimmt zu deinem Artikel, Zoe», sagte er.

«Nicht wirklich», antwortete Zwygart.

Vanzetti drehte sein Gesicht von der Linse weg. «Sie kennen den Kerl?»

«Paul Aebi arbeitet für die Berner Nachrichten.»

Vanzetti schaute sie an und richtete einen Zeigfinger auf Aebi. «Dann sagen Sie ihm mal ganz kollegial, dass er uns in Ruhe lassen soll.»

Aebi grinste hinter dem Sucher und richtete seine Kamera mal auf Vanzetti, mal auf Saxer. «Seit dem vergangenen Jahr sind Sie eine bekannte Persönlichkeit. Unsere Leser interessiert, was Sie so treiben.» Er kam noch näher und hielt Vanzetti die Kamera dicht vors Gesicht.

«Lassen Sie das.» Saxer stellte sich zwischen Vanzetti und den Fotografen.

«Wie ist das jetzt mit dem Exklusivinterview?», fragte Zwygart.

Zoe Zwygart war Ende zwanzig, sie trug eine eng anliegende rote Jacke, ihre schmalen Hüften steckten in schwarzen Jeans. Sie hatte sich Vanzettis Respekt erarbeitet, im Prinzip mochte er sie gern. Doch jetzt nervte sie ihn mal wieder. «Warum suchen Sie sich keinen anständigen Job?»

Aebi drückte unablässig auf den Auslöser. «Wie ist die Luft dort oben auf Ihrem hohen Ross, Herr Kommissar?»

Vanzetti umkurvte Saxer und machte zwei Schritte auf den Fotografen zu. Er hätte ihm die Kamera in den Hals stopfen können. «Hauen Sie ab.»

Saxer legte seinen Arm um ihn. «Komm, Alex, lass uns gehen.»

Aebi grinste und zwinkerte Vanzetti zu. «Ach, so ist das. Sie beide geben ein hübsches Paar ab.»

«Paul», rief Zwygart. «Halt die Klappe.»

Saxer wollte Vanzetti fortziehen. «Hör nicht auf diesen dummen Schwätzer.»

«Waren Sie nicht mal verheiratet, Vanzetti? Ist Ihre Frau abgehauen, weil sie herausgefunden hat, dass Sie schwul sind?», sagte Aebi.

Niemand machte Witze über seine verstorbene Frau. Vanzetti riss sich los und packte Aebi an der

Jacke, bis ihre Gesichter auf gleicher Höhe waren. «Arschloch.» Dann stiess er ihn grob weg.

Der Fotograf stolperte rückwärts, fiel über eine Trottoirkante und landete mit seinem Hintern auf dem nassen Asphalt. Die ganze Zeit drückte er den Auslöser seiner Kamera. Und nicht mal für eine Sekunde verschwand das dämliche Grinsen aus seinem Gesicht.

5

«Ich weiss gar nicht …» Verena Christen sah aus wie ein Mensch, neben dem kürzlich der Blitz eingeschlagen hatte. Ihre Hände zitterten, bis sie sie auf dem Esstisch faltete.

Vanzetti schätzte die Frau auf Ende sechzig. Sie hatte braune Augen, ein rundliches Gesicht und schmale Lippen. Die Farbe ihrer kurz geschnittenen Haare bewegte sich irgendwo zwischen Dunkel- und Hellbraun.

«Möchten Sie etwas trinken?» Sie trug einen altmodischen dunkelblauen Rock, eine weisse Bluse, beige Strumpfhosen und schwarze Pantoffeln.

«Nein, danke.» Vanzetti sass ihr gegenüber in der Wohnung am Pappelweg in Bern. Klammern auf allen vier Seiten hielten das weisse Tischtuch straff. An der Wand hing ein gerahmter Druck von Ankers Schulklasse, in der Ecke plätscherte Wasser aus einem Stein in einen kleinen Zierbrunnen. «Was genau war denn eigentlich Ihre Aufgabe als Assistentin von Frau Bärtschi?»

«Hauptsächlich habe ich Schreibarbeiten erledigt. Ihre Post gesichtet, Einladungen sortiert, Briefe und Mails beantwortet. Und ich habe alle Akten geordnet. Sie können sich gar nicht vorstellen, wie viele Papiere eine Ständerätin bekommt.»

«Kannten Sie Frau Bärtschi schon lange?»

Sie schlang die Arme um den Leib, als wäre es kalt in ihrem Wohnzimmer. «Wir sind zusammen ins Kirchenfeld-Schulhaus gegangen. Allerdings war sie ein paar Klassen über mir. Schon damals habe ich sie bewundert, jeder am Gymi kannte Eva. Einmal hat sie Plakate für das Frauenstimmrecht gemalt und in der Schule aufgehängt. Das gab eine Menge Ärger damals, in den 1960er-Jahren.»

«Und wie lange waren Sie ihre Assistentin?»

Frau Christen runzelte die Stirn. «Das ist schwer zu sagen. Ich habe ihr immer mal wieder geholfen bei der Buchhaltung oder solchen Sachen. Eva war etwas chaotisch in dieser Hinsicht. Offiziell ihre Assistentin wurde ich 2003 nach ihrer Wiederwahl.»

«Haben Sie ein Büro?», fragte Saxer. Er hatte auf dem braunen Sofa Platz genommen und machte sich Notizen. Auf dem niedrigen Couchtisch vor ihm lagen eine Fernbedienung und ein «Tele» mit irgendeiner Schauspielerin auf der Frontseite.

Sie machte einen Schlenker mit einer Hand durch den Raum. «Das hier ist mein Büro. Ich habe ein Telefon mit zwei Rufnummern, eine davon ist für Evas Arbeit reserviert.»

Von draussen drang Gejohle in den 2. Stock des renovierten Altbaus. Vanzetti drehte den Kopf. Durch das Fenster in seinem Rücken schaute er hinunter auf den kleinen Park, wo eine Horde Kinder zwischen Pfützen einem Fussball nachjagte. Er wandte sich wieder Christen zu. «War Frau Bärtschi eigentlich verheiratet?»

«Geschieden, seit vielen Jahren schon. Sie hatte keinen Kontakt mehr zu ihrem früheren Mann.»

«Hatte sie gegenwärtig einen Partner?»

Sie beäugte Vanzetti skeptisch. «Ich verstehe nicht … Ist das wichtig?»

Vanzetti lehnte sich vor. «Wir wollen Sie keinesfalls aushorchen, Frau Christen. Aber je mehr wir über das Leben von Frau Bärtschi wissen, desto schneller kommen unsere Ermittlungen voran.»

Sie zögerte, schien einer inneren Stimme zu lauschen. Schliesslich gab sie sich einen Ruck. «Über die Jahre hinweg gab es immer wieder Männer in ihrem Leben. Aber nicht in der letzten Zeit.»

«Wie sieht es mit engen Freunden oder Bekannten aus?»

Sie kratzte einen unsichtbaren Fleck vom Tischtuch. «Eva pflegte nicht viele private Kontakte, die meisten waren beruflich. Ihre engste Freundin … vielleicht war ich das.» Sie versuchte sich an einem Lächeln.

«Sie sind sich nicht ganz sicher?»

«Nun … Wir gingen nicht gemeinsam ins Restaurant oder auf Reisen. Ihre Ämter nahmen Eva sehr in Anspruch. Manchmal haben wir …» Christen schien kurz vor einem Tränenausbruch zu stehen. «… haben wir einfach zusammen einen Film im Fernsehen geschaut.» Sie wandte den Blick ab, ihr Unterkiefer zitterte.

Vanzetti bewegte sich auf dünnem Eis, er wollte die Frau nicht zusammenbrechen sehen. «Im Haus von Frau Bärtschi sind mir Bücher über Astronomie aufgefallen. War das ein Hobby von ihr?»

Ihre Miene hellte sich etwas auf. «Oh, ja. Eva liebte das. Sie hat ganze Nächte beim Beobachten der Sterne verbracht. Und sie ist auch ins Ausland gereist, wenn es irgendwo etwas Spezielles zu sehen gab, eine Sonnenfinsternis oder so etwas.»

«Ein schönes Hobby. Haben die Kinder von Frau Bärtschi auch Interesse daran?»

Christen senkte den Blick. «Nein, gar nicht.»

«Wie gut haben sie sich denn verstanden? Hatten sie oft Kontakt?»

«Mit Fabian schon, er wohnt in Bern. Mit Rahel …» Sie vollführte etwas, das zwischen Achselzucken und Kopfschütteln lag. «… nicht.»

Vanzetti horchte auf. «Gibt es einen bestimmten Grund dafür?»

Eingehend studierte sie das Tischtuch. «Ich bin mir nicht sicher. Rahel ist immer ein schwieriges Kind gewesen. Sehr eigenwillig. Mit 18 ist sie ausgezogen, wollte auf eigenen Füssen stehen. Doch sie ist an die falschen Leute geraten, hat Probleme mit Drogen bekommen. Eva hat immer wieder den Kontakt gesucht, hat Hilfe angeboten. Doch Rahel liess sie abblitzen.»

«Wissen Sie, wo wir die Tochter erreichen können?»

«Nein, ich habe keine Ahnung.»

Vanzetti schaute Saxer kurz an. Die Tochter würden sie irgendwie aufspüren müssen – und zwar bald. «Gut, kommen wir zu den vergangenen Tagen oder Wochen. Hat sich etwas verändert in der Zeit? Schien Frau Bärtschi nervös oder gereizt?»

Frau Christen schüttelte den Kopf. «Nein, gar nicht. Sie kam mir ganz normal vor und hat mir verschiedene Rechercheaufträge gegeben. Zum Beispiel wollte sie mit einem Vorstoss den Zugang von Lobbyisten zum Bundeshaus beschränken.»

«Wann haben Sie Frau Bärtschi das letzte Mal gesehen?»

«Am Montag im Parlamentsgebäude. Ich habe ihr Unterlagen gebracht, die sie für eine Sitzung der SGK benötigte.»

«SGK?»

«Die Kommission für soziale Sicherheit und Gesundheit.»

«Kennen Sie jemanden, der einen Grund gehabt hätte, Frau Bärtschi Schaden zuzufügen?»

«Eva war immer … nett. Zu allen. Sie machte keinen Unterschied zwischen einem Bundesrat und einer Verkäuferin im Coop. Natürlich, im politischen

Tagesgeschäft konnte sie sich heftig zur Wehr setzen. Das gab schon mal böses Blut.»

«Auch in der letzten Zeit?»

«Ja, schon. Sie hat sich vehement für ein striktes Verbot der Tabakwerbung eingesetzt. Das hat ihr ein paar Hassmails eingebracht, vermutlich von Leuten aus der Tabak- oder der Werbebranche.»

In diesem Geschäft ging es um sehr viel Geld. «Konkrete Drohungen?»

«Nein, nicht wirklich. Eher Pöbeleien.»

Saxer räusperte sich. «Sie haben mich am Telefon nach Dokumenten auf ihrem PC und Laptop gefragt. Darf ich fragen, wieso die so wichtig sind?»

Plötzlich wirkte sie verzweifelt. «Sehen Sie ... Eva hatte keine Geheimnisse vor mir. Aber an ihren Computer liess sie niemanden heran, nicht einmal mich. Deswegen bewahrte sie den auch im Schlafzimmer auf. Und Eva hat mir aufgetragen ... ‹Vreni›, hat sie gesagt, ‹sollte mir jemals etwas zustossen, dann bring meinen PC und den Laptop in Sicherheit›.» Sie schluchzte.

«Hat sie denn damit gerechnet, dass ihr etwas zustossen könnte?», fragte Vanzetti.

Christen starrte länger auf die Tischplatte. «Politiker leben heutzutage wie in einem Schaufenster. Und es gibt genug Verrückte dort draussen, die keine Hemmungen haben auf Twitter oder Facebook. Aber ich glaube nicht, dass Eva sich wirklich Sorgen machte über die Hetzparolen.» Sie schaute Vanzetti fragend in die Augen. «Haben Sie ihre Computer gefunden?»

«Den PC, aber nicht den Laptop. Unsere Leute suchen noch danach.» Vanzetti schob eine kurze Pause ein. «Bestimmt haben Sie sich Gedanken darüber gemacht, was denn so Wichtiges darauf gespeichert sein könnte.»

«Schon, ja, aber ich weiss es nicht. Vielleicht sind es einfach private Briefe oder Mails. Oder ein Tagebuch.»

Vanzetti warf Saxer einen kurzen Blick zu.

Der winkte mit dem Zeigfinger ab.

Es war Zeit zum Aufbruch. «Noch eine Frage zum Schluss, Frau Christen. Ist in der Woche vor ihrem Tod irgendetwas Seltsames passiert? Es muss nichts Grosses gewesen sein. Vielleicht nur eine Kleinigkeit. War etwas anders als sonst?»

Christen schaute über Vanzettis Schulter zum Fenster hinaus und legte die Stirn in Falten. Plötzlich drehte sie ihm den Kopf zu. «Es gab ein paar komische Anrufe in der vergangenen Woche. Mehrmals. Es klingelte, und ich hob ab. Am anderen Ende hörte ich jemanden atmen, doch es meldete sich niemand. Dann legte der Anrufer einfach auf. Ich dachte nicht gross darüber nach, das kommt ab und zu vor. Aber jetzt … Meinen Sie, das könnte wichtig sein?»

Sie würden sich die Telefondaten besorgen müssen. «Ich weiss es nicht, Frau Christen. Möglicherweise.»

6

Zoe hatte eben erst an ihrem Pult im Newsroom Platz genommen und den PC eingeschaltet, als Chefredaktor Jürg Nyffeler auf sie zusteuerte. Er hatte die Ärmel seines hellblauen Hemdes hochgekrempelt und die schwarze Krawatte gelockert – kein gutes Zeichen. «Gut, dass Sie da sind, Frau Zwygart. Kommen Sie bitte mit.» Er machte kehrt und marschierte davon.

Zoe stutzte und warf einen schnellen Blick auf die roten Digitalziffern an der Wand: 19.48 Uhr. Kein Problem, das würde locker reichen bis zum Redaktionsschluss.

Zoe eilte hinter Nyffeler her, das Tastengeklapper und die Gespräche verstummten, die Blicke sämtlicher Kolleginnen und Kollegen von ihren Plätzen folgten ihnen. Wussten die mehr als sie?

Statt auf Nyffelers Büro, wie Zoe erwartet hatte, hielten sie auf das Treppenhaus zu. Nyffeler nahm auf dem Weg nach oben immer zwei Stufen auf einmal, Zoe hielt mühelos mit ihm Schritt. Was sollten sie denn in der Chefetage?

Im Steigen drehte er sich zu ihr um. «Bitte reden Sie nur, wenn Sie gefragt werden.»

«Was –»

Nyffeler hob einen Finger. «Kein Wort.»

Seine buschigen Augenbrauen zuckten, was auf Stress hindeutete. Also biss sie sich auf die Zunge. Der Chefredaktor war in dem Jahr, seit sie nun bei den Berner Nachrichten arbeitete, immer fair zu ihr gewesen. Und dass sie sich mit ihrer grossen Klappe regelmässig in die Nesseln setzte, wusste Zoe selber.

Im 4. Stock marschierte Nyffeler auf den grossen Konferenzraum zu, in dem die Ressortchefs jede Woche ihre Ideen und Pläne austauschten. Als er die dicke Eichentür aufstiess, drehten sich ein halbes Dutzend Köpfe in ihre Richtung.

«Frau Zwygart, Sie kennen die Anwesenden ja», sagte Nyffeler.

Falsch. Auf Anhieb erkannte Zoe nur zwei Personen: Rudolf von Känel, den Verleger der Berner Nachrichten, und den selbst ernannten Starjournalisten Andy Walker. Soweit Zoe es beurteilen konnte, war sie mit mindestens zwanzig Jahren Abstand die Jüngste im Raum. Die einzige Frau. Und die einzige ohne Anzug und Krawatte. Wie Ameisen fühlte sie die kritischen Blicke der Männer über ihre engen Jeans und die nackten Arme krabbeln.

Nyffeler setzte sich ans untere Ende des langen Tisches. «Meine Herren, wie Sie wissen, war Frau Zwygart verantwortlich für die Berichterstattung über die Mordserie im vergangenen Herbst.»

Ein paar der Anwesenden nickten. Sie setzte sich neben Nyffeler auf einen freien Stuhl, ein Typ mit Ziegenbärtchen links von Zoe begaffte die Tattoos auf ihrem Arm.

Sie checkte kurz den Saal ab, den sie noch nie hatte betreten dürfen: gemalte Porträts von ehemaligen Verlegern an dunklen Holzpaneelen, dazu diverse gerahmte Auszeichnungen für die beste Geschichte, den besten Fotografen, den besten Leitartikel. Gipsdecke mit Stuckverzierungen und einen Kronleuchter über der mächtigen Tischplatte gab es auch. Kaffeetassen und Wasserflaschen standen darauf in unterschiedlichen Stadien des Konsums. Und in der Mitte leuchtete das rote Licht an der Telefonanlage. Da war noch jemand zugeschaltet. Was zum Henker ging hier vor sich?

«Sie haben gute Arbeit geleistet im vergangenen Jahr», sagte von Känel ganz oben am Tisch. Er war gross und hatte breite Schultern, die unter dem teuren Jackett leicht nach unten sackten. Dafür war sein Haar voll und weiss, was die Farbe seiner wässrig-blauen Augen noch intensiver wirken liess.

Zoe hatte ihn erst einmal gesehen, aus der Ferne, an der letztjährigen Weihnachtsfeier.

Er räusperte sich. «Es ist wohl allen klar, dass wir hier in ein Wespennest stechen. Wir dürfen uns keine Fehler erlauben.»

«Meine Rede. Deswegen sollten das Profis übernehmen», sagte Walker. Sein silberblondes Haar war kurz geschnitten, er trug einen dunkelblauen Anzug und eine rote Krawatte über dem weissen Hemd.

Aber sicher doch, Andy, ein Profi wie du. Zoe wusste, dass sein Name auf einigen der Urkunden an der Wand prangte. Doch sie wusste ebenso, dass Walker nur zu gerne andere für sich arbeiten liess und dann den Ruhm alleine einheimste.

«Wie sehen Sie das denn, Frau Zwygart?», fragte von Känel.

«Äh … Worum geht es hier eigentlich?», fragte sie.

Walker setzte ein klimatisiertes Lächeln auf, das seine gebleichte obere Zahnreihe freilegte. «Genau das meinte ich.»

Zoe wischte den Spruch mit einer Handbewegung weg. «Dass sich diese Sitzung um den Mord an Ständerätin Bärtschi dreht, kann ich mir ja denken. Aber worüber reden wir hier genau?»

Nyffeler hob einen Finger. «Sorry, mein Fehler. Ich bin gar nicht dazu gekommen, Frau Zwygart aufzuklären. Wir beraten, wie wir die Berichterstattung handhaben wollen.»

Und dafür war eine Sitzung mit all diesen Typen nötig?

Links von Walker räusperte sich ein Mann. «Ist es korrekt, dass ein Polizist einen unserer Fotografen am Tatort angegriffen hat?» Er hatte ein rundes Gesicht und so rote Wangen, als hätte er Rouge aufgetragen.

Das war vor knapp einer Stunde gewesen. Aebi hatte es offenbar kaum erwarten können, seinen Chefs ins Gilet zu heulen. Zoe schüttelte den Kopf. «Dafür ist er selbst verantwortlich. Er hat den Polizisten provoziert.»

«Aber der Polizist ist physisch aggressiv geworden?» Im Blick von Rotbäckchen lag etwas Hungriges, als könnte sie ihm vielleicht einen leckeren Happen hinwerfen.

Plötzlich fiel bei Zoe der Groschen: Rotbäckchen, das war FDP-Nationalrat Claude Gygax, ein Schwergewicht im Parlament – in jeder Beziehung. «Ja, aber –»

«Vielleicht könnten wir das für unsere Zwecke nutzen», sagte Gygax schon an von Känel gewandt.

Der nickte. «Möglicherweise.»

Was zum Teufel tat Gygax denn hier? «Sie hören mir nicht zu», warf Zoe ein. «Den Polizisten trifft keine Schuld.» An ihrem Schienbein spürte sie einen leichten Tritt.

Nyffeler neben ihr schüttelte den Kopf, dann räusperte er sich. «Kommen wir zurück zur Berichterstattung. Wer übernimmt den Lead?»

Walker hüstelte. «Ich bin jetzt seit 15 Jahren bei den Berner Nachrichten und habe einiges geleistet in dieser Zeit. Sie wissen alle, dass Sie sich auf mich verlassen können. Frau Zwygart hat einmal Glück gehabt, keine Frage. Aber das ist kein Grund, dass alle vor einer Anfängerin auf die Knie gehen. Sie soll sich zunächst ein paar Meriten verdienen, wenn sie die grossen Storys haben will. Danach kann sie sich gerne wieder melden. Bei so einer grossen Kiste sollte jemand Verantwortung tragen, der die notwendige Erfahrung besitzt.»

Betretene Stille trat ein, die Verleger von Känel schliesslich unterbrach. «Was denkst du, Jürg?», wandte er sich an Nyffeler.

«Andy hat zweifellos viel geleistet für die Berner Nachrichten. Doch die Artikel von Frau Zwygart bewegten unsere Leserinnen und Leser wie keine anderen Storys in den vergangenen acht Jahren. Seit Oktober sind unsere Verkäufe an den Kiosken um acht Prozent gestiegen, bei den Abonnenten haben wir um elf Prozent zugelegt. Die E-Mail-Resonanz auf ihre Artikel ist so gross wie bei keinem anderen Redaktor. Zudem zitiert uns die Konkurrenz heute deutlich öfter als im letzten Jahr, das Schweizer Fernsehen inklusive. Wenn wir das also aus rein marktwirtschaftlicher Sicht betrachten …» Er drehte beide Handflächen gegen oben.

«Ich weiss nicht.» Der Typ mit dem Ziegenbärtchen studierte Zoe wie eine Speisekarte. Er war um die fünfzig, schlank, trug einen modischem Kurzhaarschnitt und eine schicke blaue Brille. «Frau Zwygart scheint mir etwas gar unbekümmert und jugendlich.»

Verflucht, mit 29 war sie doch kein kleines Mädchen mehr. «Ich kann durchaus –»

Nyffeler legte ihr eine Hand auf den Arm. «Vielleicht ist genau das ihr Kapital. Mit ihrem Stil und ihrer Sprache scheint Frau Zwygart einen Nerv bei den Leserinnen und Lesern zu treffen, vor allem bei der jungen Generation.»

Mit der Spitze eines Bleistifts tippte von Känel auf ein Blatt Papier vor sich, in seinem Kopf schien er Geldbündel zu zählen. «Fühlen Sie sich der Sache gewachsen, Frau Zwygart?»

Zoe verbarg ihre Fäuste unter dem Tisch. «Absolut.»

Er hob einen Warnfinger. «Falls wir Ihnen das anvertrauen, müssten Sie als Beobachterin über die Geschehnisse berichten. Und nicht wie im vergangenen Jahr selber für Schlagzeilen sorgen. Haben Sie das verstanden?»

«Das war doch nicht meine Schuld», protestierte Zoe. «Ich konnte nicht ahnen, dass die es auf mich abgesehen hatten.» Bei einem Mordanschlag war sie nur knapp mit dem Leben davongekommen.

«Einige Kollegen sind da anderer Meinung. Sie attestieren Ihnen einen Hang zum Leichtsinn.» Seine blauen Augen durchbohrten Zoe. «Aber ich denke, Sie haben sich die Chance verdient. Ich will

Ihren Namen aber nur als Autorin in der Zeitung lesen, verstanden?»

«Verstanden.»

«Und ich erwarte, dass Sie Chefredaktor Nyffeler täglich über Ihre Fortschritte informieren. Verstanden?»

«Ja.» *Und Nyffeler erstattet natürlich dir Bericht,* fügte Zoe in Gedanken hinzu.

«Gut. Sie übernehmen den Lead in dieser Sache. Ich denke, das war es dann. Hat jemand Fragen?», sagte von Känel. Sein Blick war aber auf das Telefon gerichtet.

Der Lautsprecher blieb stumm, in der Runde rührte sich niemand.

«Damit sind wir fertig hier», ordnete von Känel an. «Die Zeit läuft, jedes andere Medium der Schweiz wird sich auf diese Story stürzen. Ich will Einsatz an allen Fronten. Alle legen sich ins Zeug und ziehen am gleichen Strang. An die Arbeit!» Er stand auf.

Und damit war die Sitzung beendet. Alle anderen erhoben sich ebenfalls, das rote Licht am Telefon erlosch.

«Ich gebe Ihnen volle Rückendeckung», raunte Nyffeler in Zoes Ohr. «Ich hoffe, dass ich das nicht bereuen werde.»

«Das werden Sie nicht», antwortete Zoe.

Auf dem Rückweg zu ihrem Pult fragte sie sich, weshalb dieses Theater inszeniert worden war. Und welches Alphatier da wohl mitgehört hatte am Telefon.

7

In der Cafeteria der Bundeskriminalpolizei an der Berner Nussbaumstrasse stellte Vanzetti seine leere Kaffeetasse auf ein Tablett. Das in Folie eingewickelte Schinkensandwich – sein Abendessen – sparte er sich für später auf.

Beim Ausgang hängte Kollege Bach von der Abteilung Kommunikation einen Zettel an das Schwarze Brett. Als er Vanzetti kommen sah, hob er eine Hand. «Du brauchst nicht gerade ein kleines Segelboot, oder? Acht Jahre alt, fünf Meter lang. Bietet locker Platz für zwei Personen. Für 3000 Stutz gehört es dir.»

«Wasser ist nicht mein Ding.»

«Das sieht dir ähnlich, Landratte. Du solltest es mal … He, ich hab gehört, dass du den Fall Bärtschi übernommen hast. Mann, das ist echt der Griff ins Klo.»

«Was hast du denn gehört?»

Bach schob die schwarze Hornbrille auf seiner grossen Nase hoch. «Seitdem die Meldung reingekommen ist, klingeln die Telefone ohne Unterbruch. Justizdepartement, Bundesanwalt, Ständeratspräsident, Sicherheitspolitische Kommission. Und das sind nur die, die über unsere Abteilung gegangen sind. Die sind alle verdammt nervös.»

Porca vacca. «Aus einem bestimmten Grund?»

«Keine Ahnung. Auf jeden Fall solltest du dich warm anziehen.» Mit dem Daumen wies Bach auf das Anschlagbrett. «Oder zur Entspannung segeln gehen. Ich gäbe dir einen Sonderrabatt, wenn du –»

Vanzetti winkte ab. «Vergiss es.»

Er verliess die Cafeteria, stopfte einen Nikotinkaugummi in den Mund und nahm den Lift in den 2. Stock. Durch das wandhohe Fenster im Flur sah er hinunter auf die Autobahn Bern-Thun, wo zwei Lastwagen mit grellen Schweinwerfern durch die Nacht rasten. Die schwarz gestrichene Tür der Informatikabteilung am Ende des Ganges stand offen, IT-Fachmann Michele Zorzi sass vor einem Computer.

Aus dem Radio auf seinem Schreibtisch dröhnte laut die Schmalzstimme von Eros Ramazotti.

Zorzi blickte kurz vom Monitor auf. «Ich kann diesen Dreck nicht ausstehen», rief er über die Musik hinweg.

«Was?», fragte Vanzetti.

Zorzi drehte das Radio leiser. Er war ein kleiner Mann und dünn wie eine Fahnenstange. Das, gepaart mit seinen grossen Augen und den schwarzen Locken, liessen den 33-Jährigen fast aussehen wie einen Teenager. «Diesen Italo-Mist. Die spielen überhaupt nichts Gutes mehr auf SRF 3.»

«Was wäre denn gut? Bennato? Dalla?»

«Näh, lieber Gölä oder Patent Ochsner.»

Vanzetti musste grinsen. Seine Leidenschaft galt dem Blues, trotzdem fühlte er sich verbunden mit Zorzi. In diversen Pausen hatten sie einige Gemeinsamkeiten festgestellt: Ihrer beider Grosseltern waren aus Italien eingewandert, Papst Johannes Paul II. galt in ihren Familien – ganz im Gegensatz zu Franziskus – als Heiliger, und Italienisch sprachen sie beide trotz ihrer Herkunft nicht.

Vanzetti beugte sich über Zorzis Schulter und betrachtete den Eiger auf dem Bildschirm. «Kletterst du?»

«Kommt mir beinahe so vor. Nein, das hier ist der Computer aus Bärtschis Haus.»

«Dann bist du also reingekommen in die Festplatte? Gratuliere.» Er klopfte Zorzi auf die Schulter.

«Pah, das war ein Kinderspiel. Aber leider ist es doch nicht so einfach.»

«Weshalb?»

Zorzi legte eine Hand auf Bärtschis PC neben dem Monitor. «Das Baby hat eine SSD-Festplatte, i7-Prozessor, 32 Giga Arbeitsspeicher – das ist nichts für Warmduscher. Doch die Festplatte war nur mit einem einfachen Passwort geschützt, kein Problem für jemanden mit ein paar Kenntnissen und der richtigen Software. Das hat mich schon mal stutzig gemacht.» Er liess den Drehstuhl herumfahren und schaute zu Vanzetti hoch. «Ich meine, Scheisse, Mann, wer kauft sich so einen Computer und schützt seine Daten so miserabel?»

«Vielleicht hat Frau Bärtschi den Computer nicht selbst gekauft. Möglicherweise hatte sie keine Ahnung.»

«Das war auch mein erster Gedanke. Ich meine, ich konnte auf der Festplatte surfen wie auf der Aare beim Schwellenmätteli. Fotos, Briefe, Mails, Internet-Chronik – alles da. Er beäugte das Sandwich in Vanzettis Hand.

«Ich höre ein Aber …»

«Sag mal, isst du das noch? Ich habe seit Mittag nichts gefuttert.»

Zwar hatte auch Vanzetti Hunger, doch wollte er den Kollegen bei Laune halten. «Du kannst es haben.»

«Mille grazie.» Zorzi wickelte das Sandwich aus und nahm einen grossen Bissen. «Wie gesagt, der Computer war mies geschützt», sagte er mit vollem Mund. «Da habe ich mir gedacht, dass die Frau ja vielleicht besonders clever war.»

«Was heisst das?»

«Ich habe nach versteckten Dateien gesucht, nach Unregelmässigkeiten, nach etwas, das aus dem Rahmen fällt. Und bingo. Da ist es.» Er drehte sich zum Computer hin und deutete mit dem Sandwich auf den Eiger.

«Das verstehe ich nicht.»

«Schau her.» Zorzi klickte und öffnete die Eigenschaften des Fotos. «So ein Bild braucht normalerweise nicht viel Platz, zwei bis drei Megabyte genügen.» Er tippte mit dem Zeigfinger auf den Monitor. «Hier sind es aber 2,3 Gigabyte.» Zorzi nahm einen weiteren Bissen.

«Und das bedeutet?»

«Dass es nur auf den ersten Blick ein Foto ist. Dahinter versteckt sich aber etwas viel Grösseres. Briefe, Tabellen, Scans, Fotos – keine Ahnung. Bei dieser Grösse können es Tausende Dokumente sein.»

«Kommst du denn nicht an diese Dateien ran?»

«Dieser Computer ist wie eine Tussi, die ich mal kannte. Die nahm die Pille und setzte ein Pessar ein. Doch dann bestand die doch tatsächlich noch auf einem Kondom. Mann, die war besser geschützt als das Gold der Nationalbank.»

Vanzetti stöhnte innerlich, Zorzis Frauengeschichten … «Was hat das mit dem Computer zu tun?»

«Die Frau hat Steganos Safe verwendet. Das ist eine Software zur Datensicherung mit einer 256-Bit-AES-XEX-Verschlüsselung.» In seiner Stimme schwang Begeisterung mit.

«Und was heisst das auf Deutsch?»

Zorzi fuhr herum. «AES ist eine spezielle Art von Verschlüsselung, Advanced Encryption Standard. Funktioniert mit einem Algorithmus und ist mit einem Passwort abgesichert. Bei 256 Bit hat der Schlüssel eine Länge von etwa 40 Zeichen. Deswegen besass die auch so einen hochgezüchteten Computer, das braucht viel Rechenleistung.»

«Jemand wie du kann den Schlüssel bestimmt knacken.»

«Du hast ja keine Ahnung, Mann. Selbst ein Supercomputer bräuchte Milliarden Jahre dafür.» Zorzi stopfte den letzten Bissen des Sandwichs in den Mund und wischte die Hände an den Jeans ab.

Was in aller Welt hatte Bärtschi so gut schützen wollen? «Wir brauchen also ein Passwort, richtig?»

«Genau, dann wäre es super easy. Wie bei diesem Chick, das ich mal kannte. Die hatte nicht mal –»

Vanzetti schnippte mit den Fingern. «Bleib bei der Sache, Michele. Wo finden wir dieses Passwort?»

Zorzi legte den Kopf schief. «Puh. Es könnte auf einer externen Festplatte, einem USB-Stick oder etwas in der Art gespeichert sein. Funktioniert genau wie ein Schlüssel. Wenn du ihn in den PC steckst, öffnet sich der Safe von allein.»

«Der Schlüssel zu einem Schatz.» Der Gedanke warf Vanzetti zurück in seine Kindheit, als er mit Sandro Vifian, einem Jungen aus der Nachbarschaft, auf Schatzsuche im Bremgartenwald gegangen war. Voller Stolz hatten sie damals ihre Trophäen – zwei rostige Büchsen, ein paar Tierknochen und eine Sonnenbrille ohne Gläser – nach Hause getragen.

So einfach dürfte es diesmal nicht werden, doch Vanzetti liebte Herausforderungen. «Okay, ich werde dir diesen Schlüssel besorgen.»

Aber zuerst brauchte er mal was zu beissen.

8

Kohler stellte das gebündelte Altpapier auf das Trottoir. Dann nahm er sich einen Moment Zeit, um sein Zuhause im Licht der Strassenlampen zu begutachten. Er selbst bezeichnete es gern als sein «Landhäuschen». Er liebte die kleine Rasenfläche mit den Blumen, den Efeu, der an der Wand hochkletterte, den Rhododendron in der Ecke. Und es interessierte ihn nicht, dass der weisse Lattenzaun auf manche Leute spiessig wirkte.

Doch, doch, Ines und er hatten etwas erreicht im Leben. Drei Kinder grossgezogen und ein anständiges Haus gebaut. Und in die Ferien fahren konnten sie zwei Mal pro Jahr.

Wieso bloss fühlte er sich in der letzten Zeit so leer?

Vielleicht, weil er sich immer wieder die gleiche Frage stellte: Hätte sein Leben auch ganz anders verlaufen können? Was wäre aus ihm geworden, wenn er geschwiegen hätte? Wenn er nicht aufgestanden wäre damals, in der Sekundarschule. Wenn er nicht die Faust geballt und sich gewehrt hätte gegen Lehrer Mettler, den Prügler. Mit 16 Jahren hatte sich Kohler die Schläge nicht mehr länger gefallen lassen, worauf er in die Erziehungsanstalt Tessenberg hoch über dem Bielersee eingeliefert worden war. Das Heim hatte Kohler so sehr gehasst, dass er ein Jahr später die erstbeste Möglichkeit zur Flucht ergriffen hatte: Als ein Anwerber der Fremdenlegion zu Besuch gekommen war, hatte er unterschrieben. Da war er nicht mal volljährig gewesen.

Kohler ging zurück ins Haus, im Wohnzimmer lief noch immer das Schweizer Fernsehen. Die Tagesschau hatte Bärtschi an erster Stelle gebracht, die Polizei hatte bis jetzt keinen Schimmer. Er hatte es nicht anders erwartet.

«Beni, möchtest du einen Kaffee?», rief Ines aus der Küche.

«Du weisst doch, dass ich dann nicht schlafen kann.»

Ines streckte ihren Kopf in den Flur, ihre dunklen Augen unter den kurzen weissen Haaren glänzten wie poliertes Holz. «Wir haben auch koffeinfreien.»

«Nein, danke.» Mit einem Winken gab er Ines zu verstehen, dass er noch arbeiten müsse. Er schloss die Türe zu seinem Büro im Erdgeschoss hinter sich und setzte sich in den schwarzen Ledersessel. An der Wand hinter dem Schreibtisch hing das rot-grüne Abzeichen mit dem Drachen des 2. Fallschirmjäger-Regimentes der Fremdenlegion.

In der Grundausbildung in Südfrankreich hatten die Franzosen ihm als Erstes beigebracht, das Denken auszuschalten. Dann hatten sie ihm den Ehrenkodex eingebläut, die Lieder und etwa 500 Wörter Französisch. Später war Kohler den Fallschirmjägern auf Korsika zugeteilt worden. Er hatte Einsätze in Afrika, Südamerika, Asien und wieder in Afrika geleistet. Dort, wo sein bester Kamerad, Ulli Kretschmar, auf eine Mine getreten war. In einem Kaff im Tschad war das gewesen, 1969. Kohler hatte einen der Rebellen verfolgt bis in eine Hütte, wo er mit Schnellfeuer eine Gruppe Widerstandskämpfer niedergemacht hatte. Nur waren die sieben Leute beim Abendessen keine Rebellen, sondern eine Familie gewesen. Nach dem Vorfall hatte ihn die Legion zurück nach Frankreich verfrachtet.

Ach, er sollte nicht immer an längst vergangenen Geschichten herumstudieren.

Kohler stemmte sich aus dem Sessel hoch, sein Rücken schmerzte. Mit einem Schlüssel sperrte er die oberste Schublade seines Schreibtisches auf, dann holte er das Krypto-Handy heraus. Er drückte die gespeicherte Nummer, nach dem zweiten Klingeln hob sein Kunde ab.

«Haben Sie mein Paket erhalten?», fragte Kohler.

«Ja. Gab es Probleme?» Die Stimme des Kunden klang unnatürlich, bestimmt verzerrte er sie mit einer Software.

«Nein.»

«Keine Zeugen?»

«Nein.»

«Und Sie haben es wie einen Raubmord aussehen lassen?»

«Wie vereinbart», antwortete Kohler leicht gereizt. Er wusste doch, wie er so etwas handhaben musste. Die meisten Polizisten hielten sich für klüger als den Rest der Welt. Und sie vertrauten auf Kriminaltechnik. Mit der Platzierung der Leiche, der Durchsuchung des Hauses und den fehlenden Wertsachen hatte er den Polizisten ein paar Krümel hinterlassen. Begierig würden sie sich darauf stürzen.

«Es gibt aber ein Problem», sagte der Kunde. «Wir können die Daten auf dem Laptop nicht entschlüsseln.»

Das war nicht Kohlers Problem. «Ich habe alle CDs und USB-Sticks eingepackt. Wie abgesprochen.»

«Was wir benötigen, ist nicht dabei.»

«Ich habe meinen Auftrag gemäss Offerte erfüllt. Wenn ich jetzt nach etwas suchen soll, wird das mehr kosten.»

«Wie viel mehr?»

«Hängt davon ab, was Sie von mir erwarten.»

«Wir möchten, dass Sie Bärtschis Anwalt besuchen. Doktor Guido Winzenried. Er hat eine Kanzlei an der Berner Jubiläumsstrasse. Möglicherweise befindet sich der Daten-Schlüssel dort.»

«Was soll mit dem Anwalt geschehen?»

«Das überlassen wir Ihnen. Wir vertrauen Ihrem Urteilsvermögen.»

«Verstehe.» Wenn er den Anwalt wirklich ausschalten musste, könnte es Kohler wie einen Selbstmord aussehen lassen. Oder wie einen Unfall. «Nochmals fünfzigtausend», sagte Kohler.

«Das geht in Ordnung», sagte der Kunde. «Aber beeilen Sie sich. Wenn Bärtschi etwas beim Anwalt hinterlegt hat, wird die Polizei das schon bald sicherstellen.» Mit einem Klicken wurde die Verbindung getrennt.

Kohler legte das Handy zurück in die Schublade. Das war eine Sache, die Kohler gefiel an diesem Kunden: In all den Jahren, in denen sie zusammen Geschäfte machten, hatte er nie gefeilscht.

Er drückte den Startknopf seines Computers, lehnte sich zurück und inspizierte den Siegelring mit dem Drachen an seinem Finger. *Honneur et Fidelité.*

Lieutenant-Colonel Serge Jankowski war es gewesen, der Kohler vor der unehrenhaften Entlassung aus der Legion bewahrt hatte. In Castel hatte Kohler in einer Zelle geschmort und die Abschiebung in die Schweiz erwartet. Da war Jankowski aufgetaucht und hatte ihm ein Angebot gemacht: ob er für eine private Sicherheitsfirma arbeiten wolle, die Risk Management Services. Die Firma werde von ehemaligen Legionären geführt und befasse sich mit Sicherheitsfragen in aller Welt.

Dankbar hatte Kohler das Angebot akzeptiert. Er hatte die französische Staatsbürgerschaft erhalten und schon bald seine ersten Aufträge erledigt: Nachforschungen, Beschattungen, Kurierdienste. RMS war in mancher Hinsicht ein idealer Arbeitgeber gewesen: korrekter Umgang, klare Anweisungen, Bezahlung nach Aufwand. Als Kohler nach acht Monaten seine erste Liquidierung hatte erledigen müssen, hatte er nicht gezögert.

Nach ein paar Jahren hatte sich Kohler das Häuschen bei Mulhouse gekauft, eine Elsässerin geheiratet und eine Familie gegründet. Es waren viele gute Jahre gefolgt. Doch nun setzte RMS zunehmend jüngere, preiswertere Experten ein. Die Aufträge und damit auch die Einkünfte waren geschrumpft, was Kohler zu schaffen machte. Und er fragte sich immerfort, ob er nicht etwas Besseres hätte machen können aus seinem Leben.

Auf dem Monitor tauchte der Bildschirmschoner mit dem Satz auf, den er zum Leitmotiv für diese Woche bestimmt hatte.

Verlierer hören auf, wenn sie müde sind. Gewinner hören auf, wenn sie gewonnen haben.

Exakt. Wenn er sich zusammenriss, würde er diese Krise überwinden. Er würde der Firma und den jungen Maulhelden beweisen, dass er noch mit jedem mithalten konnte.

Kohler hauchte auf den Siegelring und wischte ihn an seinem Hemd sauber. Dann gab er den Namen der neuen Zielperson bei Google ein: *Guido Winzenried*.

9

Mit einer Tasse Earl Grey in der Hand beugte sich die 72-jährige Lucy Eicher am Freitagmorgen am Küchentisch über die Berner Nachrichten. Wie immer hatte sie die Zeitung um 7 Uhr in der Früh aus dem Briefkasten ihres Mehrfamilienhauses im Marziliquartier gefischt. Sie horchte in sich hinein, lotete ihre Gefühle aus. Eva Bärtschi war tot. Die Frau, die Lucy seit Jahrzehnten mit Inbrunst gehasst hatte. Und doch fühlte Lucy … Ja, was eigentlich? Nichts als Leere. Eigenartig.

Sie blätterte zurück zu einem Foto von Alex Vanzetti: Es brachte die hellbraunen Haare, die blauen Augen und das markante Kinn des jungen Mannes gut zur Geltung. Aber er sah müde aus, abgekämpft. Lucy fühlte mit ihm. Während einer Morduntersuchung im vergangenen Jahr waren sie Freunde geworden.

Lucy nahm einen Schluck Tee und blickte durch das Küchenfenster hoch zum Bundeshaus.

Es klopfte kurz. «Guten Morgen, Grosi», rief ihre Enkelin. Mit einem Lächeln betrat Zoe die Küche. Sie entdeckte die Zeitung auf dem Tisch. «Schon gelesen?»

«Jeden Artikel. Gute Arbeit.» Das meinte Lucy ehrlich. Sie wusste, dass Zoe Wert legte auf ihre schonungslose Kritik. Lucy verstand das gut, schliesslich hatte sie jahrelang selber für die Berner Nachrichten geschrieben.

Zoes Lächeln verbreiterte sich zu einem Grinsen. «Danke. Ich hätte mir etwas mehr Zeit gewünscht, um an den Texten zu feilen.» Sie holte ein Erdbeerjoghurt aus dem Kühlschrank und setzte sich Lucy gegenüber auf den zweiten Küchenstuhl.

«Das ist die Krux einer Tageszeitung. Warst du bis Redaktionsschluss im Büro?» Lucy wohnte im 2. Stock, Zoe direkt über ihr. Normalerweise hörte sie ihre Enkelin heimkommen. Doch gestern musste es sehr spät geworden sein.

«Ich wollte noch den ersten Abzug der Zeitung sehen. So um halb eins war ich zu Hause.» Zoe holte einen Löffel aus der Tischschublade und riss den Deckel vom Joghurt ab. «Es war ziemlich abgedreht gestern.»

«Was denn?»

«Kaum war ich zurück aus Worb, haben mich ein paar hohe Tiere ins Konferenzzimmer zitiert. Verleger von Känel, Chefredaktor Nyffeler, Nationalrat Gygax und dazu noch ein paar Typen, die ich gar nicht kannte. Ich fühlte mich wie im falschen Film.»

«Vermutlich war die erweiterte Geschäftsleitung versammelt. Die Leute halten grössere Anteile an der Zeitung. Die wurden wohl von den Ereignissen überrascht.» Mit zwei Schlucken leerte Lucy ihre Tasse.

«Ich weiss nicht recht … Jedenfalls haben die mich ausgefragt, als stünde ich vor Gericht.»

Lucy schmunzelte. «Und wie lautete das Urteil?»

«Dass ich den Lead in den Recherchen habe.» Sie beobachtete Lucy mit ihren grau-blauen Augen und strahlte. «Und du weisst ja, wie das ist …»

Lucy ahnte, was Zoe fragen würde, ehe die sich ein Herz gefasst hatte. Die Kleine wollte ihr Wissen anzapfen.

Zoe schob Brotkrümel auf dem Tisch zusammen. «Ich brauche einen Nachzieher heute.» Sie rutschte auf dem Stuhl herum. «Du hast Eva Bärtschi doch gut gekannt, oder?»

«Das ist lange her.» Tief vergrabene Bilder schossen Lucy durch den Kopf: der zerschmetterte Körper von Felix in der Leichenhalle, die Befragung durch die Polizei, die sogenannten Freunde, die sich abwandten, das Kesseltreiben der Medien.

«Ich weiss, dass Bärtschi irgendwie in Grossvatis Tod verwickelt war. Du hast nie darüber reden wollen, deswegen habe ich im Zeitungsarchiv alte Artikel ausgegraben. Da steht, dass Grossvati Geld unterschlagen hat.» Jetzt schaute ihr Zoe in die Augen. «Ist das wirklich wahr?»

Die aufwallenden Erinnerungen schnitten Lucy die Luft ab. Doch Zoe hatte ein Recht, die Geschichte zu hören. Und sie war jetzt alt genug.

Lucy seufzte leise. «Du weisst, dass wir in unseren jungen Jahren Kommunisten waren, dein Grossvater Felix und ich. Wir haben uns sehr engagiert in der

Partei der Arbeit. Märsche, Lieder, Streiks, das ganze Programm.» Sie stand auf, füllte den Wasserkocher bei der Spüle und schaltete ihn ein. «1975 wurde Felix als einer der ersten Kommunisten in den Nationalrat gewählt, er war unheimlich stolz darauf. Doch im Jahr nach der Wahl verschwanden mehrere Tausend Franken aus unserer Parteikasse. Und Felix war als Kassier verantwortlich für das Geld. Es gab viele Anschuldigungen und Gerüchte, die Medien stürzten sich genüsslich auf den ...» – mit den Fingern malte Lucy Anführungszeichen in die Luft – «... betrügerischen Kommunisten. Das Schlimmste für Felix war, dass ihn sogar gute Freunde für schuldig hielten.»

«Aber das war doch kein Grund, sich das Leben zu nehmen.»

Jahrzehntelang hatte Lucy das alles verdrängt. Ihre Augen füllten sich mit Tränen. «Felix war der anständigste Mensch, den ich je kennengelernt habe. Der Druck war riesig, es wurde ihm alles zu viel. Deswegen hat er sich von der Kirchenfeldbrücke gestürzt.»

Zoe stand auf und nahm Lucy in den Arm. Sie überragte ihre Grossmutter um einen Kopf. «Das muss eine schlimme Zeit für dich gewesen sein.»

«Oh, ja.» Lucy nahm das Taschentuch, das ihr Zoe hinhielt, und schnäuzte sich.

«Und Eva Bärtschi?» Zoe setzte sich wieder hin.

«Sie war eine Genossin. Nein, mehr als das, eine

Freundin. Doch ihre Karriere war ihr wichtiger als Freundschaft. Felix war überzeugt davon, dass sie das Geld abgezweigt und die Kampagne gegen ihn angezettelt hatte.»

«Weshalb hätte sie das denn tun sollen?»

«Weil sie seinen Sitz im Nationalrat wollte. Es hatte vor den Wahlen hitzige Diskussionen in der Partei gegeben, Eva wollte unbedingt auf den ersten Listenplatz. Doch die Partei hat sich für Felix entschieden.»

«Glaubst du auch, dass Eva hinter dem Diebstahl steckte?», fragte Zoe.

«Ich bin sogar überzeugt davon. Aber es gab nie Beweise dafür. Und Eva erreichte ihr Ziel, sie rückte in den Nationalrat nach. Doch so ganz ging ihre Rechnung doch nicht auf.»

«Wieso?»

«Das Mandat sollte Eva zu einem gesellschaftlichen Aufstieg verhelfen.» Lucy schnaubte. «Sie stammte aus einer neureichen Familie, die geradezu nach Anerkennung lechzte.»

«Aber sie war doch Kommunistin.»

«Nicht wirklich. Aus heutiger Sicht denke ich, dass das bloss eine Protestaktion von ihr war. Sie wollte aufmucken gegen ihre Familie, vor allem gegen ihre herrschsüchtige Mutter. Später ist sie ja dann zur SP übergetreten.»

«Und wieso hat das nicht geklappt mit dem Aufstieg?»

«Weil man sich Anerkennung nicht kaufen kann. Ich glaube, Evas Vater hatte irgendeine Erfindung gemacht und damit viel Geld verdient. Das verteilten die Bärtschis grosszügig. Doch in Bern steigt man mit Geld allein nicht die soziale Leiter hoch. Die feine Gesellschaft wollte nichts von den Bärtschis wissen. Alteingesessene Berner Familien wie die von Wattenwyls, die von Steigers oder die von Tscharners hätten die nicht mal zum Tee eingeladen.»

«Weshalb war denn das wichtig für Evas Familie?»

«Es waren noch andere Zeiten damals. Wir Frauen hatten 1971 erst das Stimmrecht erhalten, in der Gesellschaft gab es eine klare Trennung zwischen unten und oben. Vor allem Evas Mutter schien ganz versessen darauf, zu den Oberen zu gehören. Und das hatte sie ihrer Tochter von klein auf eingeimpft.»

«Im Archiv habe ich ziemlich viele Artikel über die Familie gefunden. Es gibt kaum ein schlechtes Wort über sie, im Gegenteil.»

«Kein Wunder, die Bärtschis spielen schon lange die grosszügigen Menschenfreunde. Sie geben viel Geld für PR-Agenturen aus, damit das auch jeder mitbekommt. Wenn aber jemand am Lack kratzt, steht sofort ein Anwalt vor der Tür. Ich habe das selber erlebt.»

Mit einem Klicken schaltete sich der Wasserkocher aus. Lucy holte einen Teebeutel aus dem Schrank und goss eine frische Tasse auf. «Willst du auch?»

«Nein, danke. Erzähl weiter.»

«In den 1980er-Jahren schrieb ich noch für den Lokalteil der Berner Nachrichten. Damals haben die Bärtschis einen Fussballclub in Bümpliz unterstützt. Die Teams bekamen neue Ausrüstungen, ein neues Spielfeld, das Clublokal wurde renoviert. Im Gegenzug sollten sie auf den Trikots Werbung machen für Firmen, an denen die Bärtschis beteiligt waren. Zunächst war die Clubleitung einverstanden. Doch dann kamen immer weitere Forderungen. Werbebanner rund um den Fussballplatz oder Bärtschi-Farben im Vereinswimpel. Als die Junioren in den Trikots bei einer Firmenfeier hätten auftreten sollen, legte sich die Clubleitung quer. Von einem Tag auf den anderen versiegte die Geldquelle.»

«Und das hast du beschrieben?»

«Ja, alles bis ins Detail. Das gab einen grossen Wirbel. Am Tag nach dem Erscheinen des Artikels besuchte ein geschniegelter Anwalt meinen damaligen Chefredaktor und drohte mit einer Klage wegen Verleumdung. Doch ich konnte alles belegen. Der Herr Anwalt musste unverrichteter Dinge abziehen.»

Zoe lachte. «Eine schöne Story. Nur komisch, dass ich sie nicht gefunden habe im Archiv. Kennst du noch mehr solcher Geschichten über die Bärtschis? Genau so etwas brauche ich.»

«Nein, nach 1976 habe ich jeden Kontakt zu Eva abgebrochen. Aber lass mich mal nachdenken.»

Lucy rührte im Tee, sah sich in den 70er-Jahren an Parteiversammlungen, beim Verteilen von Flugblättern und mit gereckter Faust an Demonstrationen. Avanti Popolo. «Silvan Schneeberger», sagte sie schliesslich.

«Wer ist das?»

«Er war damals ein guter Freund von Eva. Bestimmt weiss er mehr über die Familie.» Lucy ging ins Entrée und holte ihr ausgeblichenes Adressbüchlein vom Fensterbrett. «Ich glaube, ich hatte mal seine Nummer.»

«Denkst du, er würde mit mir reden?», fragte Zoe. Sie stopfte einen Löffel Erdbeerjoghurt in den Mund.

«Ich weiss es nicht. Silvan war schon früher ein komischer Kauz. Ich habe gehört, dass es mit dem Alter noch schlimmer geworden ist. Er soll wie ein Einsiedler in den Bergen leben. Wahrscheinlich würde er sogar mich vor die Türe stellen.»

«Würdest du es probieren? Für mich?»

In Zoes Blick lagen der Optimismus und die Energie ihrer Kindheit. Schon damals hatte Lucy ihr nur schwer etwas abschlagen können. «Versuchen kann ich es.»

Lucy fand die Nummer in ihrem Büchlein und griff nach dem Handy, hielt dann jedoch inne. «Willst du das wirklich tun, Zoe? Wenn du der Familie Bärtschi auf die Füsse trittst, wird sie ihre Anwälte auf dich hetzen. Vielleicht gefährdest du deinen Job.»

Zoe breitete beide Arme aus. «Grosi, du kennst mich doch.»

Natürlich tat sie das. Die Kleine hatte sich in der 4. Klasse mit zwei Sekundarschülern angelegt, die ihr das Sackgeld hatten klauen wollen.

Lucy lächelte und tippte Silvans Nummer ein.

10

Vanzetti liess seinen Blick über die Vitrine gleiten: eine Uhr, mehrere Kugelschreiber, eine Polizeimütze, ein Abzeichen mit kyrillischer Schrift. Es waren Geschenke aus aller Welt, die Claudia Oppliger, Leiterin der Bundeskriminalpolizei, im Flur vor ihrem Büro ausgestellt hatte. Oppligers Sekretärin hatte ihn herbestellt und ihm beschieden, dass die Chefin «in Kürze» Zeit für ihn haben werde. Die Erfahrung hatte ihn gelehrt, dass sich an der Wartezeit die Stimmung der Chefin ablesen liess.

Als Vanzetti nach 32 Minuten in Oppligers Büro geführt wurde, wusste er, dass sie mies drauf sein musste. Sie liess ihn erstmal vor ihrem Schreibtisch stehen. Die Chefin sah aus wie ein etwas übergewichtiges Hausmütterchen mit braunen Locken, einer grossen braunen Brille und einer braunen Strickjacke. Sie überflog Papiere und unterschrieb hie und da mal.

Vanzetti beobachtete sie dabei und fragte sich einmal mehr, ob Oppliger diesen Look absichtlich pflegte. Denn er verleitete dazu, sie zu unterschätzen. Doch das wäre ein schwerer Fehler. Genauso wie es ein Fehler gewesen wäre, sich einfach auf den Besucherstuhl zu setzen. Denn Oppliger neigte normalerweise nicht zu dummen Machtspielchen wie dem Ignorieren von Mitarbeitern. Sie musste stinkwütend sein. Was hatte er bloss verbockt?

Endlich hob sie den Kopf. «Wie alt sind Sie, Vanzetti?»

«36.»

Sie liess ihren Blick von seinen schwarzen Halbschuhen bis hoch zu seinem Scheitel gleiten. «Ich schätze Sie auf etwa 1,80 und 85 Kilo. Kommt das hin?»

«So ungefähr.» Was sollte das denn? Er wusste selber, dass er mehr Sport treiben sollte.

«Und Sie sind ausgebildet in Nahkampf?»

Wie bitte? «Na ja, das letzte Training ist schon eine Weile her.»

«Wir sind uns also einig, dass Sie ein kräftiger, gut trainierter Polizist sind?» Mit der Spitze eines Kugelschreibers tippte sie auf die Tischplatte.

«Das könnte man so sagen.»

«Dann erzählen Sie mir mal, wieso …» Oppliger liess den Kugelschreiber fallen, griff nach einem Blatt Papier und überflog es. «… Sie sich gestern mit einem 62-jährigen Mann geprügelt haben, einem Hungerhaken, der gerade mal 1,65 gross ist und 55 Kilo wiegt. Und der zu allem Übel auch noch für eine Zeitung arbeitet.» Mit ihrer Stimme hätte sie Glas schneiden können.

Porca vacca, der kleine Scheisser musste sich beschwert haben. «Ich habe ihn nicht verprügelt.»

Oppliger las vom Blatt ab. «… schrie unseren Mitarbeiter Herrn Aebi an und versetzte ihm einen harten Stoss, sodass Herr Aebi rücklings auf das Trottoir fiel und sich die Wirbelsäule verletzte. Bei dem Sturz wurde die Fotoausrüstung von Herrn Aebi im Wert von über 15 000 Franken beschädigt.» Über den Rand des Blattes durchbohrte sie Vanzetti mit ihrem Blick.

Er schüttelte den Kopf. «Das ist völliger Quatsch.»

Oppliger wedelte mit dem Blatt in der Luft. «Gestern Abend durfte ich mich eine halbe Stunde mit dem Verleger der Berner Nachrichten herumschlagen. Heute Morgen erhielt ich einen Anruf von Nationalrat Claude Gygax in der gleichen Sache, zudem lag dieser Wisch in meiner Post, unterschrieben vom Anwalt der Mediengruppe.» Sie hielt ein Blatt hoch, liess es dann auf den Schreibtisch segeln und lehnte sich vor. «Sind Sie noch bei Trost, Vanzetti?»

Vanzetti zählte innerlich auf zehn. Er stand immer noch da wie ein ungezogener Schüler vor dem Pult der Schuldirektorin. «Es war keine Prügelei. Okay, möglicherweise habe ich ihn ein wenig geschubst. Aber der Kerl hat mich provoziert. Das wird Ihnen Reto Saxer bestäti…»

«Ist das Ihre ganze Verteidigung? Der Mann hat Sie provoziert? Sie waren Kantonspolizist, bevor Sie zur BKP gestossen sind. Es ist bestimmt nicht das erste Mal, dass Sie beschimpft oder provoziert werden.

Sie sind ausgebildet darin, mit so etwas umzugehen. Was zum Teufel haben Sie sich bloss dabei gedacht?» Oppliger schrie jetzt.

Vanzetti senkte den Blick. «Ich kam gerade aus dem Haus von Bärtschi, der Tatort hat mich ziemlich mitgenommen. Dazu kam eine Meute von Journalisten, die mich vor dem Haus bedrängt hat. Ich schätze, der Kerl hat mich auf dem falschen Fuss erwischt.»

Oppliger atmete durch. «Ich hielt Sie für einen Profi. Für einen meiner besten Ermittler.»

«Es tut mir leid.» Das entsprach zwar nicht der Wahrheit, dieser Affe hatte es nicht besser verdient. Aber das Protokoll verlangte eine Entschuldigung.

Oppliger drückte sich aus ihrem Ledersessel hoch und machte ein paar Schritte hinter dem Pult hin und her. «Der Verlag droht mit einer Anzeige. Ganz abgesehen von der Kampagne, die er inszenieren kann. Offenbar hat der Fotograf sogar Bilder von dem Vorfall geschossen. Wissen Sie, wie uns das in der Öffentlichkeit dastehen liesse? Ein Polizist der BKP, der sich nicht im Griff hat? Und das in einer Zeit, in der das Parlament jeden unserer Budgetposten zweimal umdreht? Herrgott noch mal!»

Vanzetti nickte.

Oppliger starrte ihn wütend an, als hätte er zu laut genickt. «Mit grösster Mühe konnte ich den Verlag davon überzeugen, dass er von einer Anzeige absieht.

Geradezu betteln musste ich. Noch jetzt stellt mir diese Demütigung die Nackenhaare auf.»

Vanzetti nickte so leise wie möglich.

«Für diese Medienhaie ist das ein Festessen. Natürlich haben die nicht einfach so nachgegeben, oh, nein. Die haben eine Bedingung gestellt, damit sie uns nicht vor aller Welt die Hosen runterziehen. Und ich konnte bloss ‹Ja› und ‹Danke› sagen.»

«Was für eine Bedingung?»

Sie blieb stehen und verschränkte die Arme vor der Brust. «Der Verlag vergisst, dass Sie einen seiner Mitarbeiter angegriffen haben. Im Gegenzug lassen wir einen Journalisten an unseren Ermittlungen im Fall Bärtschi teilhaben. Exklusiv.»

Vanzetti musste sich verhört haben. «Das meinen Sie doch nicht im Ernst.»

«Ja, denken Sie denn, ich hatte eine Wahl?» Oppliger verwarf beide Hände. «Eine informelle Zusammenarbeit mit den Medien steht so ziemlich an der Spitze der Dinge, die ich verabscheue. Die wollten uns gleich auch noch einen Fotografen aufhalsen, ausgerechnet den Kerl, den Sie angegriffen hatten. Wenigstens das konnte ich verhindern.» Sie stemmte sich auf dem Schreibtisch ab. «Aber Sie haben uns das eingebrockt, Vanzetti. Und Sie baden das jetzt aus. Wenn Sie damit nicht klarkommen, setze ich sofort einen anderen Ermittlungsleiter ein.»

Stumm starrte er auf den grauen Spannteppich. Eine Zusammenarbeit mit einem Medienheini verstiess gegen alle seine Grundsätze. In Vanzettis Magen rumorte es. Doch er konnte Eva Bärtschi nicht einfach im Stich lassen. «Haben die Ihnen gesagt, wer das sein soll?»

«Frau Zwygart.»

Ausgerechnet. Vanzetti verbiss sich die Frage «Sind Sie noch bei Trost? Sie haben keine Ahnung, auf wen Sie sich da einlassen».

«Wieso? Ich dachte, mit der kämen Sie vielleicht halbwegs klar. Zwygart hat Sie doch letztes Jahr bei der Aufklärung der Mordserie unterstützt, oder nicht?»

Bei der sie beide um ein Haar draufgegangen wären. «Unterstützt würde ich das nicht nennen. Zwygart ist ein Dickschädel, die lässt sich nicht herumkommandieren. Die wird nicht einfach still dabeisitzen und sich Notizen machen. Sie hat eine Ausbildung bei der Militärpolizei, weiss Bescheid über Ermittlungsarbeit und Forensik. Die wird eine aktive Rolle spielen wollen.»

Oppliger winkte ab. «Ich vertraue darauf, dass Sie die Dame unter Kontrolle halten.» Sie wandte sich ab und guckte zum Fenster hinaus.

«Damit wird die sich nicht zufriedengeben. Zwygart ist die Nervensäge in Person, sie hat –»

Oppliger wirbelte zu ihm herum und schnitt die Luft mit der Hand entzwei. «Es reicht. Sie haben das verbockt, Sie bringen das jetzt in Ordnung. Das ist ein Befehl.» Oppliger liess sich in ihren Sessel fallen und schnaufte laut. «Kommen Sie wenigstens voran im Mordfall Bärtschi? Gibt es erste Spuren?»

«Wenig Handfestes bis jetzt. Wir versuchen, die Daten in ihrem Computer zu entschlüsseln, doch –»

«Also nichts! Sie können sich gar nicht vorstellen, was seit gestern hier los ist. Sämtliche Parlamentarier scheinen Bärtschis beste Freunde gewesen zu sein und wollen Informationen über unsere Fortschritte – streng vertraulich natürlich. Die spinnen doch alle.»

«Das ist mir zu Ohren gekommen.»

«Also machen Sie sich an die Arbeit, Vanzetti, liefern Sie Resultate. Das ist Ihr Job.» Sie nahm den Kugelschreiber vom Pult und zeigte damit auf die Tür. «Das wärs.»

Durchgekaut und ausgespuckt. Vanzetti drehte sich um, schritt zur Türe und griff nach der Klinke.

«Und was diese Zwygart betrifft …», stoppte ihn Oppligers Stimme. «Geben Sie ihr das Gefühl, dass sie mit im Boot sitzt. Tatsächlich aber …»

Vanzetti hatte kapiert. «… planscht sie alleine draussen im Wasser.»

«Sie sagen es.» Oppliger beugte sich wieder über ihre Papiere.

Draussen im Flur starrte Vanzetti auf einen schwarzen Helm von Scotland Yard in der Vitrine. Im Prinzip klang der Plan seiner Chefin gut. Er hatte bloss einen Haken: Sie kannte Zwygart nicht.

11

Mit den Fingerkuppen streichelte Kohler den Totschläger in seiner Jackentasche. Er hatte das Leder selber zurechtgeschnitten, zusammengenäht und mit Sand gefüllt, sodass er optimal in der Hand lag. Wenn er ihn nur endlich einsetzen könnte.

Kohlers Uhr zeigte fünf vor halb eins. Seit geschlagenen drei Stunden beobachtete er das dreigeschossige, mit Erkern und Türmchen verzierte Haus an der Jubiläumsstrasse, in dem Winzenrieds Kanzlei lag. Um nicht zu viel Aufmerksamkeit auf sich zu ziehen, hatte Kohler immer wieder den Standort gewechselt. Mal war er auf einer Bank bei der Bushaltestelle gesessen, mal hatte er einen kleinen Spaziergang gemacht – immer mit Blick auf die Kanzlei. Trotzdem hatte er ein ungutes Gefühl. Aufträge ohne gründliche Planung oder plausible Tarnung hasste er. Doch er hatte ja keine Wahl, wenn er der Polizei zuvorkommen wollte.

Am frühen Morgen war Kohler ein erstes Mal hier gewesen und hatte den einfachsten Weg versucht. Er war in die Kanzlei eingestiegen und hatte sich dort umgesehen. Schwere Möbel, dicke Perserteppiche, handgemalte Landschaften an den Wänden – es hatte nach Geld gestunken. Und als Bonus hatte Winzenried eine junge Version von Isabelle Adjani im

Vorzimmer platziert, wie Kohler anhand der gerahmten Fotos auf deren Schreibtisch festgestellt hatte. Gleich daneben war er aber auf unerwarteten Widerstand gestossen: einen Aktenschrank mit Stahlwänden, ein Zentral-Riegelwerk, einem Hintergreiferbolzen und ein Doppelbart-Sicherheitsschloss. Putain!

Klar hätte Kohler den Schrank öffnen können. Doch dafür hätte er zu viel Zeit gebraucht und – noch schlimmer – Spuren hinterlassen. Weder das eine noch das andere war eine Option gewesen. Also musste Kohler das Problem auf die harte Tour lösen.

Vor fünf Minuten war die Sekretärin des Anwalts in den Mittag gegangen. Isabelle Adjani war sie dann doch nicht gerecht geworden, in Wirklichkeit schleppte sie ein paar Jahre und etliche Kilos mehr mit sich herum.

Endlich, um halb eins, kroch Winzenried aus seinem Bau. Er trug eine graue Hose und einen schwarzen Regenmantel. Mit einer grünen Plastikbox in der Hand liess der hagere 68-Jährige mit Rauschebart das Gartentor einschnappen. Winzenried spazierte die Jubiläumsstrasse hoch, sein Bart flatterte im leichten Wind.

Auf der Strasse waren keine Zeugen, doch Kohler mahnte sich zur Geduld. Mitten in einem Wohnquartier konnten viele Augen hinter Fenstern lauern.

Winzenried bog nach rechts ab und steuerte auf das Dählhölzli zu. Vielleicht stand das Glück auf

Kohlers Seite. Zwischen Parkplätzen schlenderte der Anwalt auf die Bäume zu.

Kohler hielt 50 Meter Abstand und beschleunigte seinen Schritt. Durch eine Hecke auf der rechten Seite drang das Plop-Plop von Tennisbällen, eine Frau mit Kinderwagen kam ihm entgegen. Er drehte das Gesicht weg.

Als Winzenried die ersten Schritte unter die hohen Buchen des dichten Waldes machte, befand sich Kohler direkt hinter ihm. Vögel pfiffen in den Bäumen, es roch nach nasser Erde und Holz.

«Wunderbarer Tag heute», sagte Kohler, als er aufgeschlossen hatte. Den Totschläger hielt er in seiner rechten Hand verborgen.

«Absolut.» Nach einem kurzen Seitenblick aus grauen Augen starrte Winzenried wieder geradeaus. Dem war nicht nach Plaudern zumute. Er stakste auf eine grün gestrichene Bank unter einer mächtigen Eiche zu, die direkt am Wegrand lag. Das musste sein Mittagsritual sein.

Kohler warf einen letzten Kontrollblick in die Runde und liess sich einen halben Schritt hinter Winzenried zurückfallen. Dann schwang er seinen Totschläger mit dosierter Kraft. Er traf Winzenried exakt an der Schädelbasis.

Augenblicklich klappte der Anwalt zusammen, die Plastikbox flog ihm aus der Hand. Wie eine Puppe schlug der Mann auf den Waldboden auf. Der Deckel der Box sprang auf, ein Apfel, ein Sandwich und ein Schokolade-Branchli fielen in das nasse Laub.

Kohler steckte den Totschläger in seine Jackentasche und zog einen Gummischlauch heraus. Dann kontrollierte er den Spazierweg.

Alles ruhig.

Er kauerte sich neben Winzenried und wickelte den Gummischlauch um dessen linken Oberschenkel, knapp oberhalb des Knies. Dann schob er das Hosenbein hoch und schlug mit den Fingern ein paar Mal auf die Kniekehle. Eine Vene trat hervor.

Mit zwei Fingern fischte Kohler eine Einwegspritze aus der Innentasche seiner Jacke. Er nahm die Schutzkappe von der Kanüle und richtete die Spritze nach oben. Mit dem Fingernagel klopfte er ein paar Mal auf das Plastik, damit die Blasen aufstiegen. Er drückte leicht auf den Kolben, ein Teil des Kaliumchlorids schoss aus der Spritze. Dann stach Kohler die Kanüle in Winzenrieds Bein, löste den Gummischlauch und drückte die Flüssigkeit in dessen Blutbahn.

Als die Spritze geleert war, zog er sie heraus, setzte die Schutzkappe auf die Kanüle und verstaute sie zusammen mit dem Gummischlauch in seiner Jacke. Mit einem Papiertaschentuch wischte er den Blutstropfen in Winzenrieds Kniekehle weg, dann zog er das Hosenbein herunter.

Ein weiterer Kontrollblick bestätigte Kohler, dass er immer noch ungestört war. Es würde nicht lange dauern. Er tastete Winzenried ab und fand einen Schlüsselbund in der Manteltasche. Ein Schlüssel mit Doppelbart hing daran.

Kohler richtete sich auf. Zwei Meter neben dem leblosen Körper lag das Branchli in roter Folie im Laub. Er liess es zusammen mit dem Schlüsselbund in seine Jackentasche gleiten.

In dem Moment begann Winzenried zu stöhnen. Merde alors, der wachte wieder auf.

Kohler hatte nicht hart zugeschlagen, weil er keine Spuren hinterlassen wollte. Er befühlte den Totschläger, nur ungern würde er ihn ein zweites Mal einsetzen.

Plötzlich begann Winzenried zu zittern, sein Körper bäumte sich auf und zuckte ein paar Mal. Dann zog er sich zusammen wie ein Fötus und schlotterte. Aus dem Mund drang leises Stöhnen, schliesslich entspannten sich die Muskeln des Anwalts.

Es war vorbei.

Kohler fuhr zusammen, als er schnelle Schritte hörte. Ein Jogger in einem leuchtend gelben T-Shirt und kurzen schwarzen Hosen rannte den Waldweg hoch, ein Koloss von Mann mit Schultern und einem Hals wie ein Ringer.

Kohler liess sich auf die Knie fallen, drehte sein Gesicht weg vom Jogger und legte sein Ohr auf die Brust des Toten.

«Was ist passiert?», rief der Jogger.

«Keine Ahnung», antwortete Kohler, ohne den Kopf zu heben. «Er ist plötzlich zusammengebrochen. Vielleicht ein Herzinfarkt. Kennen Sie sich aus mit Erster Hilfe?»

Er hörte den Jogger jetzt über sich keuchen. «Ja.»

Kohler hielt seinen Kopf unten. «Ich höre keinen Herzschlag. Können Sie vielleicht …?»

«Lassen Sie mich mal ran.»

Kohler machte Platz.

Der Jogger kniete sich neben Winzenried und befühlte dessen Puls an der Halsschlagader. «Haben Sic ein Handy? Rufen Sie einen Krankenwagen. 144.» Er legte zwei Hände über Winzenrieds Brustbein und begann mit einer Herzmassage.

Kohler drehte ihm den Rücken zu, fischte sein Handy aus der Jacke und hielt es hoch. «Hier habe ich kein Netz. Ich muss kurz aus den Bäumen raus.»

Der Jogger legte eine Hand auf Winzenrieds Stirn, die andere unter dessen Bart auf den Kiefer. Dann gab er dem Toten eine Mund-zu-Mund-Beatmung.

Mit schnellen Schritten stahl sich Kohler davon. Als er den Waldrand erreichte, steckte er das Handy in seine Jackentasche. Der Notruf hätte seine Stimme aufgezeichnet.

Ohne diesen dämlichen Jogger hätte er makellose Arbeit abgeliefert. Konnte der zu einem Problem werden? Kaum. Der Mann würde ihn nicht beschreiben können, sollte es polizeiliche Ermittlungen geben. Was unwahrscheinlich war. Denn die Untersuchung der Leiche würde nichts zutage fördern. Nach dem Tod stieg der natürliche Spiegel von Kalziumchlorid im Körper an, die Vergiftung würde nur schwer nachzuweisen sein. Jeder Rechtsmediziner würde auf einen spontanen Herzstillstand tippen.

Kohler liess den Schlüssel in seiner Jackentasche klimpern. Ihm blieben vielleicht 20 Minuten, bis die Sekretärin aus der Mittagspause zurückkäme. *Der Erfolg wartet am Ende des Weges.* Er beschleunigte seinen Schritt, zog das Branchli des Anwalts aus seiner Jackentasche, riss die Verpackung auf und biss genüsslich hinein.

12

«Ich komme mir vor wie bei den drei Musketieren, Jungs. Bekomme ich einen Degen?» Vom Rücksitz aus sah Zoe, wie Saxer hinter dem Steuer grinste. Vanzetti daneben spielte Salzsäule. Seit sie an der Nussbaumstrasse in den schwarzen Dienstwagen gestiegen war, hatte der bloss unwirsch gegrunzt. «Nun hören Sie schon auf zu schmollen, Vanzetti. Man könnte meinen, Sie hätten Ihre Tage. Und fürs Protokoll: Das hier war nicht meine Idee.»

Vanzetti grunzte noch lauter.

«Hört sich an, als litten Sie unter Blähungen», sagte Zoe. «Sollen wir bei einer Apotheke halten?»

Sie fuhren auf der Bernstrasse durch Ostermundigen.

Saxer drehte seinen Kopf ein wenig in ihre Richtung. «Er versucht, mit dem Rauchen aufzuhören. Wieder einmal.»

«Ach so.»

«Mit dem Rauchen hat das rein gar nichts zu tun», brummte Vanzetti. «Aber ich mag es nun mal nicht, wenn man mich aufs Kreuz legt.»

Das konnte Zoe nachvollziehen. «Okay, Sie sind verärgert. Zu recht. Unser Fotograf ist ein Dummschwätzer, deswegen habe ich ihn auch zusammengestaucht in der Redaktion. Und er entschuldigt sich hochoffiziell für seinen Ausraster. Zu seiner Verteidigung kann ich bloss anführen, dass er nicht wusste, dass Ihre Frau verstorben ist.» Sie liess ein paar Sekunden vergehen. «Aber dass ich hier sitze, haben die Chefs ausgebrütet. Ihre und meine.»

Vanzetti schnaubte. «Klar, Sie sind natürlich komplett unschuldig. Hat Ihnen der Pfarrer das abgenommen bei der Beichte?»

«Ich bin nicht katholisch. Und Sie benehmen sich wie ein Fünfjähriger, der nicht ins Bett gehen will.»

Vanzetti drehte sich zu Zoe um. «Wegen Ihres Fotografen, diesem Lumpenhund, hat mir die Chefin beinahe den Fall entzogen. Sie dürfen stolz auf Ihre Zeitung sein.»

«Wie oft soll ich denn noch sagen, dass ich nichts –»

«Wir sind da», unterbrach sie Saxer.

Zoe guckte durch das Seitenfenster. Sie befanden sich vor einem dreistöckigen Glaskasten, über der Schiebetür im Erdgeschoss las sie in goldenen Lettern: *Bärtschi Invest AG*. Hier wollten sie Fabian Bärtschi befragen, den Sohn der Ständerätin.

Vanzetti knallte die Autotür zu und stakste in Richtung Eingang. Aus seinem Kopf schienen Rauchwölkchen aufzusteigen.

Zoe folgte hastig, Saxer ging an ihrer Seite. «Ist der immer so sauer, als könne er Zitronensaft pinkeln?», fragte sie.

«Keine Sorge, der beruhigt sich schon wieder.»

Als sie das Foyer betraten, stand Vanzetti bereits vor dem Empfangstresen und sprach auf eine Frau mit fuchsroten Haaren ein. Die Frau redete in ein Headset, und sie mussten warten, bis irgendwo im Haus jemand mit jemandem redete, der mit jemand anderem redete, bis schliesslich – nach vielleicht zehn Minuten – eine Dame im schwarzen Kostüm auf sie zuschritt.

Sie war um die 50, ihr Kinn lief spitz zu und die braunen Haare waren zurückgekämmt und zu einem Knoten gedreht. Sie blähte die Nüstern, als wollte sie Witterung aufnehmen. «Ich bin Petra Küng, die Assistentin von Doktor Bärtschi. Was kann ich für Sie tun?»

Vanzetti hielt ihr seinen Ausweis vor die Nase. «Wir wollen mit Ihrem Chef sprechen.»

«Haben Sie einen Termin?»

«Seit gestern Abend versuchen wir, Herrn Bärtschi telefonisch zu erreichen. Leider ist uns das bisher nicht gelungen.»

«In dem Fall werde ich Herrn Bärtschi gerne informieren über Ihren Besuch. Wir werden uns bei Ihnen melden für einen Termin.» Sie streckte den Arm in Richtung Schiebetür aus.

Vanzetti trat so dicht an sie heran, dass sie sich sichtlich unwohl fühlte. «Hören Sie mir jetzt genau zu, Frau Küng. Wir verlassen dieses Haus erst, wenn wir mit Ihrem Chef gesprochen haben. Wenn Sie sich weigern, lasse ich Sie abführen wegen Behinderung der Justiz.»

Respekt, Vanzetti. So einen Macho-Auftritt hätte Zoe ihm gar nicht zugetraut. Sie warf Saxer einen Meint-der-das-ernst-Blick zu.

Der hatte eine böse Miene aufgesetzt und zwinkerte schnell.

«Sie können doch nicht …» Küng klappte den Mund auf und zu wie ein Fisch auf dem Trockenen. «Folgen Sie mir.»

Sie führte Zoe und die beiden Männer durch das Foyer auf einen Flur, der die ganze Länge des Gebäudes durchmass und vor einer polierten Stahltür endete. Küng tippte einen Code in ein Zahlenfeld an der Wand, danach bogen sie nach links ab. Am Ende des zweiten Korridors erreichten sie ein Portal aus dunklem, edlem Holz.

Küng drehte sich zu Vanzetti um. «Bitte sprechen Sie den Chef mit Doktor Bärtschi an, er legt Wert darauf.» Sie klopfte zwei Mal kurz an, dann ging sie voraus.

Drei Männer und eine Frau sassen in einem vielleicht zehn Meter langen, hohen Saal mit Lüstern, farbig getönten Fenstern und goldenem Stuck – wie in einer katholischen Kirche. Doch sie harrten nicht auf Holzbänken, sondern auf hochlehnigen schwarzen Lederstühlen, die rund um einen glänzend polierten Konferenztisch platziert waren.

«Ich hatte gedacht, ich hätte mich klar ausgedrückt, Petra», sagte der Mann am Kopfende des Tisches. «Das ist eine dringliche Vorstandssitzung.»

«Es tut mir leid, Herr Doktor Bärtschi.» Sie zuckte mit dem Kopf wie ein Truthahn. «Aber die Herrschaften von der Polizei haben darauf bestanden.»

Zoe musste sich den Herrn Doktor gar nicht zwei Mal anschauen: Anfang fünfzig, Ziegenbärtchen, Kurzhaarschnitt, blaue Brille. Den Typ hatte sie gestern gesehen, in der Sitzung bei den Berner Nachrichten. Was hatte der mit ihrer Zeitung zu schaffen?

«Wer zum Teufel sind Sie?», fragte Bärtschi. Er lehnte sich mit geballten Fäusten über den Tisch vor.

Kurz hielt Vanzetti seinen Ausweis hoch. «Vanzetti, Bundeskriminalpolizei. Ich bin hier, weil –»

«Wir wissen alle, weshalb Sie hier sind. Und glauben Sie mir, dass ich Ihre Fragen gerne beantworten werde. In Anbetracht der tragischen Ereignisse sind wir aber sehr beschäftigt. Bestimmt haben Sie Verständnis dafür. Also vielen Dank für Ihren Besuch. Wir werden uns so schnell wie möglich bei Ihnen melden.» Bärtschi warf Zoe einen Blick zu, als hätte er soeben Muhammad Ali k.o. geschlagen.

Vanzetti hatte Bärtschis Seitenblick beobachtet und runzelte die Stirn. «Ich habe durchaus Verständnis für Ihre Situation, *Herr* Bärtschi. Aber hier geht es nicht –»

«Doktor Bärtschi, wenn ich bitten darf.»

«Von mir aus. Sie werden verstehen, dass Zeit in einer Mordermittlung ein kritischer Faktor ist. Je schneller wir –»

Bärtschi seufzte theatralisch. «Herr Vanzetti, Sie hören mir nicht zu. Meine Mutter war die Chefin unseres Unternehmens. Seit gestern sind unsere Aktien um sieben Prozent gefallen. Wir müssen unsere Investoren schnellstmöglich davon überzeugen, dass das Unternehmen solide ist. Das ist es, was wir hier tun oder, besser gesagt, zu tun versuchen. Also, noch einmal, danke für Ihr Engagement in dieser Sache. Frau Küng wird noch heute mit Ihnen Kontakt aufnehmen und einen Termin vereinbaren. Bitte schliessen Sie die Tür auf dem Weg nach draussen.»

Vanzetti schritt bis ans Fussende des Tisches, zog einen Lederstuhl hervor und setzte sich. Er sagte kein Wort und starrte die vier Personen unverwandt an.

Saxer liess sich rechts von Vanzetti auf einen Stuhl sinken, Zoe links von ihm.

Bärtschis Gesicht nahm eine dunkelrote Farbe an. «Ich werde Ihre Unverfrorenheit nicht länger tolerieren. Wer ist Ihr Vorgesetzter, Vanzetti? Ich will sofort mit ihm sprechen.»

Die Vorstandsherren nestelten an ihren goldenen Uhren oder Manschettenknöpfen herum, die Frau rieb über ihre Diamant-Ohrstecker. Vor jedem lag ein ledergebundenes Notizbuch mit einem goldgeprägten Logo drauf, irgendetwas mit Sonne, Sternen und dem Schriftzug *Bärtschi Invest*.

Vanzetti legte die Ellenbogen auf den Tisch. «Ich arbeite für die Bundeskriminalpolizei, Herr Bärtschi. Meine Chefin heisst Claudia Oppliger. Von der haben Sie vermutlich noch nie gehört. Aber ihr Chef ist Bundesrat Marchand, den kennen Sie bestimmt. Gerade heute Morgen noch hat mir der Justizminister versichert, dass er mir volle Rückendeckung gibt in diesem Fall. Denn Ständerätin Bärtschi war eine persönliche Freundin von ihm. Wir können Bundesrat Marchand also gerne anrufen und ihm sagen, dass Sie unsere Ermittlungen behindern.»

Bärtschi atmete genervt aus. «Ich kann Ihnen versichern, dass niemand in diesem Raum oder in unserem Unternehmen die Ermittlungen –»

«Es ist erstaunlich, wie viele Menschen der Tod Ihrer Mutter bewegt. Auch Bundesanwalt Marti hat mich angerufen und mich aufgefordert, alle Hebel in Bewegung zu setzen. Wenn ich ihn darum bitte, bekomme ich bestimmt einen Durchsuchungsbefehl für Ihr Unternehmen. Eine ganze Schar von Bundespolizisten würde Ihre Büros, Ihre Computer und Ihre Akten durchstöbern. Bestimmt bekämen die Medien irgendwie Wind von der Aktion, die haben ihre Schnüffler ja überall. Und ich weiss ja nicht, wie das bei Ihren Investoren ankäme, aber …»

Die beiden Herren Vorstände, Typ Banker, rutschten nervös auf ihren Stühlen herum. Die Frau beobachtete die Szene mit kühlem Interesse. Mit der geraden Nase, der breiten Stirn und den hellblauen Augen hatte ihr Gesicht etwas Adliges. «Wir sollten Arnold dazuholen», sagte sie.

Bärtschi winkte ab.

«Wer ist Arnold?», wollte Vanzetti wissen.

«Arnold Studer, unser Hausjurist», sagte die Frau, deren Profil sich gut auf einer römischen Münze gemacht hätte. «Mein Name ist übrigens Pia Gloor.» Mit der Hand deutete sie auf die Banker. «Das sind Peter Markwart und Thomas Burger.»

Vanzetti nickte beiden zu. «Sie sind also der Vorstand von Bärtschi Invest, ist das korrekt?»

Beim Lächeln zeigte Gloor strahlend weisse Zähne. «Ja. Eigentlich sind wir fünf, Eva war unsere Vorsitzende.»

«Und wo waren Sie alle gestern Nachmittag so gegen 15 Uhr?»

Gloor riss die Augen auf. «Das ist nicht Ihr Ernst.»

«Ich will herausfinden, wer Ihre Chefin getötet hat.»

Gloor legte eine Hand an die Kehle. «Sie glauben doch nicht, dass einer von uns etwas damit zu tun hat?»

Vanzetti zog die Schultern hoch. «So wie ich das sehe, ist gerade der Posten Ihrer Vorsitzenden frei geworden.»

Bärtschi fluchte leise und wandte sich an seine Assistentin, die immer noch neben der Tür stand. «Petra, holen Sie Arnold Studer her. Sofort.»

Zoe lehnte sich zurück und verdrehte die Augen. Für Männer war das Leben doch nichts als ein einziger grosser Pinkelwettbewerb. Wieso bloss hatten die Frauen nicht schon längst die Weltherrschaft übernommen?

13

Lucy parkierte ihr rotes Mini Cabrio neben einen ausgebeulten Toyota Pickup und stellte den Motor ab. Im Rückspiegel richtete sie kurz ihre Haare, dann öffnete sie die Autotür. In der Ferne rauschte ein Bach, Vögel pfiffen, sonst war kein Ton zu hören.

Über den knirschenden Kies ging sie auf das zweistöckige, windschiefe Chalet zu, das sich an den Hang zu klammern schien. Vergeblich hielt sie Ausschau nach einem Briefkasten. Ob Silvan Schneeberger tatsächlich hier wohnte? Die Telefonnummer in ihrem Adressbüchlein hatte ins Leere geführt. Erst Benno Schmid, der ehemalige Präsident der Arbeiterpartei, hatte ihr diese Adresse an der Itramenstrasse in Grindelwald geben können. Doch er war sich nicht sicher gewesen, ob Silvan noch hier lebte.

Holzscheite stapelten sich an den schwarzen Holzwänden des Chalets, auf der Veranda lag ein ausgebreiteter blauer Gleitschirm. Die schmale Sitzbank unter dem Vordach hätte wohl einen unbezahlbaren Blick auf die Eigernordwand geboten, wenn nicht Wolken sie verhüllt hätten.

«Halt!», krächzte eine Stimme in Lucys Rücken. «Hände weg vom Körper. Ich halte eine Pistole in der Hand und kann damit umgehen.»

Der Schrecken fuhr ihr in die Knochen, sie blieb bockstill stehen. Ihr Puls schlug bis zum Hals. Lucy streckte die Arme aus. «Ich bin auf der Suche ...»

«Das sind wir alle. Wer sind Sie? Und was wollen Sie hier?»

«Ich heisse Lucy Eicher und will zu Silvan Schneeberger. Wir kennen uns von früher.» Sie senkte ihre Arme.

«Arme oben lassen!» Die Stimme kam bedrohlich nahe. «Und jetzt hüpf auf einem Bein und sing die Nationalhymne.»

«Was?» Als Lucy sich umdrehte, stand da ein schmaler Silvan mit verschränkten Armen und einem schiefen Grinsen an den Pickup gelehnt. Ohne Waffe! «Du Rindvieh!»

«Die Luzia Eicher, was für eine Überraschung.» Silvan trug ein kurzärmliges Hemd, Jeans und Turnschuhe, seine Arme waren ebenso gebräunt wie das Gesicht.

Vor Ärger schoss Lucy das Blut in den Kopf. «Du bist wirklich noch derselbe Blödmann wie früher. Ich habe mir fast in die Hosen gepinkelt.»

«Gönn mir ein bisschen Spass. Ausserdem schleicht hier eine Menge Gesindel herum. Vergangene Woche habe ich zwei Zeugen Jehovas mit dem Karabiner verscheuchen müssen. Die sind gerannt wie junge Hasen.» Sein Lachen glich dem Krächzen einer Saatkrähe.

Mit einem leichten Hinken kam Silvan auf Lucy zu. An seinem Hals hing eine Lesebrille an einer silbernen Kette, weisse Haarsträhnen lugten unter seiner Baskenmütze hervor. Er tippte ihr zur Begrüssung auf den Arm. «Du bist immer noch so hübsch wie früher.»

Lucy fühlte sich geschmeichelt. Sie deutete über ihre Schulter auf den Gleitschirm. «Fliegst du selber?»

«Seit zehn Jahren. Hab die Kerle immer über mein Haus segeln sehen und wollte es selber ausprobieren.»

«Und? Lohnt es sich?»

«Unbedingt. Ich könnte dich mal mitnehmen zu einem Tandemflug.» Er ging voran auf seine Veranda und schob den blauen Stoff des Gleitschirms zur Seite. «Aber du bist sicher nicht hergekommen, weil du mit mir von der First fliegen willst.»

Lucy stellte sich ans Geländer und sog den Blick ins Tal und auf das Dorf mit den schmucken Chalets ein. «Ich bin wegen Eva Bärtschi hier.»

«Mit der habe ich schon lange nichts mehr zu schaffen.»

«Liest du keine Zeitungen?»

«Hier oben lebt es sich sehr gut ohne. TV und Radio habe ich auch nicht.»

«Eva ist tot. Sie ist erschossen worden. Gestern.»

«Oh.» Er schluckte schwer, die Muskeln in seinem linken Augenlid zuckten. «So hat es ja wohl kommen müssen, früher oder später.»

«Wieso sagst du das?»

«Bist du wegen Felix hier?»

«Wieso …? Nein, ich möchte mehr über Eva erfahren. Es gab eine Zeit, wo ich sie mochte. Aber nach dem Tod von Felix …» Sie liess die Worte in der Luft hängen.

«Dein Mann war ein anständiger Kerl. Keine Minute habe ich geglaubt, was damals über ihn erzählt wurde.» Silvan guckte nach oben in die Wolken, es nieselte leicht. «Bei dem Mistwetter kann keiner fliegen.» Er nahm ein paar Klettergurte und Seile von der Sitzbank und legte sie auf den Boden. «Setz dich. Ich hole uns Kaffee.» Dann verschwand er im Haus.

Lucy liess sich auf die Bank nieder und betastete den dünnen Stoff vor ihren Füssen. Es musste herrlich sein, damit durch die Luft zu schweben. Ob sie das in ihrem Alter noch lernen könnte? Aber wieso denn nicht? Silvan hatte es auch geschafft.

Mit einem Tablett, auf dem zwei durchsichtige Kaffeegläser sowie ein Teller mit Hobelkäse und Trockenwurst standen, kam Silvan wieder nach draussen. Er setzte sich auf die Bank und stellte das Tablett zwischen sie. «Was willst du wissen über Eva?»

«Woher kanntest du sie?»

«Wir sind im gleichen Quartier aufgewachsen. Draussen in Bümpliz war das, als sich die Bärtschis noch nicht für etwas Besseres hielten. Evas Vater Roland war Abwart im Schulhaus Höhe, die Familie wohnte oben im Dachgeschoss. Na ja, im Prinzip war er der Abwart. Doch die Arbeit erledigte Maria, die Mutter. Roland hockte den ganzen Tag im Keller und bastelte in der Schulwerkstatt herum.»

«Der war eine Art Erfinder, oder?»

«Genau. Er hat ein Hörgerät entwickelt, das so klein war, dass es in ein Ohr passte. In den 60er-Jahren war das ein grosser Wurf. Mit dem Patent hat die Familie ihr Vermögen gemacht.» Mit der Hand verscheuchte Silvan eine Fliege von seiner Wange.

Lucy nahm einen Schluck Kaffee und musste husten. «Was hast du denn da reingeschüttet?»

Er strahlte. «Einen Schuss Zwetschgenschnaps. Den brennt ein Freund selber.»

Sie nahm einen zweiten Schluck. «Ist wirklich fein, nur hättest du mich warnen können. Ich muss noch Auto fahren. Hatte Eva Geschwister?»

«Eine Schwester, Sarah. Von der weiss ich nicht viel, die war ein Stück älter als wir. Sie ist früh gestorben, Autounfall, mit Ende zwanzig.» Er machte eine kurze Pause. «Ich erinnere mich, dass Sarah immer Malsachen mit sich herumtrug. Einmal hat sie ein paar Freundinnen dazu überredet, nackt unten in der Aare zu baden. Das hat sie dann gezeichnet. Das gab einen schönen Skandal Ende der 50er-Jahre.» Er lachte.

«Die Mutter muss sehr ehrgeizig gewesen sein», sagte Lucy.

«Darauf kannst du wetten. Maria war eine harte Frau, die es der ganzen Welt zeigen wollte. Roli lebte in seiner eigenen Welt. Der brauchte eigentlich jemanden wie Maria, der ihn an die Hand nahm. Aber sie hat ihn einfach plattgewalzt. Tu dies, mach das, sprich nicht so. Sie war es, die Rolis Erfindung zu Geld gemacht hat.»

«Wie kam Eva mit der Mutter klar?»

«Gar nicht. Sie konnte es kaum erwarten, von zu Hause wegzukommen. Hat den erstbesten Typen geheiratet, Kuno, einen Schmalspur-Playboy. Der hatte es vor allem auf ihr Geld abgesehen. Sie hatten zwei Kinder zusammen, später hat er sich mit Evas Geld ein Boot gebaut und ist auf Weltreise gegangen. Ich glaube, sie war ganz froh darüber.»

«Lebt er noch?»

«Keine Ahnung.»

«Und Evas Kinder?»

«Fabian und Rahel. Von denen habe ich nie viel gehalten, vor allem Fabian war von klein auf ein dummes Grossmaul.»

Lucy schob ein Stück Hobelkäse in den Mund. «Uh, der ist fein. Bestimmt auch von einem Freund, oder?»

«Von Köbi, der wohnt dort oben.» Er deutete den Hang hinauf.

Sie spülte den Käse mit Kaffee herunter. «Du sagst, Fabian war ein Grossmaul. Und doch ist ein erfolgreicher Geschäftsmann aus ihm geworden.»

Silvan winkte ab. «Ach was. Der hat ein Projekt nach dem anderen in den Sand gesetzt. Wenn er wieder mal Mist gebaut hatte, wurde das Problem mit Geld aus der Welt geschafft. Davon hatte die Familie ja genug. Irgendwann hat Fabian kapiert, dass er kluge Leute um sich braucht, Finanzberater oder Projektmanager. Die haben dann die ganze Arbeit erledigt.»

«Und die Tochter?»

«Rahel kam ganz nach ihrer Mutter, hat früh rebelliert, ist ausgebrochen und in Amsterdam in die Drogen abgestürzt.» Silvan neigte sich vor, stützte die Ellbogen auf die Knie und liess den Blick ins Tal schweifen. «Ich war ein mieser Götti. Ich hätte mich mehr um sie kümmern müssen.»

«Du warst ihr Götti?»

«Ja. Damals waren Eva und ich noch so.» Er legte den Mittelfinger um den Zeigefinger und hielt beide hoch.

«Weshalb hast du dich nicht mehr gekümmert?»

Er nahm einen Schluck, stand auf, stellte sich ans Geländer. «Wegen 1976.»

Lucy stockte der Atem, in dem Jahr hatte sich ihr Mann das Leben genommen. «Hatte das etwas mit Felix zu tun?»

Silvan verschränkte die Arme. «Nicht direkt. Sagt dir die Englischviertelstrasse 22 in Zürich etwas?»

«Nein. Sollte sie?»

«Dort bewahrte Cincera sein Geheimarchiv auf.»

«Ach, der.» Ernst Cincera, der Zürcher Kommunistenjäger, der ein Archiv über Linke in der Schweiz angelegt hatte. «Ich war richtig beleidigt damals, weil er kein Dossier über mich führte.» Lucy musste lachen.

Silvans Miene blieb ernst. «Oh, da irrst du dich. Es gab sehr wohl ein Dossier über dich.»

Es fühlte sich an, als ob er ihr eine Ohrfeige gegeben hätte. «Woher willst du das denn wissen?»

Silvan kehrte ihr den Rücken zu. «Ich habe den Genossen zwar geschworen, dass ich nie darüber reden werde. Aber du hast ein Recht darauf. Und jetzt, wo Eva tot ist …» Er drehte sich wieder um und lehnte sich gegen das Geländer. «Weisst du noch, wie das Geheimarchiv damals aufgeflogen ist?»

«Klar. Vier Genossen sind dort eingestiegen, haben ein paar Unterlagen geklaut und veröffentlicht. Danach gab es einen grossen Skandal.» Lucy faltete die Hände. «Das war im November 1976. Im Dezember hat sich Felix das Leben genommen.»

Silvan machte einen Schritt auf sie zu, seine Augen funkelten. «Er war dabei, weisst du.»

«Wer?»

«Felix! Wir beide waren Mitglieder der Arbeitsgemeinschaft Demokratisches Manifest.»

Das war durchaus möglich, doch so genau konnte sich Lucy nicht mehr daran erinnern. Felix und sie hatten damals in vielen Aktionsgruppen mitgemacht.

«Und?»

«Er war dabei, als wir unseren Kassier als Spitzel von Cincera enttarnten und unter Druck setzten, die Schlüssel zum Archiv herauszurücken. Zehn Tage später bekam der Spitzel kalte Füsse und informierte Cincera, der dann Strafanzeige erstattete. Da traten die vier Genossen vor die Medien und verkündeten, dass sie einmal ins Archiv eingestiegen seien und ein paar Unterlagen hätten mitgehen lassen.»

«Ich erinnere mich. Danach wurden sie verhaftet und später wegen Hausfriedensbruchs verurteilt.»

Silvan senkte die Stimme. «Richtig. Aber das ist nur die offizielle Version. Was denkst du, weshalb diese vier die Medien informierten? Und das erst nach zehn Tagen?» Er wartete keine Antwort ab. «Weil sie nur Bauernopfer waren. Tatsächlich waren wir in der Woche zuvor jede Nacht im Archiv. Nacht für Nacht sind wir nach Zürich gefahren, haben Material abtransportiert, auswärts kopiert oder fotografiert. Akten, Mikrofilme, Fotos, Videos – einfach alles. Danach haben wir sämtliche Unterlagen wieder zurückgebracht.»

«Wen meinst du mit ‹wir›?»

«Die vier Genossen, dazu Felix, Eva, ich und noch ein paar andere.»

«Felix? Unmöglich! Das hätte ich doch mitbekommen.»

«Wirklich? Überleg es dir mal ganz genau. Es war die Woche vom 13. bis zum 20. November 1976.»

In Lucys Kopf drehte sich alles, sie musste sich an der Banklehne festhalten. Könnte das die Woche gewesen sein, in der sie in Deutschland gewesen war? Gemeinsam mit Freunden hatte sie das berühmte Konzert von Wolf Biermann in Köln besucht. Kurz danach war der aus der DDR ausgebürgert worden. Aber Felix hätte ihr doch bestimmt davon erzählt, es hatte keine Geheimnisse zwischen ihnen gegeben. Oder etwa doch? Ein Gedanke keimte in Lucy: «Ich weiss bis heute nicht, warum sich Felix das Leben genommen hat. Glaubst du, es hatte etwas mit dem Einbruch zu tun?»

Silvan liess sich Zeit mit der Antwort. «Das habe ich mir lange Zeit auch überlegt. Aber ich weiss es schlicht nicht. Es gab damals viel Streit darüber, ob und wie wir das Material verwenden sollten. Felix sprach sich dafür aus, alles zu veröffentlichen.»

«Und Eva?»

«Im Prinzip stand sie auf seiner Seite. Gleichzeitig hatte sie Vorbehalte, weil sich hochbrisantes Zeugs unter den Akten befand. Viele Namen aus bekannten Familien. Einige von denen sind später Bankdirektoren, Firmenchefs oder sogar Bundesräte geworden.»

«Wo habt ihr die Unterlagen hingebracht?»

«In ein Ferienhaus der Familie Bärtschi am Thunersee. Dort sollte es bleiben, bis wir uns entschieden hatten. Doch der Tod von Felix hat alles verändert. Wenige Tage später waren die Dokumente plötzlich weg. Und Eva kapselte sich völlig ab. Sie liess nicht mehr mit sich darüber reden.»

«Wie haben die Genossen darauf reagiert?»

«Einige waren ganz schön wütend, ich eingeschlossen. Stärneföifi, Eva tat damals so, als gehörten die Unterlagen ihr. Das konnte ich nicht akzeptieren.»

So war es also zum Bruch zwischen ihnen gekommen. «Denkst du, dass diese Unterlagen noch irgendwo gebunkert sind?»

«Das ist die Kernfrage, nicht? Sicher ist eines: Ein Haufen aufgeblasener Leute macht sich jetzt vor Schiss in die Hosen.» Er strahlte über das ganze Gesicht.

14

«Also, dann lasst uns mal hören, was es Neues gibt.» Im Konferenzraum der Bundeskriminalpolizei stand Vanzetti am Kopfende der Tische, die ein langgestrecktes Rechteck bildeten. Der Blick durch die wandhohen Fenster rechts ging auf die Nussbaumstrasse und das angrenzende Wohnquartier, die Wand links bedeckten weisse Magnettafeln mit Hinweisen, Fragen, Fotos und Karten.

Vor Vanzetti hatten die 14 Mitglieder der «Sonderkommission Worb» Platz genommen. Den Kern des Teams hatte Vanzetti selbst ausgesucht, den Rest hatte ihm die Chefin zugeteilt. Und dann sass da noch ganz hinten im Saal Zoe Zwygart, die er zu ignorieren versuchte.

Vanzetti entdeckte Sandra von Gunten ganz vorne links. «Sandra, hast du Bärtschis Tochter auftreiben können?»

«Bis jetzt nicht», sagte die hübsche Sandra mit dem knabenhaft geschnittenen Haar. «Sie hat sich vor fünf Jahren aus der Schweiz abgemeldet und ist seither in keinem Register aufgetaucht. Ihr wart doch heute bei ihrem Bruder. Hast du den gefragt?»

Er schüttelte den Kopf. «Fabian Bärtschi hat ein Affentheater veranstaltet. Er gehört zu den Typen, die sich gerne in Szene setzen.»

«Ein Arsch also», erwiderte Sandra.

«Du hast es erfasst. Erst als wir ihm mit einem Durchsuchungsbefehl gedroht haben, ist er zu normaler Grösse geschrumpft. Dann hat er gleich nach einem Anwalt geschrien. Er hat ein Alibi für gestern, sagt, er habe mit einem Freund Golf gespielt.»

«Nett, so mitten in der Woche», sagte der drahtige Georg Bucher, der schon lange dabei war. «Würde ich auch gerne mal tun.»

Sandra gluckste. «Als ob du Golf spielen könntest.»

Bucher hob einen Finger. «Richtiges Golf ist keine Frage des Schwungs, sondern der Einstellung.»

«Eben, nichts für einen Hohlkopf wie dich.»

«Georg, hast du dir die Drohbriefe an die Ständerätin angesehen?», schaltete sich Vanzetti ein.

«Meiner Meinung nach ist nichts Besonderes darunter. Ein paar Hassbriefe, ein paar Pöbeleien, das Übliche für Politiker. Bärtschis Assistentin hat die Briefe nach drei Kategorien geordnet: normal, bedrohlich und unzurechnungsfähig. Tüchtig, diese Frau Christen.»

«Konkrete Drohungen?», fragte Vanzetti.

«Ein paar. Einige gab es kürzlich nach einem Interview mit der Berner Zeitung. Darin sprach sie sich für ein striktes Werbeverbot für Tabak aus. Aber nichts, das wir nicht schon mal gesehen haben. Ich habe alle Briefe kopieren und herbringen lassen.» Bucher legte eine Hand auf den Aktenordner vor ihm. «Für den Fall, dass jemand noch eine Bettlektüre braucht.»

«Keine Zeit, auf meinem Nachttisch liegt der neue Houellebecq», verkündete Lars Vogt. Sein Hemd spannte sich über dem Bauch.

Saxer ganz vorne rechts zog die Augenbrauen hoch. «Du liest Houellebecq?»

«Ich bin ein Renaissancemensch, ich interessiere mich für vieles», erwiderte Vogt. «Deswegen fühle ich mich einsam bei der BKP, ich bin der einzige Intellektuelle hier.»

Sandra griff sich mit der Hand an die Kehle und machte ein Würgegeräusch. «Du liest Micky Maus und Asterix.»

Vogt warf eine Büroklammer nach ihr, der Sandra geschickt auswich. Bedrohlich zielte sie mit einem Kugelschreiber auf ihn. Vogt ging in Deckung, die Kollegen feuerten Sandra an.

Vanzetti verstand, dass die Kollegen Dampf ablassen mussten. So kamen sie mit den Abgründen klar, die der Job mit sich brachte. Doch sie mussten auch weiterkommen. Er klopfte mit den Knöcheln auf den Tisch. «Etwas mehr Konzentration, bitte. Ich möchte, dass jemand die Tabaklobby unter die Lupe nimmt. Sandra, hast du noch Kapazität?»

«Ja, das kann ich machen. Wo soll ich ansetzen?»

«Rede mit ein paar Politikern, die das Werbeverbot unterstützen. Und mit der Anti-Raucher-Lobby. Stochere ein wenig herum, frag nach Gegnern und Drohungen. Gab es schon mal etwas, das über Hassmails hinausging? Womit haben wir es zu tun?»

Sandra machte sich Notizen. «Okay.»

«Danke. Was gibt es Neues aus dem Labor?»

Saxer überflog ein Blatt Papier. «In Bärtschis Haus fanden die Techniker Fingerabdrücke von mindestens einem Dutzend Personen. Treffer in unserer Datenbank gab es aber keine. Die Auswertung der übrigen Spuren dauert noch an.»

«Gibt es Hinweise aus der Bevölkerung? Ist etwas Brauchbares dabei?»

«Bis jetzt nicht», sagte Bucher. «Wir hatten nur die üblichen Anrufe von Gestörten, religiösen Fanatikern und Leuten, die sich einsam fühlen und reden wollen. Lauter Sackgassen.»

Vanzetti seufzte und kontrollierte die Liste, die vor ihm auf dem Tisch lag. «Nächster Punkt, Bärtschis Exmann. Haben wir den gefunden?»

«Haben wir, aber gesprächig ist er nicht. Er liegt unter der Erde», berichtete Sandra. «Darmkrebs, vor sechs Jahren gestorben.»

Vanzetti machte einen Haken auf sein Blatt. «Michele, bist du mit Bärtschis Computer weitergekommen?»

Betrübt schüttelte der kleine Zorzi den Kopf. «Keine Chance, Chef. Ich habe mich mit Kollegen vom Nachrichtendienst und von der Armee ausgetauscht, die sagen alle dasselbe: Ohne den Schlüssel kommen wir nicht an diese Daten ran. Sorry.»

Vanzetti wandte sich an Saxer. «Haben die Kriminaltechniker USB-Sticks oder so etwas in Bärtschis Haus gefunden?»

Saxer nickte. «Einen USB-Stick und einen Flash-Speicher, beide hat Michele bereits ausprobiert. Ohne Erfolg.»

«Da müssen wir dran bleiben. Bestimmt haben die Bärtschis Ferienwohnungen oder -häuser. Lass die durchsuchen. Und im Bundeshaus hatte sie wohl auch einen Arbeitsplatz. Was ist mit Bärtschis Anwalt? Vielleicht hat sie bei dem etwas hinterlegt. Lars, warst du bei ihm?»

«Ja, äh, nein.» Vogt strich über seine Augenbrauen. «Ich habe es versucht. Aber ihr Anwalt Winzenried hat den Löffel abgegeben. Leider. Herzstillstand. Heute Morgen im Dählhölzli.»

Plötzlich wurde es ganz still im Raum, Vanzetti hielt den Atem an. «Wie bitte? Eva Bärtschi wird ermordet und am Tag danach stirbt ihr Anwalt? Solche Zufälle gibt es nicht.»

Vogt zuckte mit den Schultern. «Die Kollegen von der Kantonspolizei sagen, dass alles auf einen natürlichen Tod hindeutet. Winzenried war ein älterer Herr, offenbar hat er schon seit einer Weile gekränkelt. Und es gibt Zeugen, die ihn haben zusammenbrechen sehen. Sie haben vergeblich Erste Hilfe geleistet.»

Vanzetti schüttelte den Kopf. «Das stinkt zum Himmel. Ich will, dass die Rechtsmediziner alle toxikologischen Tests machen. Sag denen, dass … Moment, nein. Ich werde die Chefin gleich selber anrufen.» Vanzetti machte sich eine Notiz.

«Ich erinnere mich, dass ich diesen Winzenried mal auf einem Foto gesehen habe», sagte Sandra. «Der hatte einen richtigen Samichlaus-Bart.»

Vogt nickte. «Der letzte Schrei unter den Hipstern.»

«Hattest du jemals einen Bart, Alex?», fragte Sandra mit einem schelmischen Lächeln.

«Ich bin doch kein Opa.»

«Aber einen Schnurrbart hatte er, als er bei der Kantonspolizei war», sagte Saxer grinsend. «Ich habe Fotos gesehen.»

«Das war vor zehn Jahren», verteidigte sich Vanzetti. «Jeder Polizist hatte damals einen Schnauz.»

«Hast du die Fotos noch, Reto?» Sandra kicherte.

Vanzetti klopfte auf den Tisch. «Da wir schon beim Anwalt sind. Wie sieht es mit einem Testament aus? Wissen wir, wer Eva Bärtschis ganzes Geld erbt?»

«Um wie viel geht es denn?», fragte Bucher.

Saxer nagte an seiner Unterlippe. «Die Bärtschis haben überall ihre Finger drin. Immobilien, Aktien, Firmen. Bestimmt sind es ein paar Hundert Millionen.»

Bucher stiess einen Pfiff aus. «Es gibt Leute, die würden für weniger morden.»

«Und wer erbt jetzt alles?», fragte Vanzetti.

Vogt massierte sich den Nacken. «Leider konnte ich das nicht herausfinden. Die Sekretärin des Anwalts hatte einen Zusammenbruch, aus der brachte ich kein vernünftiges Wort heraus. Das heisst, wir brauchen eine Verfügung, wenn wir das Testament einsehen wollen – falls es überhaupt eines gibt.»

«Kümmere dich darum.»

Saxer schob seinen Stuhl ein Stück zurück. «Also, mein Favorit für den Mord bleibt Fabian Bärtschi. Sobald wir hier fertig sind, werde ich sein Alibi überprüfen.»

«Und welches Motiv hat er?», fragte Vanzetti. «Abgesehen davon, dass er ein Wichtigtuer ist.»

«Wer weiss? Vielleicht hat die Mutter endlich erkannt, was für ein Trottel er ist. Sie hat ihn enterben und das Testament ändern wollen. Er ist ihr zuvorgekommen.»

«Eine schöne Theorie», erwiderte Vanzetti. «Aber wie willst du die beweisen?»

«Besorg mir einen Durchsuchungsbefehl, damit ich seine Finanzen unter die Lupe nehmen kann. Ich wette, da käme einiges ans Tageslicht. Vielleicht könnten wir beweisen, dass er jemanden für die Ermordung seiner Mutter bezahlt hat.»

«So blöd ist einer wie der bestimmt nicht», sagte Vanzetti. «Ganz abgesehen davon, dass wir mit der

Theorie alleine keinen Durchsuchungsbefehl bekommen. Da werden wir dem Bundesanwalt mehr liefern müssen.»

Saxer strich sich mit Daumen und Zeigfinger über die Mundecken. «Ich bin sicher, dass der Herr Doktor Bärtschi Dreck am Stecken hat.»

Vanzetti klatschte in beide Hände. «Also gut, Leute, zurück an die Arbeit. Wir müssen –» Er sah, dass Zwygart hinten im Saal eine Hand hochhielt. «Was ist?»

«Sie haben gar nichts über die Musik gesagt.»

«Welche Musik?» Vanzetti schaute in die Runde, die Kollegen schüttelten ihre Köpfe.

Zwygart erhob sich. «Im Haus lief Techno. Das hat mir die Frau erzählt, die Bärtschis Leiche gefunden hat. Sie fand das eigenartig, wo Bärtschi doch immer klassische Musik gehört habe.»

«Das ist mir neu», sagte Saxer. «Am Tatort hat mir niemand ein Wort davon gesagt.»

Porca vacca. Vanzetti ballte die Hände zu Fäusten. «Schick nochmal ein Team raus nach Worb. Die sollen mit der Frau reden und das abklären.»

Er fixierte Zwygart hinten im Zimmer. Mit der Einmischung hatte sie gegen ihre Abmachungen verstossen. Andererseits könnte die Musik ein wichtiger Hinweis sein. Vanzetti nickte ihr kurz zu, bevor er seine Unterlagen zusammenraffte.

15

Ganz in der Nähe scharrte etwas über Beton, das Geräusch hallte von den Säulen und Wänden im Parkhaus wider.

Lucys Nackenhaare richteten sich auf. Sie stand ganz still, drehte sich um ihre eigene Achse und starrte in das trübe Licht des Parkhauses City West. Fenster gab es im 2. Untergeschoss keine.

Was Silvan ihr erzählt hatte, stellte vieles infrage, was sie seit Jahrzehnten zu wissen geglaubt hatte. Und es stellte den Selbstmord von Felix in ein neues Licht. Deswegen war sie in die Redaktion der Berner Nachrichten an der Effingerstrasse gefahren, hatte ein paar alte Freunde begrüsst und fragende Blicke von jungen Journalisten geerntet. Mittlerweile kannte sie das. Immer kleiner wurde das Grüppchen von ehemaligen Kollegen. Dass sie in ihrer Zeit als Redaktorin Präsidenten interviewt und zahlreiche Exklusivgeschichten produziert hatte, war den Jungen einerlei. Für die war sie nichts als eine alte Schachtel.

Irgendwo im Parkhaus schlug eine Autotür zu. Lucy lauschte, die Quelle der Geräusche liess sich in diesem Betonlabyrinth nur schwer ermitteln. Der Klang von Absätzen konnte von der Rampe am

Ende der Halle herkommen. Oder von der Säule fünf Meter entfernt.

Lucy wartete und guckte, doch sie entdeckte niemanden. Sie war nervös und hatte guten Grund dafür. In der Zeitung hätte sie sich gerne kurz mit Zoe ausgetauscht, doch ihre Enkelin war unterwegs gewesen. Also hatte Lucy in der Dokumentation alle Artikel von 1976 und 1977 über das Cincera-Archiv ausgegraben, die wichtigsten überflogen und kopiert.

Sie wusste jetzt, dass schätzungsweise 3500 Personen fichiert worden waren und dass die Armee, Spitäler oder Gerichte den Schnüffler nur zu gerne mit vertraulichem Material versorgt hatten. Viele Einträge beruhten jedoch bloss auf Gesprächsfetzen oder Gerüchten. Trotzdem hatten Cincera und seine Mitstreiter diese als Informationen über «gefährliche Linke» an Firmen oder Verwaltungen weitergeleitet. Das hatte so manche Karriere zerstört.

Jetzt war es kurz nach 21 Uhr und Lucy fühlte sich niedergeschlagen. Die Artikel hatten so viele vergrabene Erinnerungen geweckt und ihre Welt ins Wanken gebracht. Sie wollte sich zu Hause ins Bett legen und ausschlafen. Vielleicht würde sich der Nebel in ihrem Kopf über Nacht lichten.

Ein dumpfer Knall hinter ihr liess sie herumfahren. Lucy fühlte eine Präsenz, ein Mensch befand sich in ihrer Nähe. Ein kalter Schauer fuhr ihr über den Rücken, sie bekam Gänsehaut. Sie versuchte gar nicht erst, ihre Furcht vernünftig zu erklären. In den vergangenen 72 Jahren hatte sie gelernt, dass sie ihren Instinkten vertrauen konnte. Wenn sich etwas nicht gut anfühlte, dann war es sehr wahrscheinlich nicht gut.

«Wer ist da?», rief Lucy laut, mit ihrer Leg-dich-nicht-mit-mir-an-Stimme.

Sie hörte nur das Surren der Neonröhren über ihr. Lucy wartete und beobachtete. Mit der rechten Hand griff sie in ihre Umhängetasche und tastete zwischen den Kopien nach dem Pfefferspray.

Ihr Mini Cabrio stand noch etwa 50 Meter entfernt am Ende einer Reihe, gleich an der Wand. Die Stelle schien ihr im Moment viel zu dunkel, als ob dort eine Neonröhre geplatzt war. Lucy liess das Pfefferspray los, fischte den Autoschlüssel heraus und drückte die Fernöffnung. Nichts passierte. Kein Klicken, kein Blinker.

Herrgott!

Das Ding hatte Probleme gemacht, seit sie das Occasions-Cabrio vor zwei Monaten gekauft hatte. Lucy hätte die Batterie austauschen sollen. Hatte sie aber nicht. Also gut. Es war ja keine grosse Sache, das Auto auf herkömmliche Art mit dem Schlüssel zu öffnen. Ausser man stand alleine in einem dunklen Parkhaus.

Wieder ertönte ein Scharren in der Nähe, Leder-schuhe auf Beton. Lucys Puls schnellte in die Höhe.

Sie fasste sich ein Herz und ging mit schnellen Schritten auf den Mini zu. Kürzlich hatte sie sich noch geärgert darüber, dass sie mit zunehmendem Alter unsichtbar wurde. Junge Frauen und insbesondere Männer schenkten ihr immer weniger Beachtung. Jetzt würde sie viel dafür geben, wenn sie sich in Luft auflösen könnte.

Reiss dich zusammen! Sie war doch sonst nicht so ein Angsthase.

Noch zehn Meter bis zum Auto, das sie zum Glück rückwärts parkiert hatte. Sie nahm den Schlüssel von der rechten in die linke Hand, griff mit der Rechten wieder in die Tasche und nach dem Pfefferspray.

Sie wich einem Ölfleck aus, ein Schild an der Wand zeigte den Weg zum Notausgang. An der Fahrertür streckte Lucy die Hand mit dem Schlüssel vor, suchte das Schloss, verpasste es einmal, zweimal, so sehr zitterte ihre Hand.

Über ihre Schulter scannte Lucy die Parkgarage – und blieb mit dem Blick an etwas hängen. Oder an jemandem. Der Schatten einer Säule zehn Meter entfernt schien etwas zu breit, zu uneben. Lucy kniff die Augen zusammen für die richtige Sehschärfe. Doch es war zu dunkel. Vielleicht war dort gar nichts.

Endlich fand der Schlüssel das Schloss. Sie drehte ihn herum, riss die Türe auf, liess sich in den Sitz fallen, schlug die Türe zu und drückte den Schliessknopf.

Nichts passierte.

Ein zweites Mal drückte sie die Türsicherung, diesmal rastete sie ein. Lucy steckte den Schlüssel in die Zündung.

Wenn jetzt nur der Motor keine Zicken machte.

Lucy hielt den Atem an und drehte den Zündschlüssel. Der Motor sprang an. Ein rotes Licht leuchtete auf dem Armaturenbrett, sie musste das Öl erneuern. «Komm schon, bis nach Hause schaffst du es», murmelte Lucy.

Bei der Säule bewegte sich nichts. Doch das Gefühl blieb, dass sie jemand von dort drüben beobachtete. Es war Zeit zu verschwinden.

Bei laufendem Motor hob Lucy die Umhängetasche über ihren Kopf und warf sie auf den Nebensitz, wo sich wie üblich einiges angesammelt hatte: eine Strassenkarte, Rechnungen, eine Flasche Mineralwasser. Doch die Unordnung schien grösser zu sein als sonst. Und sie hatte sich in den Fussraum ausgebreitet.

Glas. Zerborstenes Glas.

Das Herz schlug ihr jetzt bis zum Hals. Das Fenster auf der Beifahrerseite war weg, die Glassplitter hatten sich über ihre Papiere, den Sitz und die Fussmatte verteilt.

Wahrscheinlich ein Dieb. Jemand, der Wertsachen gesucht hatte. Und der jetzt dort drüben bei der Säule darauf wartete, dass sie endlich verschwand. Damit er ein weiteres Auto knacken konnte.

Lucy schaltete das Abblendlicht ein, löste die Handbremse und steuerte ihren Mini aus dem Parkplatz. Das Licht streifte über die Säule, doch dort stand niemand.

Sie atmete auf. Oben bei der Ausfahrt würde sie einen Wachmann suchen und den Einbrecher melden. Oder die Polizei anrufen. Sie lockerte ihre Schultern, versuchte die Anspannung zu lösen. Lucy fuhr an der Säule vorbei und guckte in den Rückspiegel.

«Heiterefahne.»

Jemand trat aus dem Halbschatten neben einem Kombi, nur wenige Meter von dort entfernt, wo sie geparkt hatte: dunkle Jacke, stämmiger Körper, gross.

Nein, sie durfte sich nicht verrückt machen lassen. Menschen gehörten in ein Parkhaus, der holte bloss sein Auto. Und sie hätte es nicht einmal hören müssen, wenn jemand nach ihr aus dem Lift gestiegen oder die Treppe heruntergekommen wäre.

Lucy bremste leicht ab und liess den Rückspiegel nicht aus den Augen. Sie wartete darauf, dass der Mann ein Auto aufschloss, dass das Licht im Innenraum eines Wagens anging. Doch es blieb dunkel.

Lucy trat aufs Gaspedal.

16

Zoe stiess die Türe auf und schnupperte. «Stinkt es hier immer so? Da würde ich ein Duftspray empfehlen.»

«Porca miseria!» Vanzetti stand an der Wand vor dem Urinal und zuckte zusammen. «Zwygart. Das ist das Männer-WC. Was zum Teufel tun Sie hier?»

Sie lehnte sich gegen das Waschbecken und checkte den Raum ab: zwei schwarze Kabinen, zwei weisse Urinale, nackte Betonwände. «Ich werde mich beschweren beim Gleichstellungsbüro. Es ist grösser als unseres.»

«Verschwinden Sie.» Vanzetti fummelte am Hosenschlitz herum.

Zoe blieb ungerührt stehen. «Nur keine Aufregung, es ist ja sonst niemand hier. Eigentlich schade. Da bin ich endlich mal in einem Männerklo, doch es gibt nichts zu sehen.»

«Warten Sie draussen. Ich komme gleich», sagte er über seine Schulter.

Manometer. Der ach so harte Vanzetti hatte einen arroganten Banker zusammengefaltet und souverän eine Soko dirigiert. Doch wenn ihn eine Frau beim Pinkeln überraschte, schämte er sich wie ein Erstklässler. «Ich habe gerade einen Anruf von Grosi bekommen. Jemand hat ihr Auto aufgebrochen.»

«Geht es ihr gut?», fragte Vanzetti mit besorgter Stimme. Er zog seine Hose am Gürtel hoch und drehte sich um.

Zoe hatte mitbekommen, dass er in den vergangenen Monaten Freundschaft mit Grosi geschlossen hatte. «Keine Sorge, alles in Ordnung mit ihr. Sie ist jetzt zu Hause. Aber sie hat eine interessante Entdeckung gemacht. Es könnte sein, dass es sich bei den geheimnisvollen Unterlagen auf Bärtschis Computer um das Cincera-Archiv handelt.»

«Um was?»

Sie machte ihm Platz am Waschbecken. «Ernst Cincera war ein Zürcher Grafiker, der sich in den 1970er-Jahren einen Namen gemacht hat als Kommunistenjäger.»

«Ach, der. Er hat mitten im Kalten Krieg gefürchtet, dass Kommunisten die Schweiz unterwandern. Der hat doch so ein Heft herausgegeben.»

«Sie sind gut, ich habe zuerst bei Wikipedia nachschauen müssen. Die Broschüre hiess *Was Wer Wie Wann Wo* und erschien vier Mal pro Jahr. Darin hat er alle angeschwärzt, die er für linksextrem hielt. Spitzel versorgten ihn mit Namen, Bankunterlagen, Sitzungsprotokollen, Polizeiberichten und sogar mit geheimen militärischen Dokumenten. So wurden viele Leute registriert, darunter Politiker wie Helmut Hubacher, Lilian Uchtenhagen oder Moritz Leuenberger, aber auch Schriftsteller wie Adolf

Muschg. Dazu kamen Pfarrer, Journalisten, Gewerkschafter, Studenten und Lehrer.»

Vanzetti wusch sich die Hände. «Und was hat das mit Bärtschi zu tun?»

«Sie benutzen ja sogar Seife, Respekt. Die meisten Männer, die ich kenne, tun das nicht.»

Vanzetti grunzte. «Sie sollten sich andere Freunde suchen.»

Das wusste sie selber. Einige ihrer Verflossenen hatten unter Hygiene verstanden, alle paar Tage die Unterhosen zu wechseln. «Bärtschi war mittendrin in der linken Szene und hat beim Einbruch in Cinceras Archiv mitgemacht.» Zoe berichtete, was sie von Lucy über das Archiv, den Einbruch und die kopierten Unterlagen erfahren hatte.

Vanzetti nahm ein Papierhandtuch aus dem Spender. «Und Lucy denkt, dass Bärtschi die Unterlagen digitalisiert und auf ihrem Computer abgespeichert hat?»

«Nein, das war meine Idee. Grosi wusste nichts von den verschlüsselten Dateien.»

«Keine schlechte Idee.»

Zoe grinste. «Danke. Ich habe eine pro Jahr.»

Vanzetti trocknete seine Hände ab. «Falls es sich tatsächlich um Cinceras Archiv handelt, wären die Unterlagen etwa 40 Jahre alt. Interessieren die heute noch jemanden?»

«Rechnen Sie mal nach. Viele Aktivisten waren damals um die 20, jung, idealistisch, zum Teil gewaltbereit. Einige von denen haben kräftig auf den Putz gehauen. Heute sind die 60, viele haben Karriere gemacht. Oder auch eine politische Kehrtwende um 180 Grad. Die Vergangenheit ist ihnen äusserst peinlich. Und wer weiss, was dieses Archiv sonst noch alles verbirgt. Dort könnten Zeitbomben lagern.»

Er warf das Papierhandtuch in den Abfalleimer. «Okay, vermutlich haben Sie recht. Das würde auch erklären, weshalb seit Bärtschis Ermordung unsere Telefone heiss laufen. Viele könnten Angst haben, dass die Kartei noch existiert. Sogar der Justizminister hat sich nach dem Stand unserer Ermittlungen erkundigt.»

«Vergessen Sie den Anwalt nicht, diesen Winzenried. Falls der tatsächlich ermordet wurde, hätten wir jetzt ein Motiv.»

«Und das wäre?»

«Die verschlüsselten Dateien. Falls der Mörder hinter dem Archiv her ist und Bärtschis Laptop geklaut hat, dann steht er vor dem gleichen Problem wie wir. Er kommt nicht an die Daten ran. Möglicherweise dachte er, dass Bärtschi etwas bei ihrem Anwalt hinterlegt hatte.»

«Das sind alles bloss Spekulationen. Wir wissen nicht, was sich auf Bärtschis Computer befindet. Und selbst wenn es das Cincera-Archiv wäre, hiesse das noch lange nicht, dass sie deswegen ermordet wurde.»

«Wie auch immer.» Zoe faszinierte die Vorstellung einer geheimen Kartei. «Das gibt einen Kracher für die Zeitung.»

Vanzetti verengte die Augen zu Schlitzen. «Wir hatten abgemacht, dass Sie nichts ohne Absprache veröffentlichen.»

«Das bezieht sich auf die Sitzungen bei Ihnen oder auf Material, das Sie mir geben. Das Cincera-Archiv ist aber etwas anderes. Das haben Sie von mir.»

Er lehnte sich ans Waschbecken und verschränkte die Arme. «Es könnte aber wichtig für unsere Ermittlungen sein. Falls Ihre Vermutungen zutreffen, hätten wir eine konkrete Spur. Mit einer Veröffentlichung würden Sie den Mörder warnen.»

Zoe überschlug die Zeit im Kopf, es war bereits nach 22 Uhr. Mehr als einen Einspalter für die Frontseite würde sie jetzt nicht mehr produzieren können. Doch so einfach wollte sie nicht nachgeben. «Was bekomme ich dafür, wenn ich die Information zurückhalte?»

«Was wollen Sie denn noch?», rief Vanzetti und verwarf die Hände. «Sie erhalten bereits jetzt viel mehr Informationen als alle anderen Medien zusammen. Und überhaupt: Wenn hier jemand in der Schuld steht, dann sind Sie es.»

Zoe schnaubte. «Sie sind so lustig, Sie sollten Comedy machen.»

«Vielleicht tue ich das, wenn ich hier rausfliege. Nachdem Sie mich um meinen Job gebracht haben.» Vanzetti richtete seinen Zeigfinger auf Zwygart. «Wieso haben Sie mir vorenthalten, dass Sie Fabian Bärtschi kennen? Welches Spielchen treiben Sie?»

Mist, er hatte den Blick also doch mitbekommen. «Ich bin ihm ein einziges Mal begegnet. Gestern. Er sass in einer Besprechung bei den Berner Nachrichten. Wie ich später erfahren habe, gehört er der Geschäftsleitung an.»

Vanzetti hob seine Augenbrauen. «Und das soll ich Ihnen glauben?»

«Ach, glauben Sie doch, was Sie –»

Die Türe schwang auf und Georg Bucher betrat das WC. Er erstarrte, als er Zoe erblickte. «Hoppla. Recherchieren Sie auch noch für einen Artikel über unsere Toiletten?»

Vanzetti hob eine Hand. «Sorry, Georg. Frau Zwygart hat ein Problem mit Grenzen.»

«Bin schon weg, hier gibt es sowieso nix zu sehen.» Zoe stürmte aus dem Klo, sie hörte Vanzetti hinter sich herkommen. Im Gehen drehte sie sich halb zu ihm um. «Wenn Sie schon von Grenzen sprechen: Was sagt denn das Polizeigesetz über eine Beziehung zwischen einem Chef und seiner Untergebenen?»

Er schloss zu ihr auf. «Was soll denn das heissen?»

«Spielen Sie nicht die Unschuld vom Land. Die Funken haben förmlich gesprüht zwischen Ihnen und Sandra von Gunten. Und das vor aller Augen.»

Mit der rechten Hand griff er sich an den Hals. «Unsinn, das bilden Sie sich ein. Sandra und ich sind Arbeitskollegen, mehr nicht.»

Entweder war Vanzetti ein Lügner oder naiv. Zoe tippte auf Letzteres. «Das sieht Sandra möglicherweise anders.» Zoe schüttelte den Kopf. Es war Zeit, nach Hause zu fahren.

Vanzetti hielt mit ihr Schritt und schwieg. Noch immer schien er sich am Hals zu kratzen. Zoe sah genauer hin. Durch das Hemd hindurch nestelte er mit Daumen und Zeigfinger an einer Kette herum.

Als sie das Besprechungszimmer erreichten, hielt er sie am Arm zurück. «Was ist eigentlich aus den Leuten geworden, die man damals verhaftet hat nach dem Einbruch ins Cincera-Archiv?»

«Sie wurden später verurteilt wegen Hausfriedensbruchs. Doch sie hatten erreicht, was sie wollten: Es gab einen öffentlichen Aufschrei.»

«Und Cincera?»

«Er kam unter grossen Druck, seine Schnüffelei ging auch vielen Konservativen zu weit. Einige wandten sich von ihm ab, andere unterstützten ihn umso mehr. Seine Wahl in den Nationalrat 1983 zeigt, dass er immer noch viele Anhänger hatte. Danach sass er zwölf Jahre lang im Parlament.»

«Lebt er noch?»

«Nein, er ist 2004 gestorben.»

«Doch sein Vermächtnis hat ihn möglicherweise überlebt.»

«Möglicherweise.» Zoe trat nahe an Vanzetti heran und senkte ihre Stimme. «Falls das alles wirklich stimmt, sollten Sie sich in Acht nehmen. Sie müssen sich genau überlegen, wem Sie in diesem Laden hier noch trauen können.»

17

Kohler legte einen kurzen Stopp auf der Dalmazibrücke ein und kontrollierte das Zielgebiet. Am Samstag um 3.10 Uhr in der Früh schien das Marziliquartier wie ausgestorben. Zufrieden nahm er seinen Spaziergang wieder auf – ganz der harmlose Nachbar, der ein wenig frische Luft schnappte.

Beim Zielobjekt erhellte das matte Licht der Strassenlampen einen Abfallcontainer und den kleinen Vorgarten. Alle Fenster im Mehrfamilienhaus waren dunkel. Kohler streifte Latex-Handschuhe über, zückte das kleine Etui aus seiner Jacke und öffnete dessen Reissverschluss. Mit wenigen Schritten stand er vor der Eingangstür, die lediglich einen Knauf auf der Aussenseite hatte. Das Schloss darunter bestand aus einem simplen Zylinder.

Kohler nahm den Spanner aus dem Etui und schob ihn ins Schloss, dann drehte er das lange Ende im Uhrzeigersinn. Mit der anderen Hand steckte Kohler die Schlange hinein, bewegte sie vor und zurück und drückte so die Stifte des Schlosses hinunter. Er tat dies so lange, bis sich der Zylinder ganz drehen liess. Mit einem Klicken öffnete sich die Tür. Kohler schlüpfte hindurch und schloss sie leise hinter sich.

Etwa 40 Sekunden, schätzte Kohler. Nicht schlecht, er war noch in Form.

Leise stieg er die Steinstufen der Wendeltreppe hoch in den 2. Stock. Hinter den Milchglasscheiben der Wohnungstüre brannte kein Licht. Nochmals setzte er seine beiden Werkzeuge ein. Ein paar Sekunden später stand er im Entrée. Kohler verstaute das Werkzeug im Etui und liess es zurück in die Jackentasche gleiten. Dann fischte er eine kleine LED-Lampe heraus, die er jedoch nicht einschaltete.

Kohler stand für zwei, drei Minuten still und wartete, bis sich sein Puls und seine Atmung beruhigt hatten. Bis seine Ohren jedes Knarren und Ticken in der Wohnung einordnen konnten. Bis sich seine Augen an das schwache Licht gewöhnt hatten.

Ein Mantel, eine Jacke und zwei Taschen hingen an Haken neben dem Eingang, zwei Blumentöpfe schmückten die weiss lackierte Anrichte an der rechten Wand, auf dem Holztisch links vor dem Fenster stand ein aufgeklappter Laptop, daneben stapelten sich Briefe, Zeitungen und Magazine. Der Geruch von Zwiebeln und Peperoni hing in der Luft.

Kohler holte das Jagdmesser mit der 20 Zentimeter langen Klinge aus der Scheide an seinem Gürtel. Er umklammerte den Griff aus Hirschhorn und hielt das Messer vor dem Körper, als er auf seinen Gummisohlen langsam durch die Wohnung voranging. Er trat möglichst nahe an den Wänden auf, um das Knarren des Parketts auf ein Minimum zu reduzieren. Auf dem ersten Rundgang begutachtete Kohler zuerst die kleine Küche geradeaus, dann das Wohnzimmer rechts davon. Das Schlafzimmer musste hinter der geschlossenen Türe daneben liegen, an der schlich er vorbei. Stattdessen checkte er das Bad am anderen Ende des Entrées ab. Alles war funktional eingerichtet, die Möbel etwas altmodisch zwar, aber durchaus mit Stil.

Beim zweiten Rundgang durch die Wohnung ging Kohler methodisch vor, wofür er sich mehr Zeit nahm. Er durchsuchte die Papiere auf der Anrichte, holte Briefe aus den Umschlägen, öffnete Schubladen und Schränke. In der Küche las er die Notizen am Kühlschrank und schaute zwischen Teller und Gewürze.

Im Wohnzimmer untersuchte er die CDs und Fotoalben auf dem Regal, mit den Fingern fuhr er in die Ritzen und Spalten des Sofas, mit der Taschenlampe überprüfte er den Wandschrank. Das Messer lag die ganze Zeit in Griffweite.

Doch er fand nichts.

Als mögliches Versteck blieb nur das Schlafzimmer übrig. Kohler nahm das Messer vom Couchtisch, schlich zur Türe und lauschte. Kein Geräusch drang aus dem Zimmer. Vorsichtig drückte er die Klinke herunter. Durch den Spalt entdeckte er eine

Kommode mit Spiegel, ein Büchergestell, einen Schrank, ein Bett. Unter dem Duvet lag die kleine, schmale Gestalt. *Guten Morgen, Frau Eicher.* Wenn er sie so ansah, würde er sie vielleicht auf 50, höchstens 60 schätzen – trotz der silbergrauen Haare. Ihr Gesicht war praktisch faltenfrei, nur um die Augen zeichneten sich ein paar Krähenfüsse ab. Kaum vorstellbar, dass Eicher über 70 war. Doch das wusste Kohler mittlerweile natürlich – und einiges mehr.

Behutsam näherte er sich dem Bett und ging neben dem Gesicht der Schlafenden in die Hocke. Der Stoff des Duvets hob und senkte sich in gleichmässigen Abständen.

An die Recherche hatte er sich gemacht, nachdem er am Vortag in der Kanzlei Winzenried auf einen Hängeordner mit dem Namen Eva Bärtschi gestossen war. Darin hatte er einen Brief entdeckt, in dem Bärtschi ihren Anwalt anwies, das beiliegende Couvert an Luzia Eicher an der Brückenstrasse in Bern zu schicken. Ein Couvert hatte sich aber nicht im Hängeordner befunden. Also hatte Eicher es bereits bekommen. Oder es war noch unterwegs.

Gut möglich, dass die Sendung den Schlüssel enthielt, den sein Auftraggeber suchte.

Kohler spürte Eichers Atem auf seinem Gesicht. Nach einer kurzen Recherche war er zu ihrem Haus gefahren und hatte die Observation aufgenommen.

Mitte Nachmittag war sie mit ihrem roten Cabrio losgefahren ins Berner Oberland, er war ihr auf den Fersen geblieben. Noch musste Kohler herausfinden, wer dieser Silvan Schneeberger in Grindelwald war.

Später dann, zurück in Bern, war Kohler in ihr Auto eingebrochen und hatte es durchsucht. Doch das ominöse Couvert war nicht zu finden gewesen.

Als Eicher ihr Auto im Parkhaus hatte abholen wollen, hatte er ihr ein wenig auf den Zahn gefühlt, sich ein bisschen bemerken lassen von ihr. Jetzt wusste er, dass er es mit einem zähen Weib zu tun hatte. Er kannte diesen Typ aus Kambodscha, dem Tschad oder aus Algerien. Die liessen sich nicht einschüchtern. Nein, er würde einen anderen Weg finden müssen, um das Couvert in seinen Besitz zu bringen.

Wie mit einem Pinsel strich Kohler mit der Klinge des Messers über den Arm der Frau, nur wenige Millimeter von der Haut entfernt. Er erreichte das Gesicht, richtete die Spitze auf das rechte Auge. Ein kleiner Stoss und sie wäre tot. Kohler spürte ein Kribbeln im Nacken, leichter Schwindel erfasste ihn. Er atmete ein paar Mal tief ein.

Er konnte diese Frau töten, hier und jetzt, wenn er wollte. Ihr Leben lag in seiner Hand.

Doch das war nicht der richtige Moment. Zuerst musste er dieses Couvert finden.

Er stand auf, untersuchte den Nachttisch, ging geräuschlos durch das Schlafzimmer, warf einen Blick in den Schrank, auf das Bücherregal, unters Bett.

Nichts.

Er hatte Bärtschi am Donnerstagnachmittag getötet, der Anwalt dürfte spätestens am Freitag davon erfahren haben. Also war das Couvert vermutlich unterwegs. Mit A-Post würde es am Samstag eintreffen. Heute also.

Kohler schloss die Schlafzimmertüre leise hinter sich. Er wollte darüber Bescheid wissen, wenn das Couvert hier ankäme. Dafür musste er ein paar Vorkehrungen treffen.

18

Mord an Eva Bärtschis Anwalt
Auf der Treppe in der Redaktion las Zoe erneut den Titel auf der Frontseite der Berner Zeitung. Hatte Vanzetti sie angeschmiert? Nein, sie war ja den ganzen Abend in der Polizeizentrale gewesen. Wäre dort eine solche Meldung der Rechtsmedizin eingegangen, hätte sie das mitgekriegt. Die Journalisten von der Konkurrenz mussten den Tipp direkt aus dem Institut bekommen haben.

Verfluchter Mist.

Klar, der Titel bauschte die Tatsachen auf. Aus dem Artikel ging hervor, dass die Resultate der toxikologischen Tests noch ausstanden. Doch die Pathologen hatten einen kleinen Einstich in der Kniekehle von Winzenried entdeckt. Das könnte auf Mord hindeuten.

Shit!

Zoe hätte diese Story finden müssen, nicht die Schnarchnasen von der BZ. Sie knüllte die Zeitung zu einem Knäuel zusammen und warf sie beim Eingang zum Newsroom in einen Altpapierkübel.

«Nett, dass du uns wieder mal die Ehre gibst.» Mit einem Becher Kaffee in der Hand stand Andy Walker auf der Schwelle zum Pausenraum. «Arbeitest du eigentlich an irgendwas?»

Wie gerne hätte ihm Zoe das dumme Grinsen ausgetrieben. Doch den Starjourni der Berner Nachrichten zu vermöbeln, würde sich wohl nicht gut machen in ihrem Lebenslauf. Sie biss sich auf die Zunge und stampfte an ihm vorbei in den Newsroom.

Um 9.15 Uhr an einem Samstagmorgen waren nur wenige Plätze besetzt, ein kleines Team produzierte die Sonntagsausgabe. Als Zoe auf ihren Schreibtisch zumarschierte, unterbrachen Helen Liniger von der Lokalredaktion und Leo Sutter vom Sport ihre Arbeit und beobachteten sie. Zoe konnte ihnen nicht in die Augen sehen.

Kaum hatte sie den Hintern auf ihren Stuhl gepflanzt, baute sich Walker neben ihr auf. «Die BZ hat uns ausgestochen. Hast du wenigstens etwas für morgen?»

«Ja.»

Walker fuhr sich mit den Fingern durch die silberblonden Haare. «Und was, bitte schön?»

Das Cincera-Archiv würde sie ihm bestimmt nicht auf die Nase binden. «Daran arbeite ich noch.»

«Gibt es denn irgendwelche Verdächtigen?»

«Dafür ist es zu früh.»

«Ein Motiv?»

«Zu früh.»

«Was tust du eigentlich die ganze Zeit bei der Polizei? Eine gute Journalistin würde dort jede Menge Exklusivstorys ausgraben. Du musst dich mehr ins Zeug legen.»

Jetzt hatte sie genug. Zoe stand auf, ballte ihre Hände zu Fäusten und trat dicht an Walker heran. «Wenn du jetzt nicht die Klappe hältst, kannst du dein Essen aus der Schnabeltasse saugen.» Seit sie letzten Herbst vor den Augen von Chefredaktor Nyffeler einen Karatelehrer verprügelt hatte, genoss Zoe einen gewissen Ruf in der Redaktion.

Er machte einen Schritt rückwärts. «Willst du mir drohen?»

«Ich bin sehr labil.» Sie bohrte ihren Fingernagel in seine Brust. «Manchmal raste ich einfach aus.»

«Das ist … das ist …» Walker sah aus, als hätte er einen Goldfisch verschluckt.

«Frau Zwygart?» Chefredaktor Nyffeler stand vor seinem Büro und winkte ihr zu. «Auf ein Wort.»

Für ein paar Sekunden blieb Zoe vor Walker stehen und funkelte ihn an, dann wandte sie sich ab und marschierte zu Nyffeler hinüber. «Es tut mir leid wegen der BZ. Aber ich habe eine Exklusivstory –»

«Später.» Nyffelers Augen waren gerötet und das zerknitterte Hemd verriet, dass er schon eine Weile im Büro war. «Wir müssen nach oben.»

Schon wieder? Zoe stöhnte innerlich, als sie den Newsroom verliessen und die Treppe hochstiegen. Den Gang zum Schafott stellte sie sich ähnlich vor.

Im 4. Stock wollte sie in Richtung Konferenzraum abbiegen, doch Nyffeler ging auf der Treppe weiter. Hoppla! Zoe hatte vom 5. Stock gehört, dem «Elysium», war aber selbst noch nie dort oben gewesen. Kein Normalsterblicher gelangte dorthin, ausser, man wollte ihn loben oder feuern. Soweit Zoe wusste, gab es keinen Grund für Lob.

Oben im Dachgeschoss hatten die Holzpaneelen keine Risse, der Teppich schluckte jeglichen Lärm und die Zeitungen im Empfangsbereich sahen aus wie frisch gebügelt. Rudolf von Känel erwartete sie in Hemdsärmeln und mit dunkelblauer Krawatte. Der Blick aus seinen wässrig blauen Augen durchdrang Zoe wie ein Röntgenapparat.

Er geleitete sie in sein Büro, das so ordentlich und steril aussah wie die Schalterhalle einer Bank. Eine ganze Seitenwand füllten gerahmte Titelseiten der Berner Nachrichten. Zoe überflog die Schlagzeilen und entdeckte mindestens vier Artikel, die Grosi geschrieben hatte.

Von Känel bemerkte ihren Blick. «Das ist unsere Ehrengalerie. All diese Titel haben Verkaufsrekorde gebrochen.» Er deutete auf die beiden Ledersessel, die im 45-Grad-Winkel vor seinem Schreibtisch-Monstrum standen. «Nehmen Sie Platz.»

«Herr von Känel», begann Zoe nervös, «es tut mir leid, dass die BZ heute –»

Er schnitt die Luft mit der Hand entzwei. «Darf ich fragen, weshalb Sie sich gestern nicht gemeldet haben?»

«Die Sitzungen und Befragungen der Polizei dauerten bis in die Nacht.»

Von Känel setzte sich hinter den massiven Schreibtisch, dessen Oberfläche glänzte wie eine Bowlingkugel. «Ja, diese Befragungen. Ich habe gehört, dass Sie bei Bärtschi Invest waren. Was ist das für ein Typ, dieser Vanzetti. Spinnt der?»

Fabian Bärtschi musste sich ausgeheult haben. «Er steht unter grossem Druck. Aber zu seiner Verteidigung möchte ich sagen, dass ihn Herr Bärtschi provoziert hat.»

«So? Das höre ich nun schon zum zweiten Mal von Ihnen. Bärtschi sagt, er sei provoziert worden.»

«Nun, tatsächlich haben sich beide wie Kinder benommen.» Ups, das war ihr herausgerutscht.

Von Känel tippte die Fingerkuppen aufeinander und betrachtete Zoe wie ein interessantes Insekt. «Lassen wir das mal so stehen. Hat denn etwas herausgeschaut bei all diesen … Befragungen?»

Zoe räusperte sich. «Nun, eine heisse Spur hat die Polizei bisher nicht. Aber ich bekam einen guten Einblick in die Ermittlungsarbeit. Die Leute machen ihren Job sehr professionell. Daraus kann ich bestimmt einen spannenden Artikel machen.»

«Für das Sonntagsblatt?», schaltete sich Nyffeler ein.

«Ich denke schon. Allerdings hätte ich eine noch bessere Geschichte. Das Cincera-Archiv.»

«Soso.» Von Känel griff nach ein paar Büroklammern. «Was haben Sie denn herausgefunden?»

Zoes Herzschlag setzte für zwei Sekunden aus. Kein *Wie bitte?* oder *Was hat Cincera denn damit zu tun?* Von Känel wusste also schon Bescheid. «Die Polizei vermutet, dass es sich auf Bärtschis Computer befindet. Doch es ist verschlüsselt, bis jetzt kommt niemand an die Unterlagen heran.»

Von Känels Gesichtszüge schienen sich ein wenig zu entspannen. «Interessant.» Er wechselte einen Blick mit Nyffeler. «Jürg, was denkst du?»

«Das ist eine überraschende Entwicklung. Daraus liesse sich bestimmt eine Geschichte machen.» Er bewunderte seine frisch polierten Schuhe.

Zoe hätte laut schreien können. Die beiden lieferten die mieseste schauspielerische Leistung seit der Schulaufführung ihrer 2. Primarklasse ab. Sie hätte den Hans im Glück tausendmal besser gespielt als der Streber Tomi Canonica. Wollten die sie verarschen?

Von Känel lehnte sich zurück und hängte ein paar Büroklammern zu einer Kette zusammen. «Ich kannte ihn, den Ernst Cincera. Die Leute sehen ihn bloss als Kommunistenfresser, dabei war er ein sehr interessanter Typ, sehr vielschichtig. Er war ein Macher mit grossem Interesse an Kultur. Gleichzeitig hat er Autoritäten hinterfragt. Ich denke, viele Menschen haben ihm Unrecht getan.»

Zoe suchte die Wände nach einem Foto von Cincera ab, signiert und im Goldrahmen. Der Verleger musste Mitte der 1970er-Jahre zwischen zwanzig und dreissig gewesen sein. Ob er auch zu den Abonnenten von «Was Wer Wie Wann Wo» gehört hatte? Oder zu Cinceras Spitzeln?

Von Känel spielte mit der Kette. «Wer weiss bis jetzt von der Sache mit dem Archiv?»

«Nur die Polizei und ich.»

«Unsere Kontakte in der Bundesverwaltung haben jedenfalls nichts verlauten lassen», ergänzte Nyffeler. «Ich denke, das haben wir exklusiv. Aber lange lässt sich das nicht unter dem Deckel halten.»

Von Känel dröselte die Kette auf und sezierte Zoe mit seinen Augen. «Wir werden Folgendes tun», sagte er schliesslich. «Wir werden diese Story ausschlachten.» Er griff nach einer Büroklammer und richtete sie auf Zoe. «Sie attackieren die Geschichte frontal. Im Sonntagsblatt will ich Artikel lesen über den Stand der Untersuchung, die verschlüsselten Daten und das Cincera-Archiv. Zitieren Sie unbedingt Zeugen, die Ihre Geschichte bestätigen. Versuchen Sie, der Polizei einen Schritt voraus zu sein. Verstanden?»

«Absolut», sagte Zoe. Das Vibrieren des Handys in ihrer Gesässtasche signalisierte eine neue SMS.

«Sie bleiben dran, ich will jeden Tag Exklusivgeschichten von Ihnen lesen. Verstanden?»

«Verstanden.»

«Und Sie halten mich über alle Fortschritte auf dem Laufenden.» Von Känel klatschte in beide Hände. «Morgen hauen wir damit die BZ in die Pfanne. An die Arbeit!»

Zoe erhob sich und wartete auf Nyffeler.

Der rührte sich jedoch nicht. «Gehen Sie schon mal vor», sagte er, mied dabei jedoch ihren Blick. «Wir haben noch etwas zu besprechen.»

Auf der Treppe hinunter in den Newsroom fühlte sich Zoe sehr einsam. Bestimmt redeten die beiden im Elysium jetzt über sie. Oh, ja, sie würde sich mit vollem Schub in die Arbeit stürzen. Gleichzeitig würde sie ständig über ihre Schulter schauen und darauf achten müssen, dass ihr niemand ein Messer in den Rücken rammte.

Zoe fischte ihr Handy aus der Hosentasche und rief die Nachricht ab. Sie stammte von Lucy.

Ich glaube, bei mir ist eingebrochen worden.

19

Vanzetti spazierte mit Saxer am Tierpark vorbei die Aare entlang. Zwischen den dichten Wolken guckte ein kleines Stück Sonne hervor, das Wasser glitzerte. Die Bäume und der Fluss wirkten stets beruhigend auf ihn. An manchen Tagen marschierte er die ganze Strecke bis zur Auguetbrücke in Muri, zwei Stunden hin und zurück. Das half ihm, den Kopf freizubekommen. «Ich musste mal weg vom Schreibtisch. All die Ordner, Akten, Fotos und Tabellen treiben mich in den Wahnsinn.»

«Das kenne ich.» Saxer biss ein Stück von einem Salamisandwich ab, das er sich im Restaurant Dählhölzli gekauft hatte. «Warst du überhaupt zu Hause letzte Nacht?»

Vanzetti hatte keinen Hunger, obwohl er nichts gefrühstückt hatte. Er würde sich bald zum Essen zwingen müssen. «Ich habe ein paar Stunden geschlafen. Auf dem Feldbett im Büro.»

«Nur wenn du dich genug erholst, kannst du deine beste Leistung abliefern.»

«Ich weiss, ich weiss. Es bringt aber auch nichts, wenn ich mich zu Hause im Bett herumwälze. Wie zum Teufel ist der Zwischenbericht aus der Rechtsmedizin zur Berner Zeitung gelangt?»

«Du kennst das doch, irgendein Arzt schwafelt immer. Entscheidend ist, dass wir jetzt einen zweiten Mord am Hals haben.»

«Trotzdem ärgert es mich.» Mit den Händen tastete Vanzetti die Innentaschen seiner Jacke ab. Bingo. Er zog eine Zigarette heraus und rollte sie zwischen den Fingern. «Hast du mit dem Jogger sprechen können, der Winzenried gefunden hat?»

Saxer schluckte einen Bissen herunter. «Ja. Er heisst Arian Gashi und arbeitet als Kondukteur bei den SBB.»

«Klingt albanisch.»

«Ist es auch. Seine Eltern sind in die Schweiz eingewandert, er ist hier in Bern zur Welt gekommen.»

Vanzetti schnupperte am Tabak. «Hat es etwas gebracht?»

«Nicht wirklich. Er sagt, er sei durch den Wald gelaufen und habe einen Mann auf dem Boden liegen sehen. Ein zweiter Mann habe sich über ihn gebeugt. Gashi nahm die Wiederbelebung auf, der zweite Mann wollte die Sanität anrufen. Das hat er aber nie getan.»

«Der Mörder?»

«Vermutlich. Gashi hat schliesslich eine Spaziergängerin um Hilfe gebeten. Als der Krankenwagen endlich vor Ort ankam, war Winzenried tot.»

«Hältst du Gashi für glaubwürdig?»

«Ja. Ich denke, der wollte wirklich bloss helfen.»

Saxer besass eine gute Menschenkenntnis. «Kann er den zweiten Mann beschreiben?»

«Schlecht. Er hat ihn nur kurz und meist von hinten gesehen. Lichtes Haar, ein älterer Mann. Hat fast die ganze Zeit zu Boden oder aufs Handy gestarrt. Er sprach Berndeutsch mit leichtem Einschlag, vielleicht Italienisch oder Französisch. Trug eine dunkle Hose und eine dunkle Jacke. Mehr wusste er nicht. Leider.»

«Wenn wir davon ausgehen, dass der gleiche Mann Bärtschi ermordet hat, war das wohl kein Anfänger. Klar, dass der sein Gesicht möglichst versteckt. Interessant ist der Akzent. Vielleicht ein Romand oder ein Tessiner. Oder ein Ausländer, der schon eine Weile hier lebt.»

«Ich tippe auf einen Elsässer.»

«Wie kommst du denn darauf?» Vanzetti zündete die Zigarette an und nahm einen tiefen Zug.

«Die Techniker haben nochmals mit Bärtschis Nachbarin gesprochen, danach sind sie zum Tatort gefahren. Vermutlich war es bloss Zufall, dass da gerade Technomusik lief. Kein Zufall dürfte hingegen der Radiosender sein: France Bleu Alsace.»

«Der hat die Frau umgebracht, das Haus durchsucht und dabei Radio gehört?»

«Sieht so aus. Ganz schön kaltblütig.»

Ja, aber auch unvorsichtig. «Okay, es könnte ein Elsässer gewesen sein. Wir werden Kontakt mit den Kollegen in Frankreich aufnehmen müssen.»

«Anne-Sophie Cattin kümmert sich bereits darum.»
Auf Saxer war Verlass.

Zwei Jogger im grellbunten Dress überholten sie. Bei der letzten Routineuntersuchung hatte der Arzt Vanzetti gerüffelt. Er brauche mehr Bewegung, müsse auf Rauchen und Trinken verzichten sowie auf eine salz- und fettfreie Diät umstellen. Der hatte gut reden. «Wie läuft dein Training?», fragte er.

«Im Moment bin ich etwas handicapiert, Sehnenscheidenentzündung im Fuss. Habe bloss fünfzig Kilometer gemacht diese Woche.» Saxer und sein Partner, ein Arzt am Lindenhofspital, waren eingefleischte Läufer. Sie gehörten zu den Spinnern, die jedes Jahr am Grand Prix von Bern teilnahmen.

«Sag ich doch. Sport ist Mord.» Genüsslich blies Vanzetti den Rauch gegen den Himmel.

Mit dem Sandwich deutete Saxer auf die Zigarette. «Ich hatte gedacht, du wolltest das sein lassen.»

«Wollte ich auch. Aber dann kam mir dieser Fall in die Quere.» Vanzetti zuckte mit den Schultern. «Nächstes Jahr.»

«Wenn du dann noch lebst.»

«Du klingst wie diese Zwygart, das ist auch so eine Gesundheitsfanatikerin. Wusstest du, dass die mal Kunstturnerin war?»

«Hat sie mir erzählt. Und sie läuft den Marathon in drei Stunden.»

«Ist das gut?»

Saxer hielt einen Daumen hoch. «Saugut. Wird sie heute wieder mit uns unterwegs sein?»

«Keine Ahnung. Hat offenbar viel um die Ohren.» Vanzetti nahm einen tiefen Zug. «Du magst sie, nicht wahr?»

«Ich finde sie erfrischend. Die lässt sich von niemandem auf die Füsse trampeln.»

Vanzetti lachte lautlos. «Ja, aber dafür geht sie uns breitbeinig auf die Nerven. Sag mal … Sie meint, dass Sandra von Gunten ein Auge auf mich geworfen hat.»

Saxer machte ein Ts-ts-Geräusch und schüttelte den Kopf. «Sag bloss, du hast es nicht gemerkt?»

«Sandra flirtet doch mit jedem ein wenig. So ist sie eben.» Oder hatte Vanzetti die Signale falsch verstanden? Bald würden es drei Jahre her sein, seit seine Frau Tamara bei der Geburt ihrer Tochter gestorben war. Im Grunde hatte Vanzetti ein Beziehungsleben abgeschrieben.

Saxer schluckte den letzten Bissen herunter und leckte sich die Finger ab. «Manchmal frage ich mich schon, in welcher Welt du lebst. Hoffentlich benimmst du dich heute Abend.»

Heute Abend? Accidenti, es war ja Samstag. Und Saxer hatte ihn zu einem Blind Date überredet. Ganz unverbindlich, hatte Saxer gesagt, die Frau sei eine sympathische Nachbarin aus der Länggasse. Warum zum Teufel hatte sich Vanzetti bloss darauf eingelassen? «Ja, äh … Ich glaube nicht, dass ich das schaffe. Mit dem Fall und so …»

«Bestimmt überlegst du dir schon seit Tagen eine Ausrede. Kneifen gilt nicht, Nicole freut sich auf einen netten Abend. Und dir täte er bestimmt auch gut.»

Vanzetti griff nach dem Ehering, den er an einer Kette um den Hals trug. «Sorry, aber es geht nicht. Vielleicht in ein paar Wochen …»

Saxer bedachte ihn mit einem Blick, den er selbst für finster hielt. «Es wäre wirklich fies gegenüber Nicole, wenn du so kurzfristig absagen würdest. Das kann ich nicht zulassen. Wenn du einen Rückzieher machst, werde ich dein Foto am Informationsbrett aufhängen. Das mit dem Schnauz.»

Vanzetti zuckte mit den Schultern. «Ich werde es überleben.»

«Und den Artikel dazu.»

Vanzetti blieb abrupt stehen. «Welchen Artikel?»

«Ein neuer Look für die Liebe», zirpte Saxer wie ein Schnulzensänger.

Ein kalter Schauer lief Vanzetti über den Rücken. Jahre vor seinem Übertritt zur Bundeskriminalpolizei, als frischgebackener Kantonspolizist, hatte er sich von den älteren Kollegen bequatschen lassen, etwas für das Image der Polizei zu tun. Sie hatten ihn bei der Coopzeitung angemeldet für die Rubrik «Neuer Look für die Liebe». Singles wurden von der

Zeitung neu gestylt und in einem kurzen Interview vorgestellt.

Was sind Sie für ein Typ Mann?

Zuverlässig und treu, pünktlich und hilfsbereit.

Wer könnte Ihr Herz erobern?

Ich wünsche mir eine Partnerin, die mit mir durch dick und dünn geht.

«Woher hast du den?»

«Ein Kollege von der Kantonspolizei hat ihn mir schon vor einiger Zeit geschickt. Ich habe auf eine günstige Gelegenheit gewartet.»

Vanzetti drohte ihm mit dem Finger. «Ich warne dich …» Auf dem seitengrossen Foto neben dem Text trug Vanzetti die Klamotten einer Stylistin: lila Hemd, blauer Blazer, Shorts und Turnschuhe. Er sah aus wie ein debiler Yuppie. Was war er doch damals für ein naiver Depp gewesen. Natürlich hatten sich die Kollegen, diese Saftsäcke, nur einen Spass mit ihm erlaubt. Noch Monate später hatten sie ihn damit aufgezogen.

Saxer spitzte die Lippen. «Wäre bestimmt eine beliebte Lektüre bei uns, dieser Artikel – vor allem bei den Frauen.»

«Das würdest du nicht wagen.»

«Willst du es darauf ankommen lassen?»

«Du bist so ein Schwein.» Vanzetti stopfte die Hände tief in seine Jackentaschen.

«Ich weiss. Und ich fühle mich schrecklich dabei.» Saxer grinste bis über beide Ohren. «Nicole ist eine wunderbare Person für einen lustigen Abend. Du musst sie ja nicht gleich heiraten. Geniess es einfach und rede nicht zu viel. Vor allem nicht über deine Büchersammlung.»

Vanzetti schwante Übles.

20

Ihre Enkelin stemmte vor Lucy die Hände in die Hüften. «Warum hast du nicht die Polizei verständigt?»

Keine zehn Minuten, nachdem Lucy die Nachricht verschickt hatte, war die Kleine in ihre Wohnung gestürmt. «Na ja, es ist so … Ich bin mir nicht ganz sicher», meinte sie von der Sitzbank im Entrée.

«Was heisst das?»

«Ich kann nicht beweisen, dass jemand hier eingebrochen ist. Und soweit ich es überblicken kann, fehlt auch nichts. Es ist eher so ein Gefühl.» War sie dabei, sich in eine schrullige Alte mit Hirngespinsten zu verwandeln?

Zoe machte kehrt, öffnete die Wohnungstür und beugte sich zum Schloss herab. «Hier sind ein paar Kratzer. Allerdings könnten die auch alt sein. Du schliesst doch immer ab über Nacht, oder?»

«Ganz bestimmt.» Na ja, fast immer. Doch Lucy wollte Zoe jetzt nicht noch mehr beunruhigen.

«Und keine Balkontüren oder Fenster standen offen?»

«Das Fenster im Schlafzimmer habe ich gekippt. Aber dort käme niemand rein.»

Zoe ging ins Schlafzimmer und machte den Test.

«Okay, stimmt.» Sie kam zurück ins Entrée. «Und wieso denkst du, dass jemand hier gewesen ist?»

«Setz dich zu mir. Ich will es dir zeigen.» Lucy klopfte mit der Hand auf das Polster der Sitzbank, holte ihren Laptop aus dem Schlafmodus und setzte die Lesebrille auf.

Zoe rutschte auf die Bank neben sie.

«Ich schreibe einen Bericht für die Webseite der Grauen Panther. Nach so vielen Jahren als Journalistin tippe ich blind und muss meinen Blick nicht mehr vom Bildschirm abwenden. Alles, was ich zum Tippen brauche, habe ich in der Nähe. Pass mal auf.» Lucy klickte auf das Word-Icon und öffnete eine leere Seite. Sie begann zu schreiben:

Du weisst, dass ich immer hier arbeite. Hunderte von Texten habe ich an diesem Tisch geschrieben. Nach all den Jahren geht das flink. Manchmal brauche ich eine Information und muss jemanden anrufen. Dafür benötige ich mein Adressbuch. Es liegt auf der Fensterbank.

Ohne den Blick vom Bildschirm abzuwenden, griff Lucy nach ihrem Büchlein unter dem Fenster. Sie tastete die Bank ab und fand es nicht. Also drehte sie den Kopf: Zwischen ihren Fingern und dem Buch lagen etwa fünf Zentimeter.

Okay, kann sein, dass ich das Adressbuch für einmal an einem anderen Platz abgelegt habe. Kein Grund zur Sorge. Jetzt will ich eine neue Notiz auf den Rand meines Bildschirms kleben. Dazu brauche ich ein Post-it.

Du weisst, dass ich die liebe.

«Und ob», sagte Zoe.

Auf dem Tisch streckte Lucy ihre Hand nach dem Block mit den gelben Post-its aus, landete jedoch ein paar Zentimeter zu weit rechts.

Das gibt mir jetzt zu denken. Na ja, vielleicht ist es Abend, ich bin müde und brauche Licht.

Auch der Knopf der Schreibtischlampe lag ein Stück ausser ihrer Reichweite.

Jetzt mache ich mir echte Sorgen. Vielleicht habe ich zu wenig gegessen und Halluzinationen. Deswegen nehme ich mir ein Darvida.

Ein Stück über Lucys Kopf hing ein kleines Regal mit Tee, Gebäck und Schokolade. Sie reckte ihre Hand Noch oben und tastete auf dem Regalbrett herum. Ohne Erfolg. Schliesslich schaute Lucy nach oben. «Die Darvidas liegen hier in der Mitte, immer, damit ich sie gut erreichen kann. Jetzt aber nicht mehr.» Sie blickte Zoe in die Augen. «Deswegen habe ich dir die SMS geschrieben. Ich glaube, dass jemand hier war und meine Sachen verschoben hat. Oder denkst du, dass ich langsam verrückt werde?»

Zoe schüttelte den Kopf. «Ganz und gar nicht. Hier auf dem Boden habe ich stundenlang mit meinen Duplo gespielt und dir immer beim Schreiben zugesehen. Oft habe ich mich gefragt, wie du alles blind findest. Manchmal habe ich dich auch getestet und bloss deswegen um ein Stück Schokolade gebettelt. Du hast immer bestanden.»

Das entlockte Lucy ein Lächeln. Ihre Tochter Lara war mit gerade einmal 18 Jahren Mutter geworden, sie hatte noch nicht mal die Matura in der Tasche gehabt. Also war Lucy in die Bresche gesprungen. Auch später war Lara nie richtig in die Mutterrolle hineingewachsen, bis heute flog sie viel lieber mit wechselnden reichen Beaus durch das Jetset-Universum. Doch Lucy hatte sich nie beklagt, im Gegenteil. Um nichts in der Welt möchte sie die Jahre missen, in denen Zoe bei ihr aufgewachsen war.

Sie tätschelte Zoes Hand auf dem Tisch. «Danke, dass du mich nicht für bekloppt hältst.»

«Nie im Leben, Grosi.» Zoe legte ihren Arm um Lucy und drückte sie an sich. «Hast du dein Portemonnaie kontrolliert? Fehlt etwas?»

«Ich weiss nicht genau, wie viel Geld ich gestern drin hatte. Leer ist es jedenfalls nicht.»

«Oder könnte der Einbruch mit dem Cincera-Archiv zu tun haben?»

Lucy nahm die Lesebrille von der Nase. «Das habe ich mir auch überlegt. Aber ausser Silvan, dir und mir weiss doch niemand davon.»

«Da bin ich mir nicht sicher. Im Büro hatte ich den Eindruck, dass Nyffeler und von Känel sehr wohl Bescheid wussten. Und Vanzetti ist auch im Bild. Vielleicht solltest du ihn um Hilfe bitten.»

«Alex? Aber nein, der hat bestimmt viel um die Ohren mit diesen Mordfällen. Und du doch auch, Kleines. Fahr jetzt wieder zurück in die Redaktion. Mir geht es gut. Und bis zum Abend werde ich mir überlegen, was ich tun kann.»

Zoe tippte mit einem Fingernagel auf die Tischplatte. «Wie wäre es mit Robi? Der hat doch eine Firma für Alarmanlagen. Bestimmt kann er dir ein paar Tipps geben.»

«Ich weiss nicht recht.» Robert Sigg war ein alter Studienkollege von Lucy, der 1967 in die USA ausgewandert war und dort eine Familie gegründet hatte. Im vergangenen Herbst hatte der Wittwer Lucy bei einer Reise in die Schweiz besucht, und sie hatten sich auf Anhieb wieder gut verstanden. Im April hatte Lucy zwei Wochen in Minneapolis verbracht, im Juli würde Robi wieder in die Schweiz reisen.

Lucy gab Zoe einen Schubs. «Ich komme schon klar, fahr jetzt in die Redaktion.»

«Ich rühre mich nicht von der Stelle, bis du etwas unternimmst.» Sie setzte eine entschlossene Miene auf.

Den Blick kannte Lucy, die Kleine war schon immer ein Sturkopf gewesen. «Also gut, ich werde Robi anrufen.» Lucy kontrollierte ihre Uhr, es war kurz vor zehn. Minneapolis lag neun Stunden zurück. «Aber erst später, der schläft jetzt.»

«Abgemacht.» Zoe drückte Lucy einen Kuss auf die Wange. «Wir bringen die Cincera-Geschichte morgen, das wird ein Knaller.» Sie rutschte von der Bank. «Übrigens habe ich dir die Post hochgebracht. Liegt dort drüben. Tschüss.»

«Danke», rief Lucy ihr hinterher. Sie beäugte den Stapel Couverts auf der Anrichte. Bestimmt lauter Rechnungen.

21

Vögel zwitscherten, Väter schoben Kinderwagen, Joggerinnen rannten – ein gewöhnlicher Samstagmorgen im Dählhölzli.

Zoe studierte den Kies auf dem Boden, das Laub, die Erde. Nichts deutete darauf hin, dass hier vor weniger als 24 Stunden ein Mensch getötet worden war. Sie drehte sich um ihre eigene Achse. Dennoch musste das der Ort sein, an dem Winzenried gestorben war. Hatte die Polizei hier überhaupt eine Spurensicherung durchgeführt?

Der Augenschein am Tatort gab nichts her für ihren Artikel. Den Umweg hätte sie sich sparen können.

Sie schob ihr Rennvelo aus dem Wald auf den Asphalt. Dunkle Wolken hingen tief am Himmel, das sah nach Regen aus. Schon wieder. Auf den Tennisplätzen entlang der Thormannstrasse schlugen Rackets auf Bälle. Zoe schwang ihr rechtes Bein über die Stange, stiess sich ab und rollte los. Doch sie bremste augenblicklich wieder ab. Hatte sie eben richtig gesehen?

Zoe wendete, trat zwei Mal kräftig in die Pedale und fuhr zurück zum Waldrand. Rechts von ihr führte eine schmale geteerte Strasse zwischen Waldrand und Tennisplätzen hinab zum Freibad Ka-We-De. Die

Sportanlagen waren durch einen hohen Maschendrahtzaun geschützt, den Metallpfosten aufrechthielten. An einem von denen hing das Ding. Zoe rollte auf den Pfosten zu, hielt an und schaute hoch. Tatsächlich, dort oben hing eine Videokamera.

Zoe liess ihr Velo das Strässchen hinunterrollen, vorbei an Autos, die am Zaun parkiert waren. Auf den roten Sandplätzen dahinter hatte Zoe in den Schulferien einmal einen Tenniskurs besucht. Doch sie hatte gemerkt, dass ihr dieser Sport zu wenig Action bot.

Vor der Badi führte ein Fussweg rechts weg. Zoe folgte ihm und stellte ihr Velo schliesslich beim Eingang zum Tennisclub Kirchenfeld ab. Das Clubhaus umfasste einen langgestreckten Bau mit Garderoben und einem Restaurant.

Zoe betrat einen hellen Raum mit Dachbalken, wandhohen Fenstern und einem Kamin in der Ecke. Edel. Die Tische im Schankraum standen alle leer, hinter der halbrunden Bar putzte ein Mann Gläser: mittelgross, dunkelbraune Haare mit strengem Scheitel. Er war Mitte vierzig und musste mal recht sportlich gewesen sein. Jetzt lag sein BMI bestimmt über 30. Der Barmann trug ein weisses Hemd und einen bockigen Ausdruck im Gesicht.

«Entschuldigung, darf ich Sie etwas fragen?»

Er sah kurz von seinen Gläsern hoch. «Sind Sie Clubmitglied?»

«Nein, Gast.»

«Ich werde hier nicht fürs Quatschen bezahlt.»

Echt jetzt? Zoe nahm den Rucksack von den Schultern und setzte sich auf einen der Barstühle. «Einen Espresso, bitte.»

Der Barmann inspizierte das Glas gegen das Fenster, schien zufrieden und stellte es auf ein Regal an der Wand. Dann hantierte er an der vergoldeten Kaffeemaschine herum.

Zoe räusperte sich. «Mir ist aufgefallen, dass am Zaun bei der Thormannstrasse eine Kamera hängt. Können Sie mir sagen, wieso?»

Der Typ drehte Zoe den Rücken zu und bediente die Kaffeemaschine.

War der Kerl taub? «Hallo?»

In einem dünnen Rinnsal floss der Kaffee in die Tasse. «Das Geschäft läuft schlecht bei dem Mistwetter.»

Zoe stöhnte innerlich. Sie kramte ihr Portemonnaie aus dem Rucksack und legte eine Zwanzigernote auf den Tresen. «Ich nehme ein Gipfeli zum Kaffee.»

Der Barmann stellte den Kaffee vor Zoe hin und steckte die Zwanzigernote ein. «Die Parkplätze dort drüben gehören dem Club, die sind für Mitglieder reserviert. Es gibt ein richterliches Parkverbot dafür. Am Wochenende hält sich aber niemand daran.»

Zoe begriff. Zwar gab es an der Thormannstrasse oder unten beim Tierpark eine stattliche Zahl Parkplätze. An schönen Tagen waren die dem Ansturm der Ausflügler aber nicht gewachsen. «Dann kontrollieren Sie also, wer dort parkiert?»

Der Barmann legte ein Gipfeli auf einen Teller und stellte ihn vor Zoe hin. «Falschparkierer zeigen wir an, die blechen 200 Franken. Leider bekommt der Club nichts davon. Aber wenigstens parkieren die kein zweites Mal dort.»

«Zeichnet die Kamera laufend auf?»

Er griff nach einem Glas neben der Spüle, drehte Zoe den Rücken zu und wischte es mit dem Geschirrtuch sauber.

Oh, Mann. «Ich denke, ich nehme noch ein Milky-Way.» Zoe legte eine weitere Zwanzigernote auf den Tresen.

Der Barmann nahm einen Schokoriegel aus dem Regal und legte ihn vor Zoe hin. Mit dem Kinn deutete er unter den Tresen. «Hier unten habe ich einen Monitor und eine Festplatte. Wir müssen der Polizei ein Foto mit Datum liefern.»

Zoe beugte sich über den Tresen und entdeckte einen kleinen Bildschirm. In Farbe zu sehen waren darauf die Parkplätze am Zaun, der geteerte Weg und ein Stück der Thormannstrasse. «Die Qualität ist ziemlich gut.»

«Die Nummernschilder müssen erkennbar sein.»

Zoe hatte Mühe, ihre Aufregung zu verbergen. «Bewahren Sie die Aufnahmen auf?»

«24 Stunden. Danach überschreibt sie die Festplatte automatisch.»

Diesmal zögerte Zoe nicht, sie leerte ihr ganzes Portemonnaie auf den Tresen aus. 40 bis 50 Franken an Noten und Münzen, schätzte sie, ihr letztes Geld. «Das bekommen Sie als Trinkgeld, wenn Sie mir die Bilder von gestern Mittag zeigen.»

Der Barmann beäugte sie skeptisch. Dann klaubte er die Münzen vom Tresen und steckte die Noten in seinen Hosensack. Er ging in die Hocke, öffnete eine Schranktür und hantierte an einem Gerät herum. «Wann genau?»

«Zwischen zwölf und eins.» Zoe ging um den Tresen herum und kauerte sich neben ihn.

Auf dem Bildschirm erschien eine Digitaluhr, die er mit einer Maus bediente. Der Barmann gab 12.00 Uhr ein und klickte auf Play. Auf dem Monitor erschien das gleiche Bild wie zuvor. Der Zaun links, der Wald rechts, ein Auto stand auf einem Parkplatz. «Was suchen Sie?»

Von einem Foto aus der BZ wusste sie, wie Winzenried ausgesehen hatte. «Einen älteren Mann mit weissem Bart, der in den Wald spaziert.»

Der Barmann klickte auf Fast Forward, im Schnellzugstempo huschten die Bilder über den Monitor. Autos hielten, Menschen stiegen aus, wieder ein, fuhren weg. Ab und zu eilte im Hintergrund eine Figur durch das Bild. «Suchen Sie den Mann, der dort ermordet wurde?»

Zoe nickte.

«Kannten Sie ihn?»

Auf die Schnelle fiel Zoe keine Lügengeschichte ein. «Nein, ich arbeite für die Berner Nachrichten.»

«Eine Journalistin, aha.» Seine Augenbrauen hoben sich, er spitzte die Lippen. Unvermittelt drückte er auf Pause. «Das wird Sie aber mehr kosten.»

Zoe hätte ihm den Daumen ins Auge bohren können. Sie biss sich auf die Lippen. «Wenn wir ein gutes Bild finden, zahle ich Ihnen 500 Franken.» Hoffentlich würde die Zeitung das übernehmen.

«1000.»

«750.»

«Abgemacht.» Er drückte wieder auf Play.

Die Minuten vergingen. Zoe nahm das Milky Way vom Tresen, riss die Verpackung auf und verschlang den Riegel nach ihrer persönlichen Diätregel: Rasch geschluckte Süssigkeiten hatten keine Kalorien. Plötzlich erschien der Anwalt mit weissem Bart vom linken Bildrand her und huschte durch das Monitorbild. Zoe deutete mit dem Finger darauf. «Da.»

Der Barmann stoppte den Film bei 12.34 Uhr, ging ein Stück zurück und liess ihn in normaler Geschwindigkeit laufen. Leider war der Fokus der Kamera auf die Parkplätze im Vordergrund gerichtet, im Hintergrund verschwamm das Bild ein wenig. Doch Winzenried war unverkennbar.

Als er rechts aus dem Bild verschwand, tauchte dort eine Frau mit Kinderwagen auf, die aus dem Wald kam. Nahezu gleichzeitig ging ihr ein Mann mit einer schwarzen Jacke entgegen. Er folgte Winzenried.

«Sind Sie zufrieden?», fragte der Barmann.

«Moment.»

Die nächsten Minuten passierte gar nichts.

«Ich habe nicht den ganzen Tag Zeit.» Der Barmann erhob sich, seine Knie knackten laut. «Wollen Sie jetzt das Video?»

Gebannt starrte Zoe auf den Bildschirm, es vergingen drei Minuten, vier. Als der Timer auf 12.39 Uhr stand, erschien jemand am rechten Bildrand. Zoe drückte ihre Nase beinahe auf den Monitor. Es war wieder der Kerl mit der schwarzen Jacke, ein älterer Typ mit lichtem Haar. Er griff in seine Jackentasche, dann kam die Hand wieder zum Vorschein. Er hielt einen Schokoriegel in der Hand, riss die Folie ab und biss hinein.

Zoes Magen rebellierte. Dieser Kerl hatte soeben einen Menschen umgebracht. Und jetzt verspeiste er in aller Seelenruhe einen Schokoriegel.

«Gekauft», sagte Zoe.

22

Farbenprächtige Fische glitten im Zeitlupentempo durch das Wasser, Luftblasen stiegen hoch. Das riesige Aquarium nahm fast die ganze rechte Wand des Wohnzimmers ein. Gegenüber quoll ein wuchtiges Regal über mit Büchern: Hardcover, Lexika, Folianten. Auf dem Orientteppich im Zentrum standen ein champagnerfarbenes Ledersofa und zwei Polstersessel.

Pia Gloor liess sich am Ende der Couch nieder und bedeutete Vanzetti, sich zu ihr zu setzen. «Danke, dass Sie so kurzfristig kommen konnten.» Die Verwaltungsrätin der Bärtschi Invest AG strahlte, als hätte sie den ganzen Tag in ihrer Wohnung an der Bellevuestrasse in Spiegel auf diesen Besuch gewartet.

«Keine Ursache», antwortete er. «Allerdings muss ich zugeben, dass mich Ihr Anruf überrascht hat.» Er schielte nach den Büchern, die ein Vermögen wert sein mussten, und setzte sich ans andere Ende der Couch.

«Wir waren alle sehr beeindruckt von Ihnen.»

«Wirklich? Ihr Chef, Fabian Bärtschi, schien nicht so begeistert.»

Sie lachte, was ihr gut stand. Gloor, die zehn Jahre älter sein mochte als er, fuhr sich mit den Fingern durch die kurz geschnittenen, blonden Haare. «Manchmal hat Fabian Mühe damit, seine Emotionen im Zaum zu halten. Aber ich kann Ihnen versichern, dass auch er sehr angetan war. Deswegen habe ich Sie angerufen.» Durch das breite Fenster hinter ihr ging der Blick bis hinunter zum Bundeshaus.

«Das müssen Sie mir erklären.»

Gloor schlug die langen Beine in den engen schwarzen Jeans übereinander, darüber trug sie eine weisse Bluse. «Ihr Auftreten hat uns gezeigt, dass Sie ein selbstbewusster Mann mit Durchsetzungsvermögen sind. Zudem habe ich ein paar Erkundigungen eingeholt. Wo auch immer ich angefragt habe, ist man voll des Lobes über Sie. So einen Mann suchen wir für unsere Firma.»

Um ein Haar hätte Vanzetti laut gelacht. Ein Jobangebot? «Mein Verständnis für Zahlen reicht knapp für die Steuererklärung.»

«Nein, nein, das verstehen Sie falsch. Wir suchen keinen Finanzexperten. Bärtschi Invest ist im Besitz von acht Firmen, jede hat eine eigene Sicherheitsabteilung. Die wollen wir zusammenführen. Im Auftrag des Verwaltungsrates biete ich Ihnen an, die Planung und Leitung der zentralen Sicherheitsabteilung zu übernehmen.»

Das klang langweilig. «Die Privatwirtschaft reizt mich nicht besonders.»

Sie hob einen Zeigfinger wie ein Ausrufezeichen. «Wir bieten Ihnen ein Anfangsgehalt von 210 000 Franken pro Jahr. Dazu kämen Aktienoptionen in der Höhe von 100 000 Franken und der Einkauf in unsere Pensionskasse. Ausserdem würden wir Ihnen ein stattliches Spesenbudget und einen Dienstwagen Ihrer Wahl zur Verfügung stellen.»

Vanzetti setzte ein gleichmütiges Gesicht auf, während er das Angebot zu verarbeiten versuchte. Porca miseria. Bei der Bundeskriminalpolizei verdiente er nicht annähernd halb so viel. «Das ist erstaunlich grosszügig.»

«Wie ich schon sagte, Sie haben uns beeindruckt.» Sie zeigte ihre schönen Zähne.

Vanzetti überlegte, wie sich sein Leben verändern würde. Er könnte sich eine Bibliothek wie die dort drüben leisten. Er könnte die Wurzeln des Blues in den USA suchen gehen. Maledetto, er könnte mit dem Golfspielen oder sonst einem Unsinn anfangen. Das Angebot war unverschämt gut. Wieso boten die ihm so viel Geld? Ob es um seine Ermittlung ging?

«Mir gefällt es sehr gut bei der BKP. Ist der Lohn noch verhandelbar?»

Für einen kurzen Moment zeigte ihre Stirn kleine Furchen. «Nun, es gibt durchaus etwas Spielraum.»

Die mussten verrückt sein. Oder verzweifelt. «Wann müsste ich die neue Stelle denn antreten?»

Gloor biss sich auf die Unterlippe. «Wir haben schon viel zu lange mit dieser Umstrukturierung gewartet. Zeit ist ein kritischer Faktor. Ich bin sicher, dass wir uns mit der Bundesverwaltung auf einen schnellen Wechsel einigen könnten.»

«Die Ermittlungen im Fall Bärtschi würde ich gerne zu Ende bringen.»

«Ich denke nicht, dass wir so lange warten können. Sie sind zwar unser Wunschkandidat, aber …»

… es gibt noch andere Bewerber, brachte Vanzetti den Satz gedanklich zu Ende. Damit sah er die Sache schon klarer. Bärtschi Invest wollte ihn kaufen. Er fühlte sich zurückversetzt in die Tage nach der bestandenen Matura. Bei einer Party hatte Vanzetti mit Eveline Sägesser geflirtet, der Freundin einer Schulkollegin. Eveline und er hatten sich gut verstanden, einiges getrunken und am Ende des Abends herumgeknutscht. Ein paar Tage später hatte er Eveline zu Hause in Münchenbuchsee abholen wollen für einen Kinoabend. Als er mit dem zerbeulten Fiat Uno seines Vaters vor der Riesenvilla vorgefahren war, hatte er erkennen müssen, dass Eveline aus einer anderen Welt stammte. Sie hatte ihn hereingebeten und ihm auf den weissen Marmorfliesen freundlich mitgeteilt, dass sie noch schnell etwas Make-up auftragen wolle. Und ob es ihm etwas ausmachen würde, das Auto um die Ecke zu parkieren, damit es niemanden in der Nachbarschaft störe. Sie

würden dann mit ihrem BMW in die Stadt fahren. «Kein Problem», hatte Vanzetti geantwortet. Er war in den Fiat gestiegen und davongefahren. Seine Würde liess sich nicht kaufen.

Gloor musste den Stimmungsumschwung bemerkt haben. «Möchten Sie etwas trinken, Herr Vanzetti?»

Er schüttelte den Kopf. «Nein, danke.»

«Sie haben bestimmt nichts dagegen, wenn ich …» Sie schlüpfte aus ihren Ballerinas, rutschte von der Couch und schlenderte mit nackten Füssen hinter eine Bar in der Ecke. Ihre Bewegungen erinnerten ihn an eine Balletttänzerin. Das würde zu ihrem klassischen Gesicht passen.

Gloor mixte sich einen Drink. «Sie haben einen interessanten Ruf. Die Leute bei der Polizei sprechen mit Bewunderung über Ihre Fähigkeiten. Allerdings schwingt da immer auch etwas anderes mit. Sie seien ein Einzelgänger und schwer zu durchschauen, heisst es. Und Sie sammeln Bücher wie ich. Das war mit ein Grund, weshalb ich Sie kennenlernen wollte.»

Er deutete auf das Regal. «Im Vergleich zu Ihnen bin ich bloss ein Stümper.»

Mit einem Glas in der Hand kam sie zurück und setzte sich aufs Sofa, nur eine Handbreit von Vanzetti entfernt. «Das ist nur ein Teil meiner Sammlung. Die wirklich interessanten Bücher bewahre ich in meinem Schlafzimmer auf.» In ihren Augen lag ein Funkeln. «Möchten Sie sie sehen?»

Das würde er tatsächlich gerne – doch nicht in diesem Augenblick. «Vielleicht ein anderes Mal.»

Sie nahm einen Schluck. «Fühlen Sie sich unwohl?»

«Sollte ich?»

«Im Gegenteil. Es ist Samstagabend und wir beide haben eine harte Woche hinter uns. Da haben wir uns doch ein wenig Entspannung verdient.» Sie machte eine Vierteldrehung, stellte ein Bein auf die Couch und berührte Vanzettis Oberschenkel mit ihren rot lackierten Zehen. «Wir sind beide erwachsen, oder?»

Sie machte ihm also tatsächlich das zweite Angebot innerhalb von fünf Minuten. «Ich denke schon.»

«Warst du jemals mit einer Vorgesetzten im Bett?», fragte sie.

Beim Gedanken an BKP-Chefin Oppliger musste Vanzetti schmunzeln. «Nein, bei der Polizei gibt es kaum weibliche Chefs.»

«Heute könnte deine Glücksnacht sein.» Gloor lehnte sich vor und küsste ihn auf die Lippen. «Ich hoffe, du weisst das zu schätzen. Diese Sonderbehandlung bekommen zukünftige Angestellte normalerweise nicht.» Sie nahm einen weiteren Schluck von ihrem Drink und stellte das Glas auf dem Boden ab. Dann knöpfte sie ihre Bluse auf.

«Nein.» Sie mochte eine attraktive Frau sein, doch Vanzetti fand sie so verführerisch wie eine Tiefkühltruhe.

«Wie bitte?» Sie starrte ihn mit offenem Mund an.

Er rutschte vom Sofa und stand auf. «Ich danke Ihnen für Ihre Angebote, aber ich bin an beiden nicht interessiert. Ich wünsche Ihnen noch einen schönen Abend, Frau Gloor.»

«Du weisst nicht, was du dir entgehen lässt.» Gloor schien nicht sonderlich enttäuscht oder gekränkt, gelassen knöpfte sie ihre Bluse wieder zu. «Den Weg hinaus finden Sie bestimmt alleine.»

Ohne ein weiteres Wort verliess Vanzetti die luxuriöse Eigentumswohnung. Im Lift hinunter grübelte er über ein Zitat von Beckett nach:

Die Menschen sind zu allem fähig, wenn sie Angst haben.

Wovor hatte Pia Gloor Angst?

23

Zwischen sechs und acht Uhr abends gefiel Lucy das Leben nicht besonders. Den Übergang vom Tag zur Nacht hatte sie schon als Kind gehasst. Im Haus ihrer strengen Eltern hatte das geheissen: Abendessen, Hausaufgaben, Bett. Wo sie doch viel lieber draussen gespielt oder – später – mit Freunden getanzt hätte.

Ein junger Mann im grauen Overall kniete auf dem Boden in ihrem Entrée und schraubte ein Kabel an die Wand.

Als arbeitende und alleinerziehende Mutter war Lucy – noch ein paar Jahre später – um diese Zeit von Selbstvorwürfen geplagt nach Hause geeilt und hatte verzweifelt versucht, Verpasstes aufzuholen. Doch sie war oft müde gewesen und Tochter Lara hatte genervt – eine Idylle hatte sich nicht einstellen wollen. Vielleicht war Lara deswegen so früh ausgeflogen. Erst ihre Enkelin Zoe hatte Lucy dann so etwas wie Mutterglück beschert. Doch das schlechte Gewissen nagte immer noch an Lucy.

Der Kollege des jungen Mannes kam mit einem technischen Apparat in der Hand aus dem Schlafzimmer und verschwand im Wohnzimmer.

An ihrem Tisch im Entrée griff Lucy nach dem Stapel Briefe: Stromrechnung, Swisscom, Krankenkasse, eine Karte von ihrer Freundin Bea aus dem Tirol sowie ein Luftpolster-Couvert ohne Absender. Sie riss die Lasche auf.

Das Mobiltelefon vor ihr auf dem Tisch klingelte, Robis Name leuchtete auf dem Display. «Hey, du.»

«Und? Sind die schon da?», fragte er ohne Umschweife.

«Seit etwa zwei Stunden.» Mitte Nachmittag hatte Lucy in die USA angerufen und Robi vom Einbruch erzählt. Der hatte sich fürchterlich aufgeregt und Lucy das Versprechen abgerungen, dass er ihr «ein paar Kollegen» vorbeischicken dürfe. Keine zwei Stunden später waren drei schweigsame Männer aufgetaucht und hatten die Wohnung unter die Lupe genommen. Jetzt installierten sie eine Alarmanlage. «Wie hast du das bloss angestellt an einem Samstagabend?»

«Meine Firma arbeitet ab und zu für die Regierung. Da gibt es Leute, die mir einen Gefallen schulden.»

«Welche Regierung? Die amerikanische?»

«Natürlich.»

«Du hast mir amerikanische Spione ins Haus geschickt?»

Er lachte auf. «Das würde ich nicht wagen. Es sind bloss Techniker, die ab und zu für die Botschaft arbeiten.»

Ob sie ihm das abkaufen konnte? Unter normalen Umständen fände sie eine Alarmanlage völlig übertrieben. Doch im Moment überwog ihre Besorgnis.

Denn Robis Techniker hatten den Verdacht bestätigt, dass jemand in die Wohnung eingebrochen war. Am Türschloss hatten sie frische Spuren gefunden. «Ich verstehe ja nichts von diesen Anlagen. Aber sogar ich erkenne, dass deine Männer hier ein sehr teures System einbauen. Ich weiss nicht, ob ich mir das leisten kann.»

«Red keinen Unsinn, Lucy. Das kostet dich keinen Cent. Die Firma gehört einem Freund von mir, der macht das halb geschenkt.»

«Das kaufe ich dir nicht ab.»

«Fang bitte keinen Streit mit mir an. Ich will, dass deine Wohnung sicher ist.»

Der Mann auf dem Boden zog das Kabel in die Küche. «Das sieht eher nach Fort Knox aus.» Zum Glück hatte die Hausverwaltung keine Einwände gegen den Einbau gehabt.

«Hast du denn jetzt die Polizei angerufen?»

Lucy zögerte. «Nein, es fehlt ja nichts. Vielleicht habe ich den Einbrecher verschreckt. Oder er ist verschwunden, weil er nichts Wertvolles gefunden hat.» Von ihren Recherchen und Cincera hatte sie ihm lieber nichts erzählen wollen.

«Wie du willst. Auch wenn ich damit nicht einverstanden bin.»

Aus dem Wohnzimmer kam der Chef der drei Techniker, ein Junge mit einem Gesicht wie Roy Orbison. Er hatte sich als Paul vorgestellt und keinen

Nachnamen genannt. Im Gegensatz zu seinen beiden Kollegen trug er Anzug und Krawatte. Paul hielt einen Finger hoch.

«Ich muss Schluss machen, Robi. Einer der Männer will kurz mit mir sprechen. Ich rufe dich später zurück.» Lucy drückte den Anruf weg. «Sind Sie schon fertig?»

«Fast. Aber wir haben etwas gefunden.» Er sprach mit leichtem Akzent. Ob das nicht doch ein Amerikaner war?

«Was denn?»

«Ich zeige es Ihnen.» Paul führte sie ins Wohnzimmer, wo einer seiner Kollegen neben dem Bücherregal stand und Lucy etwas auf seiner flachen Hand entgegenstreckte: ein kleines schwarzes Kästchen von vielleicht zwei mal zwei Zentimetern. Mit dem Daumen der anderen Hand wies er auf die Deckenlampe, deren Baldachin herunterhing.

Lucy verstand nur Bahnhof.

Paul neben ihr nahm einen Stift vom Couchtisch und kritzelte etwas auf seine Handfläche. Er hielt Lucy die Hand hin: *Abhörwanze!*

Sie schlug eine Hand vor den Mund. «Oh, mein Gott …»

Paul nahm seinem Kollegen das Kästchen aus der Hand, schob mit dem Daumen einen Deckel weg und puhlte mit den Fingernägeln etwas heraus. «So, jetzt können wir reden.»

Lucy war fassungslos. «Ein Wanze?»

«Eine GSM-Wanze, um genau zu sein», sagte Paul. «Funktioniert ähnlich wie ein Mobiltelefon. Man muss bloss den Akku aufladen und eine SIM-Karte reinstecken. Wie die hier.» Er hielt das Stück Plastik hoch, das er aus dem Kästchen gezogen hatte.

«Die sieht aber gar nicht aus wie ein Handy.»

«Die Wanze kann auch viel weniger. Entweder wird sie aktiviert, wenn ein bestimmter Geräuschpegel im Raum überschritten wird. Dann ruft sie automatisch eine gespeicherte Mobilfunknummer an. Oder aber man ruft sie selber an und hört mit, was gerade vor sich geht. Beide Varianten sind völlig lautlos, Sie hätten davon nichts mitbekommen.»

Lucy fühlte sich völlig entblösst. «Wie lange liegt die schon hier?»

«Ist ein neues Modell. Und Staub ist auch keiner drauf. Ich vermute mal, dass sie der Besucher letzte Nacht platziert hat. War ziemlich geschickt versteckt im Baldachin. Ohne unseren Detektor hätten wir lange suchen müssen. Mit der Wanze hat man die Gespräche in der ganzen Wohnung mithören können.»

Lucy fühlte Wut in sich aufsteigen. Was für eine Frechheit, so in ihre Privatsphäre einzudringen. «Weshalb sollte mich jemand abhören wollen? Ich bin kein Politiker oder Firmenchef. Und ich hatte in der letzten Zeit auch keinen zu Besuch.» Sie liess sich auf das Sofa fallen.

Paul setzte sich auf den Sessel vis-à-vis. «Nehmen wir mal an, die Wanze wurde in der vergangenen Nacht platziert. Der Akku läuft etwa eine Woche. Vielleicht geht es um etwas, das in den nächsten Tagen passiert.»

Das brachte Lucy ins Grübeln. Zoe besuchte sie jeden Tag, Alex ab und zu. Vielleicht wollte der Lauscher herausfinden, was sie wussten. «Können Sie feststellen, welche Telefonnummer die Wanze anruft?»

«Hier nicht, aber in der Firma. Viel bringen wird das allerdings nicht. Bestimmt ist das Handy nicht auf den Namen des Einbrechers registriert. Zudem wird er es wegwerfen, sobald die Wanze nicht mehr funktioniert.»

«Vielleicht kommt er zurück, um sie auszutauschen.»

Paul grinste breit. «Das darf er gerne versuchen. Aber ich verspreche Ihnen, dass hier kein Unbefugter mehr eindringen kann. Wir haben die Eingangs- und die Balkontüren sowie alle Fenster gesichert. Wir haben Bewegungsmelder installiert und die Türschlösser durch ein digitales System ersetzt. Und im Treppenhaus haben wir ein Überwachungssystem eingerichtet, das mit unserer Zentrale verbunden ist. Wenn sich jemand Ihrer Wohnung auch nur nähert, werden wir das wissen.»

«Sie meinen, da sitzt jemand in einer Zentrale, der meine Wohnung ab jetzt ständig im Auge behält?»

«Exakt. Das System, das wir hier installieren, ist High End. Nur wenige Menschen in Bern haben so etwas, zu ihnen gehört die amerikanische Botschafterin. Sie müssen einflussreiche Freunde haben.»

Ganz offensichtlich. Das war Lucy nun doch peinlich. Andererseits fühlte sie sich tatsächlich bedroht. Also musste sie Robi letztendlich dankbar sein. «Was geschieht, wenn mich jemand während meiner Abwesenheit besuchen will? Geht dann ein Alarm los, und die Polizei stürmt das Haus?»

«Keine Sorge, für solche Fälle ist vorgesorgt. Ich räume hier noch auf, dann erkläre ich Ihnen alles.» Paul griff nach einer Zange und kappte ein hervorstehendes Kabel unter dem Fensterbrett. «Das Wichtigste ist, dass Sie sich jetzt absolut sicher fühlen können.»

Lucy ging zurück ins Entrée und setzte sich an den Tisch. *Sie können sich jetzt absolut sicher fühlen.* Die Worte gefielen ihr, doch in ihrem Innersten überwog die Besorgnis. Sie griff nach dem Handy und tippte auf Robis Nummer. Ob sie ihm erzählen sollte von der Wanze?

Während es in der Leitung tutete, schob Lucy ihre Post in die Schublade unter dem Tisch.

24

Mit einem Lächeln auf den Lippen strebte Nicole Rothen auf Vanzetti zu. Augenblicklich verzieh er Saxer, dass er ihn zu diesem Blind Date gezwungen hatte. Sie war Mitte bis Ende zwanzig, schlank an den richtigen Stellen und an anderen durchaus üppig. Nachlässig hochgesteckte hellbraune Haare umrahmten ein Gesicht mit braunen Augen, hohen Wangenknochen und einem rot geschminkten Mund. Sie trug ein hellblaues, trägerloses Kleidchen, das viel gebräunte Haut sehen liess. Wow!

Kurz vor 20 Uhr war Vanzetti im toi et moi am Bahnhofplatz eingetroffen und hatte sich mit einem Bier Mut angetrunken. Saxer hatte ihm das Restaurant im alten Burgerspital empfohlen, eine Mischung aus Wohnstube und Bazar.

Nach ein paar Begrüssungsworten liess sich Nicole ihm gegenüber auf den Sessel am Vierertisch nieder. «Du bist also Polizist?»

«Richtig.»

Nicole strich eine lose Strähne ihrer Haare hinter das Ohr, ihre roten Fingernägel leuchteten. «Nimmst du mich nachher mit auf eine kleine Spritztour? Mit Sirene?»

«Das geht leider nicht. Wir haben keine Dienstwagen wie die Kantonspolizei.»

«Dann bist du also gar kein richtiger Polizist?» Die Enttäuschung war ihrer Stimme anzuhören.

Accidenti. Was hatte Saxer gesagt? Geniess einen lustigen Abend und rede nicht zu viel. Vor allem nicht über deine Büchersammlung. Allmählich verstand Vanzetti. «Doch, schon. Aber die Bundeskriminalpolizei –»

«Zeigst du mir deine Pistole?»

«Äh … Ich trage keine Waffe.» Waren es dieser schöne Hals und die gebräunten Schultern wirklich wert? Nein, nein, nein …

Die Kellnerin trat an ihren Tisch und fragte nach einem Apéro. Nicole bestellte einen Prosecco, er deutete auf sein Bier und schüttelte den Kopf.

Nicole streckte ein schlankes Bein aus und zeigte auf ihren hellbraunen, hochhackigen Schuh. «Die habe ich mir online gekauft. Valentino, 450 Franken, ein Schnäppchen. Im Laden kosten die das Doppelte.»

«Hübsch …» Vielleicht konnten sie auch gleich das Essen bestellen. Doch die Kellnerin war bereits wieder weg.

«Gestern habe ich ein Glurak gefangen. Echt cool.» Nicole zeigte ihre perlweissen Zähne.

«Ein was?»

«Ein Glurak. Das ist ein seltenes Pokémon. Spielst du auch?» Sie wickelte eine Strähne ihres hellbraunen Haars um den Zeigefinger.

«Nein, aber ich habe davon gelesen.»

Sie strahlte über das ganze Gesicht. «Ich bin auf Level 16 und habe schon zwei Glückseier ausgebrütet.»

«Bravo» war alles, was Vanzetti dazu einfiel. Sie sollten den Hauptgang auslassen und gleich zum Dessert übergehen.

Die Kellnerin stellte den Prosecco auf den Tisch.

Vanzetti schaute sehnlich zur Türe. Dort stand eine Frau in einem engen schwarzen Kleid, dessen Saum deutlich über den Knien lag und schöne Beine zeigte. Um die Schultern trug sie einen roten Schal, auf den ihre schwarzen Haare fielen. Sie machte eine halbe Drehung, und beinahe hätte Vanzetti sich verschluckt. Zoe Zwygart.

Sie sah sich um, erspähte Vanzetti, kniff die Augen zusammen wie bei einem Sehtest, dann breitete sich ein Lächeln über ihr Gesicht aus. Sie winkte kurz, während ihr blonder Dreitagebart-Begleiter mit einem Kellner sprach.

Nicole referierte über Onix, Abra und Pantimos, wobei sie immer wieder ihr iPhone hochhielt. Über ihrer Schulter beobachtete Vanzetti, wie Zwygart und der Mann zu einem Tisch geführt wurden. Den hatte Vanzetti kürzlich auf einem Foto in der Zeitung gesehen. Vielleicht ein Musiker … Nein, ein Sportler! Genau, dieser Schwede, den die Young Boys vergangenes Jahr verpflichtet hatten. An den Namen konnte sich Vanzetti nicht erinnern.

Zwygart und der Fussballer setzten sich an einen Tisch am anderen Ende des Restaurants.

Vanzetti bestellte ein Cordon bleu mit Safranrisotto, Nicole ein orientalisches Couscous. Beim Essen verbrachten sie quälend lange 40 Minuten im Pokémon-Universum. Während Vanzetti alles lernte über Sternenstaub und Bonbons, pilgerten am anderen Ende des Raumes immer mal wieder Gäste zum Tisch des Schweden und baten ihn um ein Autogramm.

Nicole bestellte eine Meringue zum Dessert, während sich Vanzetti eine Pause auf der Toilette gönnte. Was fanden Frauen eigentlich so anziehend an Sportlern? Er selbst konnte bloss auf eine kurze Karriere als Fussballer bei den E-Junioren des FC Bern zurückblicken – ein völlig missglückter Versuch.

Als Vanzetti so langsam wie möglich vom WC zurück ins Restaurant spazierte, spürte er eine Hand auf seinem Arm.

«Die Frau ist ja der Hammer, Vanzetti. Das hätte ich Ihnen gar nicht zugetraut.» Neben ihm bei der Eingangstüre stand Zoe Zwygart, sie hatte sogar etwas Lidschatten und Lippenstift aufgetragen. Das elegante Kleid stand in verblüffendem Kontrast zu ihren üblichen Jeans und der Lederjacke.

«Ihr Begleiter kann sich aber auch sehen lassen», antwortete er.

Zwygart stöhnte. «Dieses Mückenhirn.» Ihre schulterlangen Haare umschmeichelten die graublauen

Augen. «Die vergangene halbe Stunde hat er mir im Detail seinen ersten Pokalsieg mit IFK Göteborg geschildert. Er ist Kopfballspezialist.» Sie tippte sich auf die Stirn. «Man merkt es. Und nicht eine einzige Frage hat er an mich gerichtet. Ich meine, ich bin Journalistin, verflucht noch mal. Letztes Jahr haben Sie und ich einen Mörder zur Strecke gebracht. Meinen Sie, das interessiert den?»

«Wieso sind Sie denn mit ihm ausgegangen?»

«Weil mich eine Freundin darum gebeten hat. Die arbeitet auf der Geschäftsstelle von YB. Mannomann, die schuldet mir jetzt aber was.» Mit dem Daumen deutete sie in Richtung Nicole. «Wer ist denn die Schönheit?»

«Ein Blind Date, das Saxer arrangiert hat. Ihr Lieblingsthema ist Pokémon.» Vanzetti erspähte Nicole, die auf ihrem Handy herumspielte und völlig zufrieden schien mit sich und der Welt.

«Pokémon, aha.» Sie grinste. «Vielleicht könnten wir uns gegenseitig aus der Patsche helfen.»

«Und wie soll das gehen?»

«Lassen Sie mich machen.» Sie zwinkerte ihm zu und ging zurück an ihren Tisch.

Vanzetti trottete zu Nicole und bekam noch ein paar lebenswichtige Informationen über Glumanda und Bisasam. Er kramte das Portemonnaie aus seinem Jackett, fischte die Kreditkarte heraus und gab sie einer Kellnerin. Konnte er Nicole an einem Samstagabend nach dem Essen einfach draussen stehen lassen? Manieren, Alessandro, hörte er seine Nonna im Hinterkopf sagen. Er würde sie wenigstens nach Hause begleiten müssen.

«Hey, Alex, das ist aber eine Überraschung.» Unvermittelt standen Zwygart und der Fussballer vor ihrem Tisch. «Lange nicht mehr gesehen.»

«Ja, wirklich.»

«Darf ich dir Arvid Berndtsson vorstellen? Arvid, das ist Alex Vanzetti, ein alter Freund.»

Sie gaben sich die Hand, wobei Berndtsson seinen Blick auf Nicoles Beine fixiert hielt. Was Nicole nicht zu stören schien.

«Sind Sie als Tourist in Bern?», fragte Vanzetti den unverschämten Kerl.

Berndtsson betrachtete Vanzetti zum ersten Mal. «Ich bin Fussballer bei YB», sagte er mit leichtem Akzent.

Zwygart beugte sich ein wenig zu Nicole herab. «Und was tun Sie so?»

Nicole schlug die Beine übereinander. «Ab und zu arbeite ich als Fotomodell», sagte sie und lächelte Berndtsson an.

Bei Vanzetti hatte sie sich über ihren öden Job als Sekretärin beklagt.

«Ist bestimmt ein schwieriger Job.» Berndtsson setzte sich auf den freien Stuhl an ihrem Tisch.

Zwygart tippte mit ihrem Zeigfinger auf Vanzettis Schulter und verdrehte die Augen in Richtung Ausgang.

Nicole strahlte. «Ja, man muss sich immer konzentrieren, sonst flippt der Fotograf aus.»

«Mein Trainer ist genauso», meinte Berndtsson.

«Echt?», erwiderte Nicole.

Vanzetti spürte, wie sich Zwygarts Fingernagel in sein Schulterblatt bohrte. «Nicole, soll ich dich nach Hause bringen?», fragte er.

«Das ist nicht nötig, ich nehme den Bus.»

«Sie können auch mit mir fahren», bot Berndtsson an. «Ich habe ein Cabrio.»

Zoe Zwygart blies die Backen auf. «Vielen Dank für das Essen, Arvid.»

«No problem», antwortete der, ohne den Blick von Nicole abzuwenden.

«Los, hauen wir ab», raunte Zwygart in Vanzettis Ohr.

Etwas zögerlich erhob sich Vanzetti, froh, dass er Nicole losgeworden war. Doch jetzt würde er wohl Zwygart nach Hause bringen müssen, diese Nervensäge. Komischerweise gefiel ihm der Gedanke.

25

Hin und wieder erhellten Blitze die Nacht, gefolgt von einem Donnergrollen. Durch die Scheiben seines Opels Astra starrte Kohler zur Wohnung von Lucy Eicher hinauf, als könne er durch die Wände sehen.

Er war sofort hergefahren, nachdem die Wanze nichts mehr übermittelt hatte. Da hatte er drei Typen gesehen, die in der Brückenstrasse in einen Transporter mit der Aufschrift *Falcon International* geklettert und weggefahren waren. Ob das die Kerle waren, deren Stimmen er in der Wohnung gehört hatte? Auf der Webseite von Falcon International hatte Kohler bloss eine Telefonnummer und eine Mailadresse gefunden. Keine Werbesprüche, keine Fotos oder Informationen über das Unternehmen.

Beunruhigend.

Kohler war um das Mehrfamilienhaus herumgefahren und hatte vor dem Marzilibad parkiert. Oben in der Wohnung brannte Licht, Eicher musste zu Hause sein. Ob er diese Nacht nochmals bei ihr einsteigen und die Wanze ersetzen sollte? Doch die drei Typen schmeckten ihm nicht.

Kohler griff zum Smartphone, suchte einen ehemaligen Kameraden aus der Fremdenlegion heraus und tippte auf die Nummer. Beim zweiten Klingeln hob Pohl ab. «Günther, altes Haus. Immer noch nicht unter der Erde?»

«Beni, du Saftsack. Dich werde ich bestimmt um 20 Jahre überleben.»

«Das möchtest du wohl gerne. Bist du immer noch in der Sicherheitsbranche?»

«Sicher doch. Was brauchst du?»

«Falcon International. Sagt dir das etwas?»

«Die machen Überwachungen, Alarmanlagen und alles, was dazugehört. Amerikanisch, in der ganzen Welt tätig.»

«Sind die gut?»

«Erste Sahne, aber sauteuer. Ich hoffe für dich, dass du keine Schwierigkeiten mit denen hast.»

Kohler fuhr sich mit der Hand über die Bartstoppeln. «Eine … Kundin von mir will Falcon engagieren. Für eine Alarmanlage. Und sie hat mich gefragt, was ich davon halte.»

«Eine Kundin, die sich Falcon leisten kann? Die ist nicht zufälligerweise Witwe? Ich bin ein einsamer Mann im besten Alter.»

«Ist Ehefrau Nummer zwei etwa abgehauen?»

«Ich war heilfroh darüber. Und es war Nummer drei. Auf jeden Fall kannst du deiner Kundin sagen, dass sie eine gute Wahl getroffen hat. Mit einem Sicherheitssystem von Falcon ist ihr Haus so gut wie versiegelt.»

«Da wird sie sich freuen.» Merde alors. «Weisst du, wer hinter Falcon steckt? Auf der Webseite steht nichts darüber.»

«Es wird gemunkelt, dass es ehemalige CIA-Agenten sind. Wer weiss, vielleicht ist es sogar die amerikanische Regierung selbst. Auf jeden Fall macht Falcon keine Werbung. Und trotzdem bekommen die haufenweise Aufträge aus der ganzen Welt. Zu den Kunden zählen vor allem VIPs und Regierungen.»

«Danke, Günther.»

Putain! Diese Falcon-Leute hatten die Wanze bei Eicher gekillt und ein Alarmsystem installiert. Wieso hatte diese alte Schachtel Verbindungen zu so einer Firma? Es rächte sich einmal mehr, dass Kohler nicht die Zeit für eine gründliche Recherche gehabt hatte. Früher hatte er Aufträge abgelehnt, wenn Kunden auf rasche Erledigung pochten. Heute konnte er sich diesen Luxus nicht mehr leisten. Klar gehörte es zum Geschäft, Pläne neuen Gegebenheiten anzupassen. Aber er hasste Improvisation.

Sauer brannte es in seinem Magen. Kohler steckte ein Rennie in den Mund, schloss die Augen und atmete durch.

Manchmal kann man nichts machen, ausser weiter.

Also gut, er musste analytisch vorgehen, seine Gedanken fokussieren. Lucy Eicher. Die Sache mit der Wanze hatte sich erledigt, eine neue würde er nicht platzieren können. Zu dumm, dass sie ihren

Zweck nicht schon erfüllt hatte. Kohler wusste nicht, ob Eicher die Post aus der Anwaltskanzlei bekommen hatte.

Er würde sich die Information anders beschaffen müssen. Auf die harte Tour.

Kohler schaltete SRF1 ein und erwischte gerade noch die 22-Uhr-Nachrichten. Sie begannen mit dem Absturz eines Flugzeugs bei einer Flugshow in den USA, bei dem zwei Menschen ums Leben gekommen waren. Dann gings um die Berchtold-Firmengruppe, die nach ihrem Zusammenbruch Schulden in der Höhe von fast einer Milliarde Franken hinterlassen hatte. Und schliesslich um einen Streik bei der Lufthansa und den neuen Trainer für den FC Sion. Die Morde an Bärtschi und Winzenried wurden nur als kurze Meldung ganz am Schluss erwähnt: Die Polizei habe noch keine neuen Erkenntnisse, sagte der Sprecher. Beim Wetter schaltete Kohler das Radio wieder aus.

No news are good news.

Natürlich würde es die Polizei nicht übers Radio hinausposaunen, wenn sie Fortschritte gemacht hätte. Kohler würde nicht ein zweites Mal den Fehler begehen, die Berner als Provinztölpel abzutun. Viel zu schnell hatten die entdeckt, dass Winzenried ermordet worden war. Verdammt ärgerlich. Deshalb hatte sich Kohler eingehend mit dem Ermittlungsleiter befasst, diesem Vanzetti. Der war kein Anfänger, hatte eine gute Erfolgsquote. Es war nicht auszuschliessen, dass es Kohler noch einmal mit ihm zu tun bekommen würde.

Fokussieren, Beni, Schritt für Schritt vorgehen.

Mit der flachen Hand gab sich Kohler einen Klaps auf die Wange. Sein aktuelles Problem war das Couvert bei Lucy Eicher.

Wie die wohl auf die Entdeckung der Wanze reagiert hatte? Am Anfang vermutlich mit einem Schrecken, dann vielleicht verärgert. Aber eine erfahrene Ex-Journalistin wie Eicher würde sich in einer solchen Situation nicht daheim verkriechen. Er würde eine neue Chance bekommen.

Kohler stieg aus dem Wagen, es war kühl und würde bald regnen. An einem normalen Samstagabend im Juni würden sich die Menschen bestimmt am Aareufer tummeln. Doch nicht in diesem Jahr. Ihm konnte das nur recht sein.

An der Mauer des Marzilibads entlang ging Kohler durch die Aarstrasse. Er befühlte die Beretta 21a in seiner Tasche, eigentlich nicht viel mehr als ein Spielzeug. Kaliber 22, nur tauglich für kurze Entfernungen. Aber die Pistole war zuverlässig und leicht zu verbergen. Vielleicht hatte er ja Glück und Eicher lief ihm über den Weg. Dann würde er improvisieren. Einmal mehr.

Er kam zum Kreisel, rechts lag die Dalmazibrücke, Kohler bog nach links in die Brückenstrasse ab. Ein

Auto überholte ihn im Schritttempo, ein weisser VW Golf. Das Auto hielt ein Stück weiter vorne am rechten Strassenrand, gegenüber Eichers Haus. Die Fahrertüre öffnete sich, ein Mann stieg aus.

Kohler blieb stehen. Den Typen kannte er doch. Er machte einen halben Schritt zur Seite und versteckte sich hinter einem Gebüsch, das ins Trottoir hinausragte. Da machte es Klick in seinem Kopf. Der Herr Ermittlungsleiter! Na, das war jetzt aber mal eine Überraschung.

Kohler legte die Hand um den Pistolengriff.

26

Zoe löste den Sicherheitsgurt, öffnete die Beifahrertüre und blieb für ein paar Sekunden sitzen. Auf der ganzen Fahrt hatte sie Vanzetti die Ohren vollgelabert. Über die Zeitung, ihre Kollegen, das Kunstturnen. Hatte sie einen an der Waffel? Wollte sie Eindruck schinden? Oder war sie besoffen von den zwei Gläsern Wein beim Essen?

Sie stieg aus dem VW und schaute ihn über das Autodach hin an: die dichten, hellbraunen Haare, das energische Kinn, die Falten um die Augen. Wäre er etwas zu essen, dann Schokolade. Und dazu konnte sie diesen Mann ziemlich gut leiden, obwohl er sehr wenig über sich selber preisgegeben hatte. Oder genau deswegen. Zweifellos konnte er besser zuhören als jede Kummertante im Radio. Ab und zu hatte er eine Zwischenfrage gestellt, doch nie einen dummen Kommentar abgegeben. Zoe konnte nicht leugnen, dass sie sich zu ihm hingezogen fühlte.

Ein Polizist? Drehte sie jetzt komplett durch?

«Alles in Ordnung?», fragte Vanzetti.

«Alles klar.» Zoe ging um die Motorhaube herum zu ihm aufs Trottoir. Sie hatten im vergangenen Jahr gemeinsam einen kniffligen Fall gelöst, das musste der Grund sein. So etwas verband natürlich. Zudem war er intelligent und hartnäckig. Doch Vanzetti hatte auch seine Ticks: Er konnte launisch sein, eigenbrötlerisch, herablassend. Und ausserdem so verflucht ordentlich!

Vanzetti blickte hoch. «Dieser Juni ist wirklich armselig.»

Zoe betrachtete seinen Mund, seine Lippen. Wie die sich wohl anfühlten? Hart oder sanft. Sie spürte, wie sich etwas regte in ihrem Unterleib. Seit Monaten war sie mit keinem Mann mehr im Bett gewesen. War es das, was sie wollte? Mit Vanzetti ins Bett? Sie musste aufhören zu glotzen und etwas sagen. «Ja, es könnte wärmer sein.» Echt jetzt? Fiel ihr denn nichts Besseres ein?

Vanzetti inspizierte den Asphalt. «Also dann …»

Seine tiefe Stimme trieb Zoe das Blut in den Kopf. Sie stellte sich vor, wie er seine Hände über ihren Rücken gleiten liess, in den Ausschnitt ihres Kleids. Wie er sie zu sich hinzog …

Puuh. Sie brauchte eine kalte Dusche. Dringend.

Zoe streckte eine Hand aus. «Ich schlage vor, dass wir in Zukunft beim Du bleiben. Einverstanden?» In seinem Gesicht las sie Zweifel. «Du musst keine Angst haben, beruflich werde ich keine Sonderbehandlung erwarten.»

Er grinste schief. «Na ja, noch mehr als bisher kannst du mir kaum auf den Wecker gehen.»

«Siehst du. Und daran wird sich nichts ändern, versprochen.» Er ergriff ihre Hand und Zoe spürte Hitze ihren Arm hochsteigen. Sie schaute ihm in die Augen und entdeckte darin etwas Vertrautes, Intimes.

Auch Vanzetti musste es gemerkt haben, denn er wandte rasch den Blick ab.

Für einen kurzen Augenblick sah sich Zoe am Sonntagmorgen mit Vanzetti im Bett liegen, nackt, sie mit einer Zeitung auf dem Schoss und einem Orangensaft in der Hand, er mit Kaffee und einem Buch. Dann, etwas später, würde sie am Küchentisch Früchte in ein Müesli schnippeln, während er Eier in die Pfanne schlug. Doch das Rührei würde verbrennen, weil er sie vom Stuhl auf dem Küchenboden zerren und …

Verdammt, sie hielt ja immer noch seine Hand.

Zoe löste sich von ihm. Ob sie Vanzetti hoch bitten sollte in ihre Wohnung? Das würde unweigerlich im Bett enden. Zoe hatte Erfahrung darin, Beziehungen mit Sex zu beginnen. Doch das hatte nie funktioniert. Stets hatte sie gewusst, dass es nur Affären mit einem begrenzten Haltbarkeitsdatum waren. Nach einer Woche oder einem Monat war sie jeweils wieder zu Sinnen gekommen und hatte erkannt, auf was für eine Dumpfbacke sie sich eingelassen hatte.

Ausserdem befand sie sich doch an einem guten Punkt in ihrem Leben. Endlich hatte sie einen Job, den sie mochte. Tolle Freunde. Und ein Grosi, auf das sie immer zählen konnte. Da brauchte sie doch keinen Beziehungsstress. Und dann noch mit einem Polizisten. Jemand wie Vanzetti verdiente eine nette Frau ohne Neurosen im Gepäck. Also bestimmt nicht so jemanden wie sie.

Schon eine Weile hatte Vanzetti nichts mehr gesagt. «Was ist?», fragte Zoe.

«Du bist plötzlich so still und starrst mich an. Klebt mir etwas im Gesicht?» Er fuhr mit der Hand über seine Wange.

Zoe errötete. «Nein, alles bestens.» Durch Telepathie versuchte sie Vanzetti dazu zu bringen, dass er sie in den Arm nahm und küsste. Sie musste bekloppt sein.

«Also, ich fahre dann mal», sagte Vanzetti. Doch er rührte sich nicht.

Sie war doch eine moderne, selbstbewusste Frau. Sie konnte einfach einen Schritt nach vorne machen, eine Hand auf seine Wange legen und ihn küssen. Das Hirn konnte sie morgen wieder einschalten.

Zoe streckte einen Arm aus, Vanzetti guckte sie mit erwartungsvollen Augen an. Sie berührte ihn an der Schulter – und entdeckte darüber hinweg zwei reglose Beine. Die standen etwa zehn Meter entfernt und lugten unter einem Gebüsch hervor. «Hast du nichts Besseres zu tun, du Spanner?», rief sie.

Vanzetti fuhr herum. «He!»

Ein Mann schnellte hinter dem Gebüsch hervor und starrte in ihre Richtung.

Der Anblick des Kerls liess Zoes Atem stocken. Das Gesicht, das lichte Haar, die schwarze Lederjacke – der Typ auf dem Video! «Das ist er!»

Der Arm des Alten schnellte hoch, in der Hand schimmerte eine Pistole.

Zoe warf sich nach vorne auf Vanzetti und riss ihn mit sich zu Boden. Sie hörte einen lauten Knall und schlug mit dem Kopf auf.

Dann wurde alles schwarz.

27

«Hey, Vanzetti!»

Er schreckte von seinen Armen auf der Tischplatte hoch. Die Sonne blendete Vanzetti. Sie warf einen hellen Streifen auf das Krankenbett. Zwischen den weissen Laken lächelte Zoe ihn an. Ihre Stirn war umwickelt mit einem weissen Verband, eine Infusion führte von ihrer linken Hand zu einem Ständer neben dem Bett. «Warst du etwa die ganze Nacht hier?»

Vanzetti gähnte. «Hab nie besser geschlafen.»

Zoe wollte sich aufsetzen, zuckte zusammen und legte den Kopf sachte zurück auf das Kissen. Mit der rechten Hand betastete sie ihre Stirn. «Es fühlt sich an, als ob Rammstein ein Konzert in meinem Kopf gibt.»

Das musste wohl irgendeine Band sein.

«Frag jetzt nicht, wer Rammstein ist.»

Vanzetti biss sich auf die Zunge und dehnte seine steifen Glieder auf dem dünn gepolsterten Besucherstuhl. «Du bist mit dem Kopf auf dem Asphalt aufgeschlagen.» Er deutete auf den Verband. «Deine Beule darunter ist so gross wie eine Pflaume. Es ist aber bloss eine leichte Gehirnerschütterung.»

«Bloss? Danke, das fühlt sich gleich viel besser an. Und wo genau sind wir hier?»

«Im Inselspital.» Er suchte sein Handy im Jackett. «Ich sollte jetzt deine Grossmutter anrufen.»

«Weiss sie nicht, dass ich hier bin?» Zoe hob die linke Hand, der Ständer mit dem Infusionsbeutel wankte bedrohlich. «Dumme Frage. Wenn sie es wüsste, sässe sie hier.»

«Ich wollte Lucy eine schlaflose Nacht ersparen. Und die Ärzte meinten, dass es nicht so …»

«Das hast du richtig gemacht. Aber Grosi wird sich fürchterlich aufregen.» Sie nestelte an ihrer Infusion herum.

«Kann ich mir vorstellen.» Lucy würde ihm die Hölle heissmachen. «Möchtest du einen Kaffee?» Vanzetti griff nach dem Papierbecher vor sich auf dem Tisch. «Der ist leider kalt. Aber unten im Restaurant …»

«Nein, geht schon.» Zoe drehte ihm den Kopf zu. «Hast du den Kerl erwischt?»

Vanzetti schüttelte den Kopf. «Ich habe bloss einen Schatten wahrgenommen. Und der ist sofort verschwunden. Du lagst bewusstlos auf dem Trottoir. Da habe ich dich ins Auto bugsiert und bin gleich hierher gefahren. Erst aus dem Spital habe ich die Kollegen alarmiert. Viel zu spät natürlich. Erinnerst du dich an etwas?»

Zoe nagte an ihrer Unterlippe. «Es war der Mörder von Winzenried. Und vermutlich auch von Eva Bärtschi.»

«Wie kommst du denn darauf?»

«Hast du unser Sonntagsblatt noch nicht gelesen? Es gibt da eine Exklusivgeschichte von mir …»

Ein ungutes Gefühl beschlich Vanzetti. «Das heisst jetzt was genau?»

Zoe griff nach der Fernsteuerung neben ihrem Bett und liess das Kopfteil hochfahren. Sie mied seinen Blick, bis sie sich in einer halb sitzenden Position befand. «Du darfst dich aber jetzt nicht aufregen.»

«Eigentlich gilt das eher für dich.» Was hatte sie bloss wieder angestellt? «Aber okay.»

«Ich habe den Schützen erkannt.» Zoe betrachtete ihre Fingernägel und berichtete von der Kamera beim Dählhölzli, wie sie den Barmann im Tennisclub überredet und den mutmasslichen Mörder auf dem Video beobachtet hatte.

Je länger sie für ihn zusammenfasste, desto wütender wurde Vanzetti. Schliesslich, als sie nicht mehr weitersprach, schnellte er hoch aus seinem Stuhl. «Porca vacca. Das alles steht in der Zeitung? Und du hast mir gestern Abend nichts gesagt? Wieso verschweigst du mir so etwas, Zoe?»

«Jetzt regst du dich doch auf.»

Er lief zum Fenster, aus dem 12. Stock überschaute er den Bahnhof und die Stadt. «Nicht nur dass die Bundeskriminalpolizei jetzt dasteht wie eine Bande von Hohlköpfen. Mit einem Foto hätten wir nach dem Kerl fahnden und ihn vielleicht längst erwischen können.» Er drehte sich zu ihr um. «Warum, verdelli, hast du mir nichts erzählt?»

Mit beiden Händen strich Zoe das Laken über ihren Beinen glatt. «Kannst du dich zu mir setzen?»

Vanzetti rührte sich nicht.

Zoe legte eine Hand auf den Matratzenrand. «Bitte.» Ihre schmalen Schultern wirkten eingefallen unter dem weissen Krankenhemd.

Vanzetti setzte sich auf den Rand der Matratze neben Zoes Knie. Als sie ihre Hand auf seine legte, fühlte es sich an, als ob er einen elektrischen Weidezaun berührt hätte.

«Das beantwortet wohl meine Frage.» Sie lächelte schief.

«Welche Frage?»

Ihre Wangen röteten sich leicht. «Ob nur ich etwas gefühlt habe gestern, als wir vor dem Haus … Oder ob da mehr gewesen ist.»

Er studierte das hellbraune Linoleum auf dem Boden. Die ganze Nacht hatte Vanzetti an ihrem Bett über den Abend nachgedacht. Eigentlich glaubte er an die eine grosse Liebe. Nach dem Tod von Tamara hatte er gedacht, dass sie diese Liebe gewesen sei und er den Rest seines Lebens alleine verbringen würde. Natürlich fielen ihm hie und da hübsche Frauen auf. Doch Flirtversuche liess er gar nicht an sich heran. Bis gestern Zoe, ausgerechnet diese nervige, hyperaktive, chaotische Frau, an etwas tief Vergrabenes in ihm gerührt hatte. Er konnte sich das selbst nicht erklären. Er drehte seine Hand um und griff nach ihrer.

«Das fühlt sich gut an.» Mit den Fingern ihrer anderen Hand fuhr Zoe über seinen Handrücken. «Deswegen habe ich nichts gesagt gestern. Ich wollte die Stimmung nicht killen.»

Er wollte protestieren, aber ihre kühlen Hände fühlten sich tatsächlich sehr gut an. So intensiv, dass die Berührung ihn beinahe lähmte. «Zoe, ich …» Ihm fiel nicht ein, was er hatte sagen wollen.

«Ich bin nicht sehr gut, wenn ich jemandem zeigen will, dass ich ihn mag», sagte sie. «Manchmal bin ich zu direkt. Du musst es mir sagen, wenn dir das unangenehm ist.»

Vanzetti wollte sie in den Arm nehmen. Nur kehrte sogleich das Schuldgefühl zurück, das er am Abend vor ihrem Haus und die ganze Nacht über empfunden hatte. Er schloss die Augen und drückte ihre Hand fest. Schwer fühlte er den Ehering an der Halskette auf seiner Brust liegen.

Als er die Augen wieder öffnete, befand sich Zoes Gesicht direkt vor ihm. Ihre graublauen Augen betrachteten ihn neugierig. Er liess seinen Blick langsam über jede Falte und jede Rundung ihres Gesichts und ihres langen schlanken Halses streichen. Zoe legte eine Hand auf seine Wange, darunter kribbelte seine Haut.

Über ihrer Nasenwurzel bildete sich eine Falte. «Was ist? Du siehst aus, als hättest du ein Gespenst gesehen.» Ihr Blick fiel auf seinen Hemdausschnitt, ihr Lächeln verschwand. «Wie dumm von mir. Natürlich hast du ein Gespenst gesehen. Sorry.»

Er schaute an sich herunter. Der Ring an der Kette lugte aus dem Hemd. «Entschuldige. Das kommt alles etwas schnell für mich. Ich glaube, ich brauche noch Zeit.»

Sie sank zurück auf die Matratze und drückte das Kinn auf die Brust. «Es ist nichts passiert, okay? Wir bleiben einfach Freunde. Alles ist in Ordnung.»

«Okay.» Nein, gar nichts war in Ordnung. Seine Gefühle fuhren auf einer Achterbahn. «Ich denke, ich gehe dann mal.» Vanzetti erhob sich vom Matratzenrand und fischte das Handy aus seinem Jackett. «Lucy werde ich von unterwegs anrufen.»

«Nein, lass mich das machen. Dann hört sie an meiner Stimme, dass es mir gut geht.»

«Einverstanden.»

Auf der Schwelle drehte sich Vanzetti nochmals um.

Zoe hatte die Arme eng um ihren Körper geschlungen und lächelte tapfer über dem straffen Infusionsschlauch. «Tschüss.»

«Bis bald.» Vanzetti schloss die Türe hinter sich. Er fühlte sich wie ein Verräter.

28

Kohler sass in der Gurtengasse in einer dieser neumodischen Schickimicki-Buden mit bunten Tapeten, Sofas und Kronleuchtern. «Salope.» Mit dem Handrücken schlug er über den Titel der Sonntagszeitung. Auf der Frontseite prangte sein Foto, etwas unscharf zwar, aber immer noch viel zu gut. So also hatte dieses kleine Miststück, diese Zwygart, ihn gestern erkennen können. Er hatte die Enttarnung in ihrem Blick gelesen und panisch reagiert. Kohler konnte sich nicht erinnern, wann ihm das zuletzt passiert war. Mit einer Beretta 21a aus jener Distanz dort am Gebüsch einen praktisch aussichtslosen Schuss abzugeben und dann davonzurennen, war die schlechteste aller möglichen Reaktionen gewesen. Er hätte nicht schiessen dürfen. Oder es richtig machen müssen. Dann wären die beiden jetzt tot. Er wurde zu alt für diesen Job.

Auf zwei Sesseln am anderen Ende des Lokals tratschten die beiden Damen über ihren gut gefüllten Tellern.

Kohler tunkte eine Gabel mit Rösti in das Eigelb und steckte sie in den Mund. Zehn Minuten hatte er hier gesessen und auf die Bedienung gewartet. Erst dann hatte er kapiert, dass man Essen und Trinken selber holen musste. Und als er nach einigem Anstehen am Tresen nach Speck und Schinken gefragt hatte, hatte ihn der Bursche mit dem Ring in der Augenbraue nur müde angelächelt. Das ist ein vegetarisches Restaurant, hatte er in einem Ton verkündet, als wäre Kohler ein seniler alter Knacker. Dann hatte ihm das Bürschchen das Buffet gezeigt und dabei seinen Mangel an Respekt derart zur Schau getragen, dass Kohler stinkwütend geworden war. All seine Beherrschung hatte er aufbieten müssen, um dem Kerl keine Lektion zu erteilen.

Der Job hatte Priorität: *Luzia Eicher.*

Dort drüben sass sie mit einer Bekannten, einer Art Spät-Hippie, zusammen. Er war ihr von ihrem Haus an der Brückenstrasse bis hierher gefolgt. Offensichtlich hatte sie sich hier mit der anderen Frau zum Frühstück verabredet, zum «Brunch». Ha! Dabei gab es in diesem Schuppen nicht mal Würste oder Steaks.

Die Welt ging vor die Hunde.

Kohler drückte den Panamahut tiefer ins Gesicht und schob den Schal über das Kinn, dann betrachtete er das Foto in den Berner Nachrichten erneut. Er würde sein Aussehen verändern müssen, schnell. Eine Brille, Polster unter den Wangen und eine Perücke sollten genügen, damit er seinen Auftrag zu Ende bringen konnte. Zum Glück lag der Schminkkoffer immer im Auto.

«Ich hoffe, den kriegen sie bald.» Vom Nebentisch eine Armlänge entfernt deutete ein junger Mann mit Segelohren mit seinem Smartphone in der Hand auf die Zeitung. «Allzu schwer kann das ja nicht sein.»

«Wie kommen Sie darauf?», fragte Kohler.

«Na, welcher Idiot lässt sich schon am Tatort fotografieren? Sehr clever ist der bestimmt nicht.» Er grinste breit.

Noch so ein Dummschwätzer. Kohler hatte doch improvisieren müssen im Dählhölzli. Wie hätte er ahnen können, dass dort eine Kamera hing? «Ich denke, er ist ziemlich klug.»

«Ach ja? Einen alten Mann umbringen, das kriegt doch jeder Volltrottel hin», sagte das Grossmaul. Dann wandte er sich wieder seinem Smartphone zu und tippte wie wild darauf herum.

Kohler spürte, wie ihm das Blut in den Kopf stieg. Die jungen Leute hatten einfach keinen Respekt. Er malte sich aus, wie er aufstehen, zwei Schritte zum Nebentisch machen und dem Angeber eine Hand um den Hinterkopf und die andere ums Kinn legen würde. Und mit einem Ruck …

Das Klingeln des Krypto-Handys riss Kohler aus seinem Tagtraum. Er fischte das Telefon aus der Innentasche seines Sakkos. «Ja!»

«Sie enttäuschen mich.»

Trotz der Verzerrung erkannte Kohler den Kunden am anderen Ende.

«Sie sollten mir den Schlüssel besorgen. Stattdessen lassen Sie sich für die Zeitung ablichten. Ich habe nicht gewusst, dass Sie Model werden wollen.»

«Moment.» Kohler stand auf und verliess das Lokal durch die automatischen Schiebetüren. Er hatte Verständnis für den Ärger. Der Kunde zahlte eine stattliche Summe für die Ausführung eines relativ einfachen Auftrags. Und Kohler hatte versagt. Doch er würde sich nicht dafür entschuldigen. Schliesslich hatte der Kunde auf die überhastete Erledigung gedrängt.

Draussen setzte sich Kohler an einen leeren Tisch, durch das Schaufenster hatte er die beiden Frauen im Blick. «Es ist nicht alles optimal gelaufen.»

«Und die Schiesserei gestern Abend im Marzili? Liege ich richtig mit der Annahme, dass Sie das waren?»

In die Medien hatte es der Angriff noch nicht geschafft, sein Kunde musste gute Quellen haben. «Die Ereignisse haben sich überschlagen.»

Der Kunde seufzte. «Wie gesagt: Sie enttäuschen mich. Vielleicht sollte ich mich nach einem anderen Experten umsehen.»

Kohler biss sich auf die Zähne, bis seine Kiefer schmerzten. «Ich werde den Job erledigen.»

«Ich gebe Ihnen noch eine Chance. Aber es ist die letzte. Sie haben 24 Stunden, danach werde ich mich an die Konkurrenz wenden. Haben wir uns verstanden?»

Conard! Am liebsten hätte Kohler das Handy gegen das Schaufenster geschmissen. Er schloss die Augen.

Wer etwas will, findet Wege. Wer etwas nicht will, findet Gründe.

Er konnte es immer noch schaffen. «In Ordnung, bis morgen haben Sie den Schlüssel.»

«Sind der Polizist und diese Journalistin gefährlich?»

«Die habe ich unter Kontrolle.»

«Ich hoffe es. Falls sie zu einem Problem werden, dann schaffen Sie es aus der Welt.» Es klickte in der Leitung.

Kohler stopfte das Handy wieder ins Jackett und schritt zurück ins Lokal.

Drüben auf ihrem Sessel schaufelte Eicher Rührei in den Mund und knabberte an einem Toast. Einen gesunden Appetit hatte die Frau. Ihre Begleiterin kraulte den Kopf eines Hundes, der auf dem Boden lag. 24 Stunden. Er würde rasch handeln müssen.

An seinem Platz war der Teller mit der Rösti und dem Spiegelei verschwunden. «Wo ist mein Essen?», fragte er den Typ mit den Segelohren.

Der sah hoch von Kohlers Zeitung. «Die Servierdüse hat gefragt, ob hier jemand sitze. Habe ihr gesagt, du seist verduftet. Sorry, Paps.» Er zuckte kurz mit den Schultern und beugte sich wieder über den Artikel.

Heisse Glut breitete sich in Kohlers Magen aus. Wie ein Mantra wiederholte er innerlich mehrmals den Namen seiner Zielperson: *Luzia Eicher.* Dann drehte er sich um und stampfte aus dem Lokal.

29

Das vierbeinige Monster unter dem Tisch im tibits streckte seine Pfoten aus und gähnte. «Ist das Frankensteins Hund?», fragte Lucy.

Claire Gauthier kraulte den Kopf des Tieres. «Hör nicht auf diese schreckliche Frau, mon petit.»

Einmal pro Monat traf sich Lucy mit ihrer ehemaligen Kollegin zum Brunch. Claire trug hautenge schwarze Lederhosen und eine bunte Bluse mit Blumenmuster, ihre Haare hatte sie lila gefärbt. In den knapp 30 Jahren, in denen Lucy die 69-jährige ehemalige Bundeshauskorrespondentin von Le Temps kannte, hatte die sich kaum verändert. Wunderbar!

Claires petit schien es gewohnt, angestarrt zu werden. Der Hund betrachtete Lucy nachsichtig. Er war klein, kräftig und hatte das schwarzbraune Fell eines Schäferhundes. Der buschige Schwanz erinnerte hingegen an einen Collie. Seine Beine waren schlank, doch die Pfoten sahen aus wie Pingpongschläger. «Was ist es denn diesmal für einer?» Praktisch jedes Mal brachte Claire einen anderen Hund aus dem Tierheim mit, wo sie als freiwillige Helferin arbeitete.

«Er vereinigt so ziemlich alle Rassen in sich, vom Afghanischen Windhund bis zum Zwergspitz.»

«Eine richtige Promenadenmischung also.»

«Du sagst das so abschätzig, dabei ist es eine Auszeichnung. Das sind die besten Hunde der Welt.»

Lucy steckte eine Gabel Rührei in den Mund, kaute und spülte es mit einem Schluck Tee hinunter. «Echt? Will denn nicht jeder einen reinrassigen Hund?» Ihr Wissen über Hunde beschränkte sich auf die Tiere, die sie auf Spazierwegen oder in Dokumentationen gesehen hatte. Lucys Vater, Deutschlehrer am Kirchenfeld-Gymnasium, war ein mürrischer Tyrann gewesen. Haustiere hätten etwas Freude in ihr Heim bringen können, weshalb sie streng verboten gewesen waren. Zu ihrem achten Geburtstag hatte Lucy von ihrer Freundin Paula ein Kätzchen geschenkt bekommen, das sie in einer Schachtel unter ihrem Bett versteckt hatte. Als ihr Vater es nach zwei Tagen fand, ertränkte er es in der Aare.

«Kennst du dich aus mit reinrassigen Hunden?» Claire strich reichlich Butter und Konfitüre auf ihren Pfannkuchen.

«Gar nicht. Na ja, eine Nachbarin hat einen Chihuahua, der schon Preise gewonnen hat. Das ist ein giftiges kleines Biest.»

«Eben. Rassehunde sind schön anzuschauen. Doch die sind oft reizbar und anfällig für Allergien oder Krankheiten. Mischlinge wie dieser Kleine hier sind gesünder, intelligenter und, wenn du mich fragst, glücklicher.» Sie tätschelte seinen Kopf.

Lucy betrachtete den Hund. Er sah so aus, als ob er sie angrinste. «Er erinnert mich an Churchill.»

Sie sah Lucy forschend an. «Tatsächlich? Das wäre doch ein schöner Name. Den braucht er nämlich noch. Und ein Zuhause auch.» Sie tippte mit dem Zeigfinger auf ihre Lippen. «Er scheint dich zu mögen.»

Lucy wehrte mit beiden Händen ab. «Oh nein, das ist nichts für mich. Früher hätte ich gerne einen Hund gehabt. Jetzt bin ich zu alt dafür.» In ihrer Handtasche klingelte das Telefon, sie fischte es heraus und checkte das Display. Zoe, um diese Zeit?

«Niemand ist zu alt für einen Hund, im Gegenteil. Der würde –»

«Entschuldigung, Claire, das ist Zoe. Sie ruft nur an, wenn es wichtig ist. Darf ich?»

«Aber sicher.»

Lucy nahm den Anruf entgegen. «Alles in Ordnung bei dir?»

«Hey, Grosi, klar doch. Und bei dir?»

«Wieso fragst du? Du klingst komisch.» Lucy runzelte die Stirn, Claire beobachtete sie über den Rand ihrer Tasse hinweg.

«Äh, ich hatte einen kleinen Unfall. Mach dir keine Sorgen, es ist alles bestens.»

Lucy versteifte sich. Ähnliche Anrufe hatte sie bekommen, nachdem Zoe einmal beim Tauchen beinahe ertrunken war oder beim Fallschirmspringen einen Fuss gebrochen hatte. Und das waren bloss die Unfälle gewesen, von denen ihr Zoe erzählt hatte. «In welchem Spital bist du?»

«Egal. Ich mache mich sowieso gleich auf den Heimweg.»

«Was ist geschehen?»

«Ich bin auf den Kopf gefallen. Nur eine leichte Gehirnerschütterung.»

Etwas wirr erzählte Zoe von einem Abendessen im *toi et moi*, der Heimkehr mit Vanzetti und einem unbekannten Angreifer. Als sie von einem Schuss sprach, setzte Lucys Herz für ein paar Schläge aus. «Wie? Der hat auf dich geschossen?»

Claires Mund stand offen, der Hund hob den Kopf.

«So ein Stümper. Hat mich aus zehn Metern verfehlt.»

«Über so etwas macht man keine Witze, Zoe.» Also hatte der alte Fred Egli, ihr Nachbar von gegenüber, doch recht gehabt. Der hatte ihr am Morgen erzählt von Schüssen und einem Polizeieinsatz in der Nacht. Lucy hatte bloss gedacht, dass Fred am Abend wohl einen Krimi geguckt und schlecht geträumt hatte. Es wäre nicht das erste Mal gewesen. «Wieso hast du mich nicht gleich angerufen?»

«Ich bin erst heute früh im Spital aufgewacht. Und Vanzetti wollte dich nicht aus dem Bett holen.»

Von wegen *kleiner Unfall*. «Na, dem werde ich aber Bescheid sagen. Was denkt der sich eigentlich?»

Der Hund legte eine Pfote auf Lucys Schoss.

«Komm schon, Grosi. Er hat es nur gut gemeint.»

«Trotzdem. Du wartest schön im Spital auf mich. Ich komme dich gleich holen.»

«Nicht nötig. Ich bin praktisch schon zur Tür raus.»

Lucy knurrte. «Aber du nimmst ein Taxi.»

«Ach, das ist doch gar nicht –»

«Keine Diskussion!»

«Okay. In 20 Minuten bin ich zu Hause.» Es klickte in der Leitung.

Claire legte eine Hand auf Lucys Arm. «Wie schlimm ist es diesmal?»

«Schwer zu sagen.» Lucy verstaute das Handy in ihrer Tasche. «Ich will zu Hause sein, wenn Zoe kommt.»

«Natürlich.»

«Die Kleine erzählt mir ja nie alles. Sie meint immer, dass sie mich schonen muss.» Sie gab Claire einen Kuss auf die Wange. «Bis bald.»

Der Hund jaulte kurz auf, Lucy streichelte seinen Kopf zum Abschied.

Vor dem tibits bog sie nach links ab. Zum Glück hatte sie es nicht weit bis nach Hause. Sie überquerte die Bundesgasse und steuerte auf das Marzilibähnli zu. Als sie die Bergstation erreichte, fuhr ihr die Seilbahn vor der Nase weg. «Herrgott.»

Lucy hatte nicht die Nerven, die paar Minuten zu warten. Also nahm sie den steilen Weg über den

Bundesrain hinunter ins Marziliquartier. Die Aare schlängelte sich durch das Tal, an ihrem Ufer lagen das Marzilibad und eine Ansammlung von Mehrfamilienhäusern. Lucy erkannte bereits das Dach ihres Hauses an der Brückenstrasse.

Hinter sich hörte sie rasche Schritte und ein Keuchen. Noch jemand, der es eilig hatte. Sie machte Platz, da spürte sie eine Hand auf ihrem linken Unterarm. Lucy fuhr herum.

Vor ihr stand ein Typ mit Hut, Sonnenbrille und einem Halstuch über Mund und Nase. «Machen Sie keinen Aufstand, Frau Eicher.» Seine Hand packte fest zu.

«Lassen Sie mich los.» Es fühlte sich an, als ob ihr Arm in einem Schraubstock steckte. Lucy wollte sich losreissen, aber es gelang ihr nicht. Auf dem Bundesrain war keine Hilfe in Sicht.

Der Mann wirbelte sie herum, legte von hinten einen Unterarm über ihren Hals und schnürte ihr die Luft ab. Lucy wollte schreien, brachte aber keinen Laut aus ihrer Kehle. Sie stiess ihren rechten Ellenbogen nach hinten, schlug mit ihren Absätzen aus. Vergeblich. Der Kerl stand da wie ein Baum. Lucy grub ihre Fingernägel in seinen Arm, doch er trug eine dicke Jacke.

Der Kerl liess ihren Unterarm los, gleichzeitig verstärkte sich der Druck auf ihren Hals. Vergeblich rang Lucy nach Luft. Lucy spürte einen feuchten Stoff auf ihrem Mund, der so süsslich roch, dass sie würgen musste. Sie zerrte und stiess, wollte sich mit aller Kraft aus der Umklammerung lösen, doch sie schaffte es nicht. Ein Druck breitete sich in ihrem Schädel aus, ihre Lungen brannten. Der geschmiedete Zaun und das Laub der Bäume verschwammen vor Lucys Augen, bis alles weg war.

30

Als Zoe beim Hauptbahnhof aus dem 11er-Bus stieg, stach ihr eine Zeitungsbox an der Loeb-Ecke in die Augen.

Das ist der Dählhölzli-Mörder

Über vier Spalten lief der Titel auf der Frontseite der Berner Nachrichten, darunter prangte ein Standbild aus dem Video vom Tennisclub. An den Anfang des Textes hatte die Redaktion ein zweites, halbspaltiges Foto gestellt. Zoe trat vor die Box: tatsächlich, es zeigte sie selbst. Wegen der miesen Auflösung wirkte ihre Haut käsig und die blauen Augen schwarz. Egal. Das Foto bildete sowieso nicht ihre besten Seiten ab: Hirn und Hintern.

Pling, pling.

Schon wieder meldete das Handy in ihrer Jackentasche den Eingang von Nachrichten. Seit es Zoe eingeschaltet und mit Lucy telefoniert hatte, bimmelte es fast ohne Unterbruch.

Sie überquerte den Bubenbergplatz und eilte durch die Christoffelgasse. Bestimmt machte sich Grosi bereits Sorgen, weil sie noch nicht zu Hause war. Vor dem Spital hatte sie kein Taxi entdecken können, also hatte sie halt doch den Bus genommen.

Zoe überquerte den Fussgängerstreifen in der Bundesgasse vor dem Sitz des Finanzdepartementes aus blassgrünem Sandstein. Ausser einem Motorrad gab es am Sonntagmorgen keinen Verkehr. Sie hörte ein Klonk, als der Fahrer 50 Meter entfernt in den ersten Gang schaltete. Unverkennbar eine BMW R 1200 GS. Jean-Pierre, einer ihrer Ex, hatte so eine Maschine besessen und sich regelmässig über das laute Getriebe geärgert. Sekretär einer Gewerkschaft und Möchtegern-Rocker war der gewesen. Nachdem sie Jean-Pierre im Bett mit ihrer (jetzt natürlich Ex-) Freundin Susi erwischt hatte, war Zoe zur Besinnung gekommen. Mit einem Liter Olivenöl im Benzintank der BMW – Extra Vergine – hatte sie Jean-Pierre abserviert.

Hinter dem hässlichen Klotz des Finanzdepartementes fuhr die rote Kabine des Marzilibähnli gerade in die Station ein. Während Zoe ein Ehepaar mit Kinderwagen aussteigen liess, überlegte sie sich ein *Was würdest du lieber?* Das kindische Spiel, das sie in der Sekundarschule erfunden hatte, gab ihr immer die Wahl zwischen zwei ekligen Möglichkeiten. *Würdest du lieber neben Donald Trump im Bett aufwachen oder eine Büchse Hundefutter essen?*

Dem Mann an der Kasse zeigte sie ihr Abonnement, er begaffte ihre nackten Beine unter dem kurzen Abendkleid. Zu Hause würde sie als Erstes in eine Jeans schlüpfen. Zoe durchquerte die Sperre und bestieg die Kabine. Mit einem Ruck setzte sich die Drahtseilbahn in Bewegung.

Sie entschied sich für das Hundefutter.

Pling, pling.

Zoe stiess einen lauten Seufzer aus und fischte das Handy aus der Jacke. «Heilandsack!» 21 verpasste Anrufe, 43 Textnachrichten und 71 E-Mails. Redaktion, Chefredaktor Nyffeler, Freundinnen und Freunde sowie Journalisten von anderen Medien hatten sie erreichen wollen. Ihr Artikel hatte offenbar einigen Wirbel verursacht.

Cool.

Die Seilbahn stoppte in der Talstation und Zoe stieg aus. Ihr graute vor dem heutigen Tag. Sie würde herumtelefonieren und einen Nachzieher schreiben müssen – und das mit höllischen Kopfschmerzen. Aus Prinzip schluckte sie keine Medikamente, heute würde sie vielleicht mal eine Ausnahme machen.

Das Rattern eines Motors riss sie aus den Gedanken. Zwischen den alten Wohnblöcken auf der Quartierstrasse entdeckte Zoe ein Motorrad. War das nicht das Gleiche wie vorhin? Der Fahrer drehte am Gashebel und brauste davon. Zoe schüttelte den Kopf. «Bist wohl etwas nervös heute, was?»

Sie bog in die Brückenstrasse ein und hielt auf das Mehrfamilienhaus zu. Als sie davor stand, fuhr das gleiche Motorrad durch den Kreisel bei der Dalmazibrücke. Es machte eine komplette Runde und verschwand wieder in der Aarstrasse.

Zoe bekam ein mulmiges Gefühl. Sie ging in die Knie und nestelte an ihren Stiefeletten herum. Aus dem Augenwinkel beobachtete sie die Strasse und den Kreisel.

Das Motorrad tauchte nicht wieder auf.

Erleichtert ging Zoe hoch in den 2. Stock. Am Kästchen neben der Wohnungstür tippte sie die Zugangsnummer in das Display, die ihr Grosi am Vorabend per SMS geschickt hatte. Zum Glück war ihre Grossmutter endlich zur Vernunft gekommen und hatte eine Alarmanlage installieren lassen. Zoe winkte in die Kamera über der Tür, mit einem Klicken öffnete sich das Schloss. «Ich bins.»

Die Bank hinter dem Tisch im Entrée, Grosis Lieblingsplatz, stand leer. «Grosi?»

Bestimmt hatte ihre Grossmutter nach dem Anruf den schnellsten Weg nach Hause genommen. Zoe warf einen schnellen Blick ins Bad, ins Wohn- und Schlafzimmer. Nein, Grosi war definitiv nicht hier. Ob sie schnell noch etwas einkaufen gegangen war? Vielleicht Linsen und Spätzli für Zoes Lieblingsmenü. Ihr knurrte der Magen.

In der Küche holte Zoe ein Erdbeerjoghurt aus dem Kühlschrank. Da hörte sie ein leises Tuckern unten in der Strasse. Das kannte sie doch, eine BMW 1200. Wie vorhin!

Sie stellte sich ans Fenster, unter ihr fuhr tatsächlich das Motorrad wieder vorbei. Der Fahrer trug eine schwarze Lederjacke mit roten Einsätzen, blaue Jeans, schwarze Turnschuhe und einen Helm mit getöntem Vollvisier. Wer zum Teufel war das? Am Ende der Schütze von gestern Abend.

Eigentlich müsste sie die Polizei anrufen, damit die sich um den Kerl kümmerten. Doch beim Anblick eines Polizeiautos würde der bestimmt Reissaus nehmen. Und sie wollte wissen, wer hinter ihr her war.

Zoe stürmte die Treppe hoch in ihre Wohnung, schlüpfte aus den Stiefeletten und riss sich noch im Flur das Kleid von den Schultern. Dann streifte sie sich ein T-Shirt, Jeans und Turnschuhe über. Im Wohnzimmer öffnete sie den kleinen Tresor, den sie in die Anrichte eingebaut hatte. Die SIG P220 war ihre Dienstpistole in der Rekrutenschule gewesen, nach der Ausbildung zur Militärpolizistin hatte sie die Pistole kaufen können. Zoe liess das Magazin herausgleiten – voll –, schob es wieder hinein, lud durch und steckte die Waffe am Rücken in den Bund ihrer Jeans.

Zoe eilte die Treppen hinunter. Sie verliess das Haus durch die hintere Kellertür und rannte über den Fussweg durch den Garten und um den Häuserblock herum. Dort verlangsamte sie ihren Schritt. Um die Mittagszeit wirkte das Quartier wie ausgestorben, nur Maloney, der sonntägliche Radiokrimi auf SRF 3, drang leise aus einem offenen Fenster.

Das Motorrad stand vorne in der Brückenstrasse, etwa 20 Meter entfernt. Zoe zückte ihre Pistole. Mit hämmerndem Herzen näherte sie sich langsam.

Der Fahrer war abgestiegen und stand seitlich zu ihr. Er trug immer noch seinen Helm, betrachtete etwas in der Hand und steckte es dann in die Jackentasche. Der Typ war klein und von schmaler Statur – eine Tussi! Und bestimmt nicht der Angreifer vom Vorabend. Sie steckte die Pistole zurück in den Hosenbund. Mit dieser halben Portion würde sie auch ohne Waffe fertig werden.

Geduckt schlich Zoe die Reihe parkierter Autos entlang, versteckte sich hinter einem Opel Kombi und beobachtete.

Ihre Verfolgerin guckte sich nach allen Seiten um, holte aus der Kofferbox auf dem Sozius eine graue Tasche und überquerte die Strasse. Auf dem Trottoir auf der anderen Seite stellte sie die Tasche auf den Boden und bückte sich hinab.

Zoe schlich sich von hinten an. Als sie sich auf zwei Meter genähert hatte, drehte die Tussi sich halb zu ihr um und erhob sich. Zu spät. Zoe machte zwei schnelle Schritte vorwärts, schwang das Bein und gab ihrer Gegnerin einen Tritt in die Kniekehle.

«He!» Die Beine ihrer Verfolgerin knickten ein, sie fiel hintüber auf ihren Hintern. Mit dem Handballen gab Zoe ihr einen Stoss an die Schulter, sodass sie auf dem Rücken landete. Dann drückte Zoe ihr das Knie auf die Brust. «Du willst mich sprechen?»

Die Frau stöhnte und wollte sich aufrappeln.

Doch Zoe verstärkte den Druck mit dem Knie. Sie löste den Riemen unter dem Helm und zerrte ihn herunter. «Was zum Teufel tust du hier?» Zoe starrte in das mürrische Gesicht von Paul Aebi, dem pensionsreifen Fotografen der Berner Nachrichten.

«Ich kriege keine Luft», presste Paul zwischen den Lippen hervor.

Zoe verringerte den Druck mit dem Knie, aber nur ein wenig. «Wieso schnüffelst du hinter mir her? Bist du im Auftrag der Zeitung hier?»

«Verdammt, meine Kameras.» Er streckte den Arm nach der Tasche aus, die auf dem Trottoir umgekippt war.

Sie legte mehr Gewicht auf ihr Knie. «Ich habe dich was gefragt.»

Paul stöhnte. «Ich bin freiberuflich unterwegs. Nach deinen Artikeln und der Schiesserei ist ein Foto von dir eine Stange Geld wert.»

Mit ihrem Knie presste Zoe die ganze Luft aus Pauls Lungen. Ein Kollege, der sie an den Boulevard verkaufen wollte? Hatte der sie noch alle?

Als er wie ein Abflussrohr nach Luft gurgelte, stand sie auf. «Schau mal im Lexikon unter ‹Arsch› nach. Da steht was über dich. Und jetzt zisch ab.»

Gerne würde sie dieses Amöbenhirn richtig durchschütteln. Doch jetzt musste sie erst einmal Grosi finden.

31

Kurz nach Schüpfen auf der Landstrasse zwischen Bern und Biel sah Kohler ein blaues Blinken in seinem Rückspiegel. Merde, er hätte doch die Autobahn nehmen sollen. Über Land war er gefahren für den Fall, dass jemand die Entführung beobachtet und die Polizei alarmiert hatte. Kohler umklammerte das Lenkrad so fest, dass seine Handflächen schmerzten. Sein rechter Fuss zuckte auf dem Gaspedal, er hätte es durchdrücken wollen. Doch das würde die Sache nur verschlimmern. Er setzte den Blinker und hielt am rechten Strassenrand.

Direkt hinter ihm stoppte das Polizeiauto, in dem Kohler die Konturen einer einzelnen Person ausmachen konnte. Eine Frau in Uniform stieg aus, azurblaues Hemd, dunkelblaue Hose. Jung, vielleicht 30, kräftig gebaut, brauner Pferdeschwanz.

Mit der rechten Hand griff Kohler unter die Zeitung auf dem Beifahrersitz, tastete nach seiner Glock. Er legte den Sicherungshebel um und versteckte die Pistole im Spalt zwischen dem Fahrersitz und der Mittelkonsole.

Ruhig bleiben.

Kohler liess die Scheibe heruntergleiten, hörte Fetzen von Funksprüchen aus dem Polizeiauto herüberquäken.

«Guten Morgen.» Die Polizistin beugte sich hinab und guckte ins Innere. «Könnten Sie bitte den Motor ausschalten?»

A. Tauber stand auf dem Namensschild über ihrer Brust. Der Griff einer Waffe lugte aus dem Lederholster an ihrem Gürtel, vermutlich eine Sig.

«Guten Morgen.» Kohler schaltete den Motor aus. «Habe ich etwas falsch gemacht?»

«Wohin fahren Sie?»

«An den Bielersee.»

Tauber beobachtete ihn mit wachen blauen Augen. «Und woher kommen Sie?»

«Äh, aus Bern. Habe mir die Altstadt angesehen.» Er schob die Hornbrille mit dem Fensterglas die Nase hoch.

«Kann ich bitte Ihren Führerschein sehen? Und die Fahrzeugpapiere.»

Verflucht. Er hatte bloss den Führerschein mit seinem richtigen Namen im Portemonnaie. Und auf dem Foto trug er weder Brille noch Perücke oder Wangenpolster. Die gefälschten Ausweise lagen im Staufach unter dem Kofferraum. Und darauf lag Lucy Eicher. Kohler spürte, wie ihm Schweissperlen auf die Stirn traten.

«Ihre Papiere, bitte!» Ihre rechte Hand näherte sich der Waffe am Gürtel.

«Entschuldigung, Sonntagmorgen. Ich bin noch nicht ganz wach.» Er zückte seinen Fahrausweis und reichte ihn durch das Fenster.

«Und den Fahrzeugschein.»

Kohler deutete auf den gelben Aufkleber an der Scheibe. «Das ist ein Mietwagen.»

«Dann brauche ich auch den Mietvertrag. Dürfte alles im Handschuhfach liegen.»

Kohler schluckte schwer. Den Wagen hatte er mit dem gefälschten Ausweis gemietet. Er öffnete das Fach, holte die Papiere heraus und gab sie ihr. «Ich verstehe immer noch nicht, was das Problem ist.»

Sie blickte auf den Fahrausweis. «Sind Sie Franzose?»

«Ja.»

«Ihr Schweizerdeutsch ist ausgezeichnet.» Tauber trug einen goldenen Ehering an der linken Hand.

«Ich bin im Seeland aufgewachsen, lebe aber schon lange in Frankreich.»

«Deswegen ist Ihnen vielleicht nicht bewusst, Herr Kohler, dass wir in der Schweiz ausserorts Tempo 80 haben. Kurz vor Schüpfen hatten Sie aber über 90 auf dem Tacho.»

«Tut mir leid, 90 ist das Tempolimit bei uns in Frankreich. Das hätte mir nicht passieren dürfen, da haben Sie recht. Bekomme ich nun einen Strafzettel?»

Sie hielt den Fahrausweis dicht vor ihre Nase, starrte auf das Foto, guckte ihn an. «Ist das Ihr Ausweis?»

Mit der linken Hand zupfte Kohler die Perücke vom Kopf und zeigte sie ihr. «Meine Frau meint, dass ich damit 20 Jahre jünger aussehe.» Seine Rechte legte er um den Pistolengriff.

Tauber glich das Foto mit seinem Gesicht ab. «Sie sollten mal ein neues Foto machen lassen. Das hier ist ganz schön veraltet.»

Er hob die Mundwinkel. «Auch da haben Sie recht.»

Sie faltete den Mietvertrag auseinander. «Hier steht aber Eduard Lopez drauf. Wer hat denn dieses Auto gemietet?»

«Edi ist ein alter Freund.»

«Und wo ist Herr Lopez? Auf dem Mietvertrag steht bloss sein Name als Fahrer.»

Die Geschichte musste einfach und plausibel sein. «Ich besitze leider keine Kreditkarte. Deswegen hat Edi den Wagen für mich gemietet. Wir treffen uns in Nidau, er hat dort ein Segelboot.»

Tauber runzelte die Stirn. «Einen Moment, bitte.»

Sie kehrte zurück zu ihrem Wagen, setzte sich hinter das Steuer und sprach ins Funkgerät.

Kohler warf die Perücke auf den Nebensitz, liess den Pistolengriff los und rieb seine schweissnasse Hand an der Hose trocken. Im Rückspiegel beobachtete er, wie Tauber mit der Zentrale sprach. Bestimmt gab sie das Kennzeichen und seinen Namen durch.

Ein Rumpeln im Kofferraum liess Kohler zusammenfahren, sein Puls schoss in die Höhe. Kam die alte Schachtel bereits wieder zu sich? Im Rückspiegel sah er Tauber etwas auf ein Klemmbrett schreiben. Er zog die Pistole heraus und legte sie halb unter seinen rechten Oberschenkel.

Tauber las offenbar seine Daten von seinem Ausweis und Mietvertrag ab, die sie vor ihr Gesicht hielt.

Kohler spitzte die Ohren, konnte jedoch wegen des Gegenverkehrs nichts verstehen. Nur ungern würde er die Frau erschiessen. Nach dem Mord an einer Polizistin würde das ganze Land Jagd auf ihn machen.

Schliesslich lachte Tauber über einen Funkspruch, stieg aus dem Polizeiauto und kam zurück. «Heute ist Ihr Glückstag, ich lasse Sie mit einer Verwarnung davonkommen.»

«Keine Busse?»

«Ich will nicht, dass Sie einen schlechten Eindruck von der alten Heimat mit nach Frankreich nehmen. Aber fahren Sie ab jetzt vorsichtiger.»

«Versprochen. Danke.»

Sie lächelte und gab ihm die Dokumente zurück. «Und viel Spass am Bielersee. Sieht nach einem tollen Tag zum Segeln aus.»

Im Rückspiegel beobachtete Kohler, wie die Polizistin zurück zu ihrem Auto schritt, den Hosenbund hochzog und einstieg. Dann startete sie den Motor und überholte Kohler mit einem kurzen Winken.

«Nein, Frau Tauber, heute ist *Ihr* Glückstag.»

Kohler blieb sitzen, bis sich sein Puls beruhigt hatte. Er sicherte die Glock und legte sie zurück unter die Zeitung auf dem Beifahrersitz. Dann drehte er den Zündschlüssel.

Auf in den Jura.

32

Wie ein Affe hangelte sich der Knirps an einem Seil von einem Baum zum nächsten. Ein Mädchen balancierte ein Stück dahinter über ein schmales Brett. Die Kinder im Seilpark an der Berner Thunstrasse konnten nicht älter als zehn oder elf sein. «Nie im Leben würde ich mir das antun», sagte Vanzetti mit dem Kopf im Nacken.

«Haben Sie Höhenangst?», fragte Rahel Bärtschi. Die Tochter der toten Politikerin hatte ein schmales, schlichtes Gesicht und braune Augen, die ständig wie auf der Hut zu sein schienen. Sie war um die 50 und trug kein Make-up. Ihre dunkelbraunen Haare guckten in losen Strähnen unter dem roten Kletterhelm hervor, als ob sie geduscht und anschliessend das Kämmen vergessen hätte.

«Und ob. Mir wird schon schwindlig, wenn ich auf einem Stuhl stehe.»

Bärtschi hob einen Mundwinkel und nahm den Helm vom Kopf. «Das kann man abtrainieren, wissen Sie.»

«Höhenangst?» Vanzetti beobachtete, wie das Mädchen fünf Meter über dem Boden durch eine transparente Kunststoffröhre krabbelte.

«Ja. Wenn man sich der Höhe bewusst aussetzt, legt sich der Schwindel mit der Zeit.»

Das mochte Vanzetti nicht glauben. Und er hatte auch keine Lust, es auszuprobieren. «Seit wann sind Sie wieder in der Schweiz?»

Sie scharrte mit dem Fuss im Laub. «Ein paar Monate.»

«Sie hätten sich bei der Einwohnerkontrolle anmelden müssen.»

«Das steht auf meiner Liste.» Sie tat es mit einem Schulterzucken ab. «Wie haben Sie mich gefunden?»

«Über Ihr Handy.»

«Hören Sie mich etwa ab?»

«Nein. Wir haben die Telefondaten von Frau Christen überprüft, der Assistentin Ihrer Mutter. Eine Nummer führte zu Ihrem Namen und Ihrer Adresse. Eine Nachbarin hat uns erzählt, dass Sie hier arbeiten.» Vanzetti deutete mit dem Zeigfinger auf sie. «Vergangene Woche haben Sie Frau Christen mehrfach angerufen und dann einfach aufgelegt. Weshalb?»

Sie nestelte am Klettergurt herum, den sie über einem dunkelgrünen Overall trug. «Ich hatte … Nein, ich wollte… Kontakt zu Eva aufnehmen. Bei unserem letzten Treffen haben wir uns heftig gestritten. Ich wollte von Verena wissen, ob Eva immer noch sauer ist. Aber ich habe … es mir dann doch anders überlegt.»

Sie verwendete den Vornamen Eva, nicht Mami oder wenigstens Mutter. «Worum ging es bei dem Streit?»

Sie winkte ab. «In unserer Familie geht es immer nur um Geld.»

«Wie lange ist das her?»

«Das war im Dezember, ein halbes Jahr also.» Bärtschi beobachtete einen jungen Mann, der zwischen zwei Baumkronen über die Sprossen einer Leiter balancierte.

«Hatten Sie oft Streit mit Ihrer Mutter?»

Sie drehte ihm den Kopf zu. «Wollen Sie wissen, ob ich Eva umgebracht habe? Die Antwort ist nein.»

Sie sprach völlig emotionslos. In ihren Bewegungen und im Klang der Stimme suchte Vanzetti einen Schlüssel zu dieser Frau. Doch sie gab nichts von sich preis. «Helfen Sie mir. Ich will den Mord an Ihrer Mutter aufklären.»

Laut stiess sie den Atem aus. «Ja, wir haben uns oft gestritten. Wir hatten nicht viel gemeinsam, Eva und ich.» Sie holte eine Packung Zigaretten aus dem Overall und steckte sich eine an. «Sie war eine Idealistin, wissen Sie. Sie hat doch tatsächlich an all den Gutmenschen-Quatsch geglaubt, den sie da verzapft hat im Parlament und sonst wo.»

«Sie betrachten sich also nicht als Idealistin.» Vanzetti zündete sich ebenfalls eine Zigarette an.

Bärtschi stiess Rauch durch die Nase aus. «Oh, Gott, nein.»

«Wo haben Sie denn die vergangenen Jahre verbracht?»

«In Berlin.»

«Und was haben Sie dort gemacht?»

«Geheiratet.» Sie wedelte mit der Zigarette in der Luft. «Schauen Sie nicht so überrascht. Trauen Sie mir nicht zu, dass sich ein Mann für mich interessiert?»

Nein, ihn wunderte es eher, dass sie sich für einen anderen Menschen interessierte. «Doch, durchaus.»

«Es war eine Katastrophe.»

«Weshalb?» Genüsslich sog Vanzetti den Rauch ein.

«Lassen Sie mich nachdenken. Zuerst wollte Karl ein Steakhouse in Kreuzberg eröffnen, dafür gingen etwa 20 000 Euro drauf. Ohne dass er je ein Lokal gefunden hätte. Dann kam ihm die Idee mit den Sandalen aus alten Autoreifen. 15 000 Euro. Danach hat er seine künstlerische Ader entdeckt, wollte Objekte aus alten Rennwagen schweissen. Ein Schwachsinn für 40 000 Euro. Wenn es ernst wurde, ging Karl immer der Schnauf aus. Klar, wo er sich doch immer um seine Kumpel kümmern musste. All diese Idioten, die immer in unserer Wohnung herumhingen. Ich kannte nicht mal die Hälfte von denen.»

Seit sie zusammen rauchten, war Bärtschi viel offener geworden. «Weshalb besuchten die Sie beide?»

«Drogen, Alkohol, was weiss ich. Geld war ja genug da. Karl hat immer den Macher markiert, hat mit seinen Zeiten als Berufsoffizier geprahlt. Doch nach der Armee hat er nichts mehr auf die Reihe gekriegt. Wegen ihm habe ich mich oft gestritten mit Eva. Sie wollte mir kein Geld mehr schicken und verlangte, dass ich mich von ihm trenne. Da bin ich erst recht bei ihm geblieben. Dabei mochten wir uns nicht mal besonders.» Sie machte ein reumütiges Gesicht.

«Weshalb haben Sie ihn dann geheiratet?» Ein Stück entfernt kreischte ein Teenager, der an einem Seil durch den Wald sauste.

Sie seufzte. «Irgendetwas musste ich doch tun. Ich hatte keinen Job, keine Familie, keine Zukunft. Irgendetwas …»

«Sinnvolles?» Vor Vanzetti stand der lebende Beweis dafür, dass Leute mit Geld nicht zu beneiden waren.

Bärtschi sah ihn scharf an. «Das fühlt sich gut an, nicht wahr?»

«Was?»

«Die arme Tochter aus reichem Haus, die es nie zu was gebracht hat. Die sich täglich die Birne zugedröhnt hat. Nicht einmal die Ehe mit einem Loser kriegte sie hin. Bestimmt geniessen Sie das.»

Er wedelte mit der Zigarette. «Nein.» Doch sie hatte ihn ertappt.

Sie stiess den Rauch durch die Nase aus. «Leute wie Sie bilden sich ein schnelles Urteil und machen andere Leute nieder, damit Sie sich selbst besser fühlen können.»

Vanzetti liess ihr ein paar Sekunden, damit sie sich beruhigen konnte. Offenbar glomm doch noch etwas in dieser Frau. Der Job im Seilpark deutete darauf hin, dass sie einen Weg aus den Drogen gefunden hatte. Gerne hätte Vanzetti danach gefragt, doch er war aus anderen Gründen hier. «Haben Sie noch Kontakt zu Ihrem Bruder Fabian?»

«Den habe ich seit Jahren nicht mehr gesehen. Ist bestimmt noch der gleiche Wichtigtuer.»

Ja, das war er. «Wissen Sie, ob Ihre Mutter Streit mit jemandem hatte? Ausser mit Ihnen, meine ich.»

Sie rieb sich mit dem Handrücken über die Stirn. «Wie gesagt, wir hatten lange keinen Kontakt mehr. Also kann ich Ihnen keine Antwort darauf geben. Na ja, Karl natürlich, mein Ex. Wenn sie etwas gemeinsam hatten, dann die gegenseitige Abneigung.»

«Karl und wie noch?»

«Koponski. KK, fast wie der Ku-Klux-Klan. Der lebt aber immer noch in Berlin.»

«Was tut er heute?»

«Saufen, herumhängen, was weiss ich. Ist mir total schnurz.»

«Könnte er etwas mit dem Tod Ihrer Mutter zu tun haben?»

Sie setzte den Helm wieder auf den Kopf und klickte die Riemenschnalle zu. «Das frage ich mich auch die ganze Zeit. Aber welchen Grund hätte er haben sollen? Seit wir uns getrennt haben, gibt es bei Eva nichts mehr zu holen. Zudem ist Karl ein fauler Sack. Ein Mord wäre ihm viel zu anstrengend.» Sie stand einen Augenblick da wie eine Statue. «Andererseits ist unsere Ehe noch nicht geschieden. Vielleicht hofft er auf einen Anteil aus der Erbschaft. Da hat er sich aber geschnitten.»

Koponski wäre nicht der erste Mann, der aus Geldgier zum Mörder wurde. Den würden sie unter die Lupe nehmen müssen. «Geben Sie mir mal seine Adresse.»

33

Lucy wollte schreien, doch sie brachte die Lippen nicht auseinander. Ihr Mund war zugeklebt. Unter sich spürte sie etwas Hartes. Sie öffnete ihre Augen – und sah nichts als Schwärze. Ihre linke Hand, die sie zum Kopf heben wollte, gehorchte ihr nicht. Sie fühlte sich wie erschlagen und wollte zurücksinken in den Schlaf. Doch etwas in ihrem Hirn zwang sie dazu, wach zu bleiben: Angst.

Lucy bewegte die Arme, das ging ein bisschen. Dabei stellte sie fest, dass die Hände vor ihrem Körper zusammengeschnürt waren. Dasselbe galt für ihre Knöchel. Sie wollte die Füsse von sich strecken, doch es gab keinen Platz dafür. Sie war eingeschlossen in einer Kiste. Ein Sarg! Horrorgeschichten schossen ihr durch den Kopf über Menschen, die lebendig begraben worden waren.

Lucy fühlte Übelkeit in sich aufsteigen, ihre Gedanken überschlugen sich. Wenn sie sich jetzt übergeben müsste, würde sie ersticken. Ihr Herz raste. Ihr Atem ging flach und viel zu schnell.

Ruhe! Beruhige dich!

Lucy schloss die Augen, atmete ein paar Mal tief durch die Nase ein. Ihr Gefängnis vibrierte, ihr Körper schaukelte hin und her. Und sie hörte ja etwas!

Es war das leise Brummen eines Motors, mit einem Mal roch sie den Gestank von Abgasen. Okay, sie lag nicht in einem Sarg – das war doch schon mal eine gute Nachricht –, sondern im Kofferraum eines Autos. Sie musste analytisch vorgehen, sich genau erinnern.

Offensichtlich hatte sie der Kerl auf dem Bundesrain betäubt und entführt. Sie rief sich sein Gesicht vor das innere Auge, viel davon erkannt hatte sie nicht. Ein älterer Mann mit Halstuch und Hut. Was wollte der? Geld erpressen? Da hätte er sich die Falsche ausgesucht. Ja, vielleicht war das alles ein Irrtum.

Nein, unmöglich. Er hatte sie ja mit Namen angesprochen. Könnte das der Mann aus der Zeitung sein, der Kerl, der auf Zoe geschossen hatte? Entführte er Lucy, damit er Zoe unter Druck setzen konnte? In dem Fall würde er Lucy nicht umbringen. Zumindest noch nicht gleich. Wenn er sich jedoch an Zoe rächen wollte …

Der Blinker klickte, die Fliehkraft liess Lucy das Blut zu Kopf steigen. Sie bogen irgendwo ab.

Sie durfte jetzt nicht in Panik geraten, musste die Gedanken ablenken. Hatte sie nicht kürzlich irgendeinen interessanten Artikel gelesen? Doch, über Hanoi, das Mekongdelta und die Ho-Chi-Minh-Stadt. Wo es immer noch Spuren des Vietnam-Krieges gab. Im Artikel waren die Tunnelratten erwähnt worden, die amerikanischen Soldaten, die in Tunnel unter dem Boden hatten kriechen müssen, um gegen den Vietcong zu kämpfen. Diese Tunnel waren eng und dunkel gewesen, manche von ihnen mit Sprengfallen … Lucys Puls schnellte in die Höhe, sie stemmte die Füsse gegen die Wände ihres Gefängnisses.

Hör auf damit!

Sie entspannte ihre Schultern, drückte sie gegen den Boden und versuchte, sich auf den Rücken zu drehen. Doch ihre Knie stiessen gegen den Deckel des Kofferraums. Lucy verstärkte den Druck auf die Knie, der Deckel gab keinen Zentimeter nach. Tastend streckte sie die Hände aus, suchte irgendetwas, das sie als Werkzeug oder Waffe verwenden konnte: einen Radschlüssel, einen Schraubenzieher, irgendetwas. Doch sie bekam nichts in die Finger.

Ihr Rücken schmerzte. Wie gerne würde sie sich jetzt richtig ausstrecken. Zu Hause auf ihrem Bett. Genau, das war doch ein gutes Thema. Sie sollte sich mal eine neue Matratze anschaffen. Zurzeit schlief Lucy auf Latex, was sie nicht berauschend fand. Früher hatte sie es mal mit Federkern probiert, was so lala gewesen war. Der Tiefpunkt ihrer Karriere als Schläferin war ein Wasserbett gewesen. Am Ziehen des Klebebands auf den Wangen merkte Lucy, dass sie grinste. Ein Wasserbett, was für eine Schnapsidee! Beinahe übel war ihr von dem ständigen Geschaukel geworden. Fast wie in diesem Kofferraum.

Das Auto bremste ab, der Blinker tickte erneut. Diesmal schoss das Blut in ihre Beine. Unter den Reifen knirschten Steine. Sie fuhren in einen Wald oder über ein Feld, weg von der Zivilisation.

Lucys ganzer Körper wurde durchgeschüttelt, ihr Kopf prallte mehrfach auf den Boden. Sie bewegten sich bloss im Schritttempo, das erkannte Lucy am Motorengeräusch. Ein einsamer Ort, weit weg von den Menschen, verhiess nichts Gutes.

Das Auto fuhr vielleicht zehn Minuten weiter, bevor es ausrollte, anhielt und der Motor verstummte. Der Wagen senkte sich leicht auf eine Seite, die Autotür schlug zu. Lucy hielt den Atem an und wartete darauf, dass ihr Entführer den Kofferraum öffnete, dass sie vom Licht geblendet würde. Ob sie ihn überrumpeln, ihm ihre Beine ins Gesicht stossen könnte? Aber der Kerl hatte Kraft, das hatte sie auf dem Bundesrain gemerkt. Ohne Waffe würde sie es mit dem nicht aufnehmen können.

Schritte knirschten auf Steinen, sie entfernten sich.

Lucy hörte keine Motoren, keine Stimmen. Doch, da war etwas. Irgendwo zwitscherten Vögel, Wind rauschte in Bäumen. Sie mussten sich in einem Wald befinden.

Sie sollte das positiv bewerten: Sie hörte keine Schaufel, die in die Erde stiess. Ob der Kerl sie hier zurückliess? Vielleicht stand das Auto auch am Ufer eines Sees oder eines Flusses. Und gleich würde er zurückkommen, die Handbremse lösen und den Wagen ins Wasser rollen lassen. Der Kofferraum würde sich langsam füllen und …

Dreh jetzt nicht durch, Lucy.

Der Entführer hätte sie längst töten können. Sie war noch am Leben, zumindest im Augenblick. In den vergangenen 72 Jahren hatte sie in vielen schwierigen Situationen gesteckt. Noch immer hatte sie einen Ausweg gefunden.

Lucy hörte, wie sich Schritte näherten. Dann klimperte ein Schlüssel, er wurde ins Schloss des Kofferraums gesteckt und umgedreht.

Der Deckel ging auf.

34

Mit einem Glas Mineralwasser vor sich sass Vanzetti am frühen Sonntagnachmittag im Café Gfeller am Bärenplatz.

Ihm gegenüber drehte Verena Christen den Teller so, dass die Spitze des Apfelkuchens in ihre Richtung zeigte. Die ehemalige Assistentin von Eva Bärtschi brach ein Stück mit der Gabel ab, spiesste es auf, steckte es in den Mund und schloss kurz die Augen.

«Darauf habe ich mich die ganze Woche gefreut», sagte sie, nachdem sie den Bissen genossen hatte. «Sind Sie sicher, dass Sie nichts essen wollen? Hier gibt es den besten Kuchen der Stadt.»

«Nein, danke.» Damen mit weissen Haaren und Herren gesetzten Alters füllten den verglasten Raum unter dem Vordach fast bis auf den letzten Platz. «Am Telefon klangen Sie ziemlich geheimnisvoll. Weshalb wollten Sie mich dringend sprechen?»

Christen nahm einen Schluck Kaffee. Wie beim letzten Treffen trug sie unscheinbare Kleider: hellbrauner Rock, hellbraune Jacke, schwarze Schuhe. Ihre kristallblaue Bluse wirkte richtig keck unter all den gedeckten Farben. «Fabian Bärtschi hat mich besucht und mir viele Fragen gestellt. Es fühlte sich fast an wie ein Verhör.»

«Wann war das?»

«Am Freitagnachmittag.»

An dem Tag also, an dem er Bärtschi in der Firma besucht hatte. Und an dem der Herr Firmenchef so wahnsinnig beschäftigt gewesen war. «Was wollte er wissen?»

«Er interessierte sich sehr für Evas Arbeit im Parlament. Wie oft sie dort gewesen sei, wo sich ihr Arbeitsplatz im Bundeshaus befinde, wie gut sie mit den Kollegen ausgekommen sei. Und wo sie ihre Unterlagen aufbewahrte. Er war so …» Ihr Blick wanderte vom Holztisch über die Glasscheibe bis auf den Bärenplatz hinaus.

«Frau Christen? Ist alles in Ordnung?»

«Ich weiss nicht recht, wie ich es ausdrücken soll. Ich kenne Fabian doch schon, seit er ein kleiner Junge war.» Sie nestelte an ihrer Armbanduhr herum. «Aber ich fürchte mich ein wenig vor ihm. Er ist immer so aufbrausend.»

«Das verstehe ich gut. War er schon früher so?»

«Oh, ja. Bereits in der Primarschule gab es oft Ärger, weil er sich mit Klassenkameraden prügelte. Auch später habe ich manchmal miterlebt, wie er Leute angeschrien oder Dinge zertrümmert hat.»

«Hat er das auch in Ihrer Wohnung getan? Hat er Sie angegriffen?»

«Nein, nein, mir gegenüber hat er sich immer anständig verhalten.» Sie versuchte es mit einem

Lächeln, was völlig misslang. «Aber ein Teil von Evas Unterlagen befindet sich in meinem Arbeitszimmer. Fabian hat sich am Freitagnachmittag dort eingeschlossen. Dann hat er alles durchsucht. Ich habe gehört, wie er die Schranktüre und Schubladen geöffnet hat.»

«Haben Sie ihm das erlaubt?»

Frau Christen sah aus, als würde sie gleich in Tränen ausbrechen. «Ich wusste nicht, wie ich das hätte verhindern können. Schliesslich ist er ja Evas Sohn.»

Kurz legte Vanzetti seine Hand auf ihre. «Das ist schon in Ordnung, Frau Christen. Wissen Sie denn, was er gesucht hat?»

«Das hat er mir nicht gesagt.»

«Hat er etwas mitgenommen?»

Mit der Gabel schob sie den Apfelkuchen über den Teller. «Mehrere Aktenordner mit Korrespondenz. Briefe von Bürgern, Ausdrucke von Mails, ein altes Adressbuch. Aber da ist nichts Wichtiges dabei. Das haben Ihre Kollegen schon am Donnerstag abtransportiert, vor allem den Ordner mit den Hassbriefen.»

Trotzdem würde Vanzetti dem Herrn Bärtschi gehörig auf die Finger klopfen. Er freute sich schon darauf. «Danke, dass Sie mich informiert haben.» Er nahm einen Schluck Mineralwasser und legte einen Fünfliber auf den Tisch. «Ich muss dann mal wieder …»

Sie hielt den Blick auf den Teller gesenkt.

«Oder haben Sie sonst noch etwas auf dem Herzen?»

Sie schien erst noch ein kurzes inneres Streitgespräch zu führen. «Fabian hat mich gebeten … mich angewiesen, dass ich ihn anrufen soll, wenn ich etwas Ungewöhnliches in Evas Unterlagen finde.»

«Und?»

«Es gibt da was.» Christen sah hoch, beugte sich etwas vor und senkte die Stimme. «Diesen Schlüssel, den mir Eva schon vor einiger Zeit anvertraut hat. Für ein Bankschliessfach. Und eine Vollmacht dazu.»

Perbacco! Vanzettis Körper versteifte sich. «Weshalb haben Sie uns denn am Donnerstag nichts davon erzählt? Der könnte wichtig sein.»

Sie legte die Gabel weg und knetete ihre Hände. «Bitte entschuldigen Sie. Aber ich war Evas Assistentin, ein wenig auch ihre Freundin. Ich habe mir Sorgen gemacht, weil dort vielleicht vertrauliche Dinge lagern. Deswegen wollte ich zuerst mit Doktor Winzenried reden, Evas Anwalt. Aber …»

«… das geht nun leider nicht mehr.» Wertvolle Zeit hatten sie verloren.

«Es ist furchtbar. Heute habe ich dieses Foto in der Zeitung gesehen. Denken Sie, dass dieser Mann Eva und den netten Herrn Doktor umgebracht hat?»

«Darauf kann ich Ihnen keine Antwort geben. Noch nicht. Wir ermitteln mit Volldampf.» Vanzetti ermutigte sie mit einem kleinen Lächeln. «Geben Sie mir nun diesen Schlüssel für das Schliessfach?» Vanzetti streckte ihr die offene Handfläche hin.

«Den können Sie gerne haben.» Sie hob ihre braune Handtasche auf die Knie und griff hinein. «Aber es ist jetzt leer. Ich war gestern in der Bank.»

Vanzetti kniff die Lippen zusammen, er hasste Hobbydetektive.

Christen legte einen orangefarbenen Umschlag im A4-Format auf den Tisch und sah ihn an, als erwarte sie Vergebung. «Nur das lag drin.»

«Das war alles? Sonst nichts?»

«Ja, nur dieses Couvert.»

Die Lasche war nicht zugeklebt, Vanzetti leerte den Inhalt auf die schwarz lackierte Tischplatte: zwei Fotos, ein antiquarisches Buch, eine dünne Mappe und ein Schlüssel. Er drehte den Band um: *Mein Leben* von Leo Trotzki, offenbar eine Autobiografie. Der hatte doch etwas mit der russischen Revolution zu tun gehabt. Ob Bärtschi ihn verehrt hatte? Sie war ja mal Kommunistin gewesen. Aber weshalb sollte sie das alte Buch in einem Schliessfach aufbewahren?

Er legte es zur Seite und griff nach dem ersten Foto. Es zeigte eine junge Eva Bärtschi in einem dieser aufblasbaren Planschbecken mit zwei lachenden kleinen Kindern, vermutlich Fabian und Rahel. Optimismus und Vertrauen strahlten aus ihren Augen.

Das zweite Foto war schwarz-weiss und etwas unscharf. Vier Menschen standen in der ersten Reihe einer Menschenmenge, sie hatten die Arme untergehakt: In der Mitte Eva Bärtschi und Lucy Eicher, links und rechts von ihnen zwei Männer. Alle vier waren 20, 25 Jahre alt, lachend, energiegeladen. Die Menschen hinter und neben ihnen trugen Fahnen und Plakate: *Wir fordern die 40-Stunden-Woche und Freiheit für die politischen Gefangenen Chiles!*

Vanzetti legte das Foto vor Verena Christen hin. «Kennen Sie die beiden Männer?»

Sie hielt den Finger auf den Mann rechts neben Lucy. «Das hier ist Felix Eicher. Und der andere heisst Silvan Schneeberger.»

Vanzetti klaubte das Bild nochmals vom Tisch. Was für ein attraktives Paar Felix und Lucy gewesen waren. «Wer ist dieser Schneeberger?»

«Ein alter Freund von Eva. Ich habe ihn damals nur flüchtig gekannt. Soweit ich weiss, haben sie sich später verkracht und jeden Kontakt abgebrochen.»

«Wissen Sie, weshalb?»

Wie eine Eule steckte Christen den Kopf zwischen die Schultern. «Nein, leider nicht.»

Also noch jemand, der sich von Eva Bärtschi abgewandt hatte. Es könnte sich lohnen, mit ihm zu sprechen. Falls er noch lebte. Vanzetti drehte das Foto um, auf der Rückseite stand in einer gekritzelten Schrift: *1. Mai 1976.* Er schaute sich Felix nochmals an. Wieso bloss hatte sich dieser fröhliche junge Mann ein halbes Jahr später das Leben genommen?

Vanzetti klappte das weisse Mäppchen auf. Darin befand sich eine Urkunde, auf der stand, dass ein Stern auf den Namen MC-152 getauft worden sei. Darunter befanden sich die Koordinaten. Zudem lagen in der Mappe ein paar Seiten mit Informationen über Sternbilder und Himmelsmechanik sowie eine Sternenkarte. «Haben Sie das schon mal gesehen?»

Christen schüttelte den Kopf. «Nein. Aber wie Sie wissen, war Eva sehr interessiert an Astronomie. Vielleicht war es ein Geschenk.»

Auf der Himmelskarte war ein Stern eingekreist. Vanzetti hatte schon gehört von dieser Bauernfängerei. Unglaublich, dass Leute für so etwas Geld ausgaben. «Haben Sie eine Ahnung, weshalb Frau Bärtschi das alles aufbewahrt hat?»

Sie schüttelte den Kopf. «Tut mir leid.»

Er griff nach dem Schlüssel aus glänzendem Messing, darauf prangten die Worte ABUS. «Und der hier?»

«Darüber habe ich mir schon den Kopf zerbrochen. Aber ich habe keinen Schimmer, wohin der passen könnte.»

Dafür kamen unzählige Schlösser infrage. «Ist schon in Ordnung. Auf jeden Fall danke ich Ihnen dafür, Frau Christen.»

Sie nickte mit ernster Miene. «Darf ich Sie noch um etwas bitten?» Ein Zittern schwang in ihrer Stimme mit. «Sagen Sie Fabian Bärtschi nichts davon. Das würde ihn sehr wütend machen.»

Zwar würde Vanzetti den arroganten Bärtschi gerne noch mehr ärgern. Doch Frau Christen tat ihm leid. Er schob die Gegenstände zurück in den Umschlag und stand auf. «Versprochen.»

35

Zoe lag auf dem Bett ihrer Grossmutter und starrte gegen die Zimmerdecke. Sie hob das Handy vors Gesicht: 16.48 Uhr. Und noch immer hatte sie nichts von Grosi gehört. Sie fühlte sich völlig ausgelaugt vor Sorge.

Das Handy klingelte endlich, eine Nummer der Lokalredaktion leuchtete auf. «Ja?»

«Na, heute schon jemanden erschossen?», fragte Starjournalist Walker am anderen Ende.

«Das ist nicht witzig, Andy. Was willst du?»

«He, weshalb so gereizt? Darf ich nicht mal nachfragen, wie es meiner Kollegin geht?»

Walker würde nie ohne Hintergedanken anrufen. «Was willst du?»

«Du weisst hoffentlich, dass wir uns schon den ganzen Tag wegen dir den Arsch aufreissen. Für die Story, die du unbedingt haben wolltest. Und jetzt machst du blau.»

«Ich habe letzte Nacht im Spital verbracht. Und jetzt …» Nein, sie musste sich nicht rechtfertigen vor Walker. Und ganz bestimmt würde Zoe ihm nicht erzählen, dass sie sich nicht wegen der Schiesserei krankgemeldet hatte. Sondern wegen Grosi. «Was willst du?»

«Einen Aufmacher für morgen. Leider durfte ich mich bisher ja nicht mit deiner Story befassen. Deswegen fehlen mir die Hintergründe und Kontakte. Nyffeler will, dass du mich auf den neusten Stand bringst. Was hast du in der Pipeline?»

Ach so, der Herr Kollege wollte wieder mal eine Idee schnorren. Zu gerne hätte Zoe einfach aufgelegt. Aber sie musste sich wie ein Profi benehmen. «Ich würde mit der Schiesserei gestern Abend aufmachen. Helen von der Lokalredaktion habe ich schon alles erzählt darüber.»

«Ja, ja, ich weiss. Aber das ist nichts Neues. Radio und Fernsehen schlachten das schon den ganzen Tag aus.»

Zoe setzte sich auf Grosis Bett auf. «Die kennen aber nicht alle Details. Und die neusten Entwicklungen ebenfalls nicht. Hast du Vanzetti bei der Polizei angerufen?»

«Der hat bloss nach dir gefragt.»

Schön. Sie erhob sich und trat mit blossen Füssen ans Fenster. Auf der Aarstrasse rannten zwei Jogger am Marzilibad vorbei. «Manchmal ist Vanzetti etwas schwierig. Aber das Foto von der Videokamera beim Tennisplatz könnten wir nochmals bringen. Ich bin sicher, dass der gleiche Mann gestern auf mich geschossen hat. Wie wäre es, wenn wir einen Zeugenaufruf in der Zeitung platzieren? Und in den sozialen Medien?»

Es blieb für ein paar Sekunden still in der Leitung. «Gar keine schlechte Idee. Wir könnten eine Belohnung aussetzen für relevante Hinweise. 1000 Franken oder so. Zudem könnten wir das ganze Video online stellen. Das würde einerseits die Leserbindung stärken. Andererseits kämen bestimmt Hinweise rein. Ich kümmere mich darum.» Es klickte in der Leitung.

Bitteschön, du Super-Schreiberling, gern geschehen.

Zoe steckte das Handy in ihre Jeans, ging in die Küche und holte ein Erdbeerjoghurt aus dem Kühlschrank. Sie öffnete die Besteckschublade, als das Handy in der Gesässtasche erneut klingelte. «Was ist denn noch, Andy?»

«Zoe Zwygart?», fragte eine raue Stimme.

«Wer ist dran?»

«Der Mann, der Ihre Grossmutter hat.»

Zoe stellte das Joghurt auf die Abtropffläche neben der Spüle und warf einen schnellen Blick auf das Display: *Nummer unterdrückt.* «Wer sind Sie?»

«Ein Freund. Denn wir wollen beide das Gleiche: dass Ihre Grossmutter am Leben bleibt.»

Drecksack! Zoe biss sich auf die Lippen. «Was wollen Sie?»

«Dass Sie meine Anweisungen befolgen. Punkt eins: Sie stellen keine Fragen. Sie tun einfach, was ich Ihnen sage. Verstanden?» Der Scheisskerl klang ganz entspannt. Er sprach Berndeutsch mit einem undefinierbaren Akzent.

«Ja.»

«Gut. Punkt zwei: Gehen Sie nicht zur Polizei. Falls Sie das trotzdem tun, wird Ihre Grossmutter dafür büssen.»

«Ich habe nicht vor, zur Polizei zu gehen.»

«Ausgezeichnet. Wenn Sie meine Anweisungen exakt befolgen, werden Sie Ihre Grossmutter gesund wiedersehen. Wenn nicht, wird sie sterben. Haben Sie das verstanden?»

Zoe nahm ein Messer von der Anrichte und umklammerte dessen Griff. «Ja.»

«Denken Sie immer daran, dass der Polizei das Leben Ihrer Grossmutter im Prinzip egal ist. Die legt mehr Wert darauf, mich zu schnappen. Im Moment bin ich Ihr bester Freund. Wenn Sie mich hintergehen, stirbt Ihre Grossmutter.»

«Das habe ich kapiert.»

«Schön. Falls Sie mich austricksen wollen: Ich führe diese Operation nicht alleine durch. Meine Leute werden jeden Ihrer Schritte überwachen. Wenn Sie das Leben Ihrer Grossmutter retten wollen, müssen wir einander vertrauen. Verstanden?»

«Ja.» Er benutzte das Wort Operation, der Typ musste einen militärischen Hintergrund haben.

«Als Erstes will ich, dass Sie in die Wohnung Ihrer Grossmutter gehen.»

«Dort bin ich bereits.» Beobachtete er sie wirklich?

«Ausgezeichnet. Sehen Sie die Post vom Samstag durch.»

«Grosis Post?» Sie ging ins Entrée und sah sich um.

«Korrekt.»

Weder auf der Fensterbank noch auf dem Tisch davor oder dem kleinen Regal an der Wand lagen irgendwelche Briefe. Ob Grosi überhaupt etwas bekommen hatte? Stopp! Zoe hatte die Post ja gestern selbst hochgebracht und hier auf die Anrichte gelegt.

Dort befand sich aber nichts mehr. «Einen Moment noch.»

«Ich habe Zeit.»

Zoe legte das Handy auf den Tisch und zog die Schubladen der Anrichte heraus – nichts.

Sie eilte in die Küche und suchte mit den Augen die Ablageflächen und Regale ab. Das wiederholte sie im Wohn- und im Schlafzimmer. Schliesslich kam Zoe zurück ins Entrée, wo sie sich auf die Bank kniete und das Regal darüber inspizierte. Zwischen dem Tee, den Darvidas, den Notizblöcken und der Schokolade lag aber keine Post. Zoe drehte sich dem Tisch zu und zog die Schublade darunter heraus.

Da!

Ein kleines Bündel Briefe lag zuoberst. Zoe checkte den Stempel. Es musste die Post von gestern sein. Sie griff nach dem Handy. «Ich habe sie.»

«Suchen Sie einen dicken Brief oder einen wattierten Umschlag.»

Zoe klemmte das Handy zwischen Schulter und Ohr, dann fächerte sie die Postkarte und die Briefe auf dem Tisch im Entrée aus. «Es gibt ein Luftpolster-Couvert. Meinen Sie das?»

«Wer ist der Absender?»

«Es steht keiner drauf.»

«Öffnen!»

Die Lasche war bereits aufgerissen. Zoe schüttelte den Inhalt auf den Tisch. «Es befinden sich ein kleineres Couvert und ein Computerstick drin.»

«Machen Sie das Couvert auf.»

Zoe riss es auf. «Es ist ein handgeschriebener Brief an Lucy, unterschrieben von Eva Bärtschi.» Wieso bekam Lucy Post von der Frau, die sie gehasst hatte?

«Lesen Sie ihn vor.»

«Wenn du diese Zeilen liest, bin ich nicht mehr am Leben, liebe Lucy. Deswegen ist dieser Brief die letzte Chance, die ich habe. Vieles haben wir uns damals an den Kopf geworfen, und bereut habe ich seither alles. Ich vermute, auch du denkst oft darüber nach. Nun sitze ich voller Bedauern und einsam in diesem kalten Zimmer. Und fühle mich wie verloren in einem dunklen Wald. So oft hoffte ich darauf, dass wir uns wieder versöhnen, und doch haben wir es nie geschafft. Ich wünsche mir, dass ich dir trotz allem nicht nur in schlechter Erinnerung bleibe. Aber so läuft das manchmal im Leben, ist man nicht vorsichtig.

Eva Bärtschi

P.S. Bitte, denk immer an meine letzten Worte.»

Zoe drehte das Papier um, die Rückseite war unbeschrieben weiss. «Das ist alles.»

«Das Weibergejammer können Sie behalten, ich will den Stick. Legen Sie ihn zurück in das Luftpolstercouvert und kleben Sie es zu. Dann stecken Sie das Couvert in eine Tasche oder einen Rucksack.»

«Okay.»

«Warten Sie am Montagmorgen um 7 Uhr vor dem Haupteingang der Heiliggeistkirche. Wir werden Kontakt mit Ihnen aufnehmen. Verstanden?»

«Ja.»

«Wenn Sie meine Anweisungen weiterhin befolgen, werden wir gut miteinander auskommen. Prima. Also, bis –»

«Moment.» Sie musste wissen, ob es Grosi gut ging. «Ich will mit meiner Grossmutter sprechen.»

«Das ist nicht möglich, sie befindet sich an einem sicheren Ort. Doch ich garantiere Ihnen, dass es ihr bestens geht.»

Zoe krallte die Fingernägel um die Tischkante. «Ich habe Ihnen zugehört und Ihre Anweisungen befolgt. Jetzt hören Sie mir zu: Wenn Sie meiner Grossmutter wehtun, werde ich Sie finden. Und ich werde Sie dafür büssen lassen. Das schwöre ich Ihnen.»

«Ihre Drohung ist unnötig, Frau Zwygart. Wir sind Partner, Sie und ich, wir verfolgen das gleiche Ziel. Morgen werden Sie Ihre Grossmutter gesund und munter wiedersehen. Seien Sie um 7 Uhr vor der Heiliggeistkirche. Und, Frau Zwygart …»

«Was?»

«… vergessen Sie den Stick nicht.» Die Verbindung war weg.

Mit zitternden Fingern legte Zoe das Handy auf den Tisch. Kraftlos liess sie sich auf die Sitzbank fallen. Grosi würde die Nacht in irgendeinem Loch verbringen müssen, und sie konnte nichts dagegen tun.

Zoe vergrub das Gesicht in ihren Händen und weinte.

36

Lucy sass auf einer ausgeleierten Matratze. Vor ihr lag der Inhalt einer Sporttasche, die der Entführer vor ihr ausgeleert hatte: eine Wolldecke, eine Flasche Wasser, ein Sandwich, ein «Kägi fret». Beleuchtet wurde der Notvorrat von einer kleinen Taschenlampe, für die Lucy unendlich dankbar war.

Sie befand sich in einem stillgelegten Bunker aus dem Zweiten Weltkrieg – so vermutete Lucy zumindest wegen der stählernen Tür. Er lag in steilem Gelände irgendwo in einem Wald, vielleicht im Emmental, vielleicht im Berner Oberland. Ein bisschen Waldboden und Baumstämme hatte sie kurz wahrnehmen können, als der Mann sie aus dem Auto gehievt und gefesselt in Trippelschritten in den Bunker bugsiert hatte. Über dem Gesicht hatte er eine Strumpfmaske getragen, gesprochen hatte er kein Wort. Danach hatte der Mann die Bunkertüre hinter sich zugezogen.

Vor Stunden war das gewesen, vermutlich war es inzwischen mitten in der Nacht. Welchen Tag hatten sie eigentlich? Montag? Ja, es musste Montag sein.

Mit den gefesselten Händen klaubte Lucy die Taschenlampe von der Matratze und leuchtete in die Runde. Ein Stück Betonboden um die Matratze hatte ihr Entführer notdürftig gesäubert. Die Taschenlampe warf von ihrer Ecke aus einen schwachen Lichtkegel auf den Rest des Raumes, der vielleicht drei auf fünf Meter mass. Er war gefüllt mit Müll: vergilbte Zeitungen, verrusste Holzscheite, Plastiksäcke, ein Kondom. Schnell schwenkte Lucy die Lampe weiter. Die grauen Betonwände waren mit Moos und Spinnweben überzogen, von der Decke tropfte es auf ihre Haare. Lucy fröstelte in der feucht-kalten Luft.

Sie legte das Wasser, das Sandwich und das «Kägi fret» ordentlich nebeneinander. Damit würde sie sparsam umgehen müssen. Ob der Kerl sie hier einfach verrotten liess? Vielleicht würde sie in diesem Loch sterben, und irgendwann würden Jugendliche auf einer Erkundungstour auf ihre Knochen stossen. Sie schlang ihre Arme eng um den Körper.

Reiss dich zusammen, Lucy!

Sie steckte den Griff der Taschenlampe in den Mund, er schmeckte nach Plastik und Dreck. Im Licht begutachtete sie ihre wundgescheuerten Handgelenke. Sie waren zusammengeschnürt mit Kabelbindern, an denen Lucy in den vergangenen Stunden abwechslungsweise gezogen und geknabbert hatte. Mehr als ein paar Kratzer im Plastik hatte das nicht gebracht. Zwischen ihren Unterarmen hing eine Stahlkette, die um ein Rohr an der Wand führte und mit einem Vorhängeschloss gesichert war. Die Kette liess ihr einen guten Meter Spielraum – gerade so viel, dass sie sich hinlegen oder in den Eimer pinkeln konnte, den der Entführer mit einer Rolle Toilettenpapier neben die Matratze gestellt hatte.

Früher oder später würde sie den wohl benutzen müssen.

Der Lichtkegel erfasste etwas Buntes im Müll. Lucy nahm die Taschenlampe wieder in die Hand und schaute genauer hin. Ein Comic? Tatsächlich, ein «Fix und Foxi». Leider lag es ein Stück ausser ihrer Reichweite. Für einen Moment war Lucy wieder zwölf Jahre alt und spürte das angenehm erregte Gefühl von damals, wenn sie so ein Heft in den Händen hielt. Denn etwas Banales wie Comics waren in ihrem kultivierten elterlichen Haushalt natürlich verpönt gewesen. Darum hatte Lucy die Hefte jeweils in Büchern versteckt – sie hatten wunderbar in die gebundenen Ausgaben von «Narziss und Goldmund» und «Wilhelm Meisters Lehrjahre» gepasst. Wenn Vater wie immer ohne anzuklopfen in ihr Zimmer gestampft war, hatte er jeweils zufrieden genickt, wenn er sie Klassiker lesend am Tisch fand.

Es raschelte in einer Ecke, Lucy schwenkte die Taschenlampe hin. Etwas Graues verschwand zwischen PET-Flaschen und einem schmutzigen Stück Stoff. Eine Maus? Okay, damit könnte sie leben. Aber nicht mit Ratten. Die hasste Lucy. Sie leuchtete über den Müllhaufen, in die Ecken, zur Bunkertür. Sie hielt den Atem an und lauschte. Vielleicht hatte sie sich getäuscht.

Lucy steckte die Taschenlampe wieder in den Mund und studierte die gefesselten Hände. Sie musste sich befreien, irgendwie. Sie konnte die Handgelenke unter dem Kabelbinder leicht hin und her bewegen, schmal genug waren sie ja. Vielleicht liessen sie sich herausziehen, wenn sie ein Schmiermittel hätte.

Lucy untersuchte den Müll, entdeckte aber nichts Brauchbares. Ein Becher Pflanzenfett wäre praktisch … Moment mal, das Sandwich. Sie nahm es mit beiden Händen von der Matratze und fummelte an der Plastikfolie herum. Es dauerte eine Ewigkeit, bis sie es ausgewickelt hatte. Das Sandwich bestand aus weissem Brot, Schinken und – ja! – Butter.

Sorgsam deponierte Lucy das obere Brotstück und den Schinken auf der Plastikfolie, dann kratzte sie mit einem Fingernagel Fett von der unteren Scheibe. Sie verteilte die Butter auf mehrere Fingerkuppen und verrenkte beinahe mehrere Gelenke, damit sie Haut unter dem Kabelbinder einschmieren konnte. Danach drehte und rieb Lucy ihre Handgelenke, um sie aus der Schlinge zu bekommen. Es tat weh, sie biss fest in den Griff der Taschenlampe. Lucy zog, bis Blutstropfen auf die Matratze fielen.

«Verflixt nochmal.»

Frustriert sank Lucy auf die Matratze. So ging das nicht.

Sie drehte den Kopf, noch immer hatte sie die Lampe im Mund, das Licht streifte den Comic. Zu schade, dass er so weit entfernt lag. Gab es den heute noch? Ihrer Enkelin Zoe hatte Lucy jede Menge Comics gekauft: «Micky Maus», «Fix und Foxi», «Lucky Luke», «Tim und Struppi». In ihrem Haushalt hatte es keine Verbote gegeben. Wobei, so ganz entsprach das ja nicht der Wahrheit. Als die Kleine mit 17 oder 18 diese idiotischen Waffenmagazine angeschleppt hatte, musste Lucy ein Machtwort sprechen. So etwas kam ihr nicht in die Wohnung. Sie hatte nie begriffen, woher Zoe diesen Fimmel für Waffen und Kampfsportarten hatte.

Lucy nahm die Taschenlampe aus dem Mund und drehte ihren Körper der Wand zu, damit die Kette weniger am Kabelbinder zog.

Wie es der Kleinen wohl gerade ging? Hoffentlich bewahrte sie einen kühlen Kopf, wenn der Entführer Kontakt mit ihr aufnahm. Sofern er das überhaupt tat. Oder wollte er sich bloss rächen für den Artikel und das Foto? Falls Zoe den Kerl in die Finger kriegte, würde der das aber so was von bereuen.

Bei dem Gedanken musste Lucy schmunzeln. Ihre Kleine mit dem harten Schädel, die sich von niemandem herumkommandieren liess. Es schien erst wenige Jahre her zu sein, da hatte Zoe noch mit der Kinderpost gespielt, mit den Couverts, den kleinen Briefmarken und dem Spielgeld. Dafür hatte sie sich als Briefträgerin verkleidet. Mit sieben hatte sie ihren ersten Brief geschrieben, zugeklebt und in einen Briefkasten gesteckt. Zuvor hatte Lucy einen Blick darauf werfen können.

Liebs Kristkind, dies Jaar wünsch ich mir ein Poni. Vergis das nid. Sonst werde ich echt bös.

Das Licht der Taschenlampe flackerte. Lucy erschrak. Ohne Licht wollte sie auf keinen Fall in diesem Loch hocken. Sie musste Batterie sparen, vielleicht würde sie noch Tage hier ausharren müssen.

Lucy nestelte an der Lampe herum, bis sie den Ausschaltknopf fand. Urplötzlich befand sie sich in tiefster Nacht. Sie schloss und öffnete die Augenlider, doch das machte keinen Unterschied. Die Dunkelheit lastete auf ihr wie eine nasse Wolldecke.

Lucy fühlte sich erschöpft. Vielleicht würde sie sogar auf dieser schrecklichen Matratze etwas schlafen und Kräfte sammeln können. Danach würde sie einen neuen Befreiungsversuch starten.

Sie schloss die Augen, ihr Atem verlangsamte sich. Irgendwo im Raum raschelte es laut.

Lucy versuchte, nicht hinzuhören.

37

Angespannt wie eine Läuferin im Startblock wartete Zoe um 7.10 Uhr vor dem Hauptportal der Heiliggeistkirche. Unter dem gläsernen Baldachin, der weite Teile des Bahnhofplatzes überspannte, strömten Menschen aus der Unterführung: Bundesangestellte und Geschäftsleute auf dem Weg zur Arbeit, viele von ihnen verschlangen ihr Frühstück im Gehen.

Verflucht, wo blieb dieser Kerl? Er beobachtete sie doch längst.

Ein alter Mann mit einem Dalmatiner an der Leine blieb fünf Meter vor Zoe stehen und taxierte sie mit einem Blick. Das war von der Grösse her nicht der Kerl, der auf sie geschossen hatte. Aber vielleicht ein Komplize.

«Sind Sie die Enkelin von Lucy Eicher?», rief er. Trotz Kälte und Nieselregen trug der Alte bloss ein T-Shirt.

Zoe wollte sich am liebsten auf ihn stürzen, ihn durchschütteln. Sie schritt auf den Alten zu und blieb knapp vor ihm stehen. «Ja. Wo ist sie?»

Der Alte runzelte die Stirn. «Woher sollte ich das wissen? Sagen Sie ihr einen lieben Gruss von Marius. Ich würde sie gerne mal wieder im Marzili sehen.»

Der Dalmatiner beschnüffelte Zoes Hand. «Ach, Sie gehören zu den Aareschwimmern.»

«Sommer und Winter. Es gibt nichts Besseres für die Gesundheit.»

Grosi war auch eine Weile mitgeschwommen. Dann hatte dieser Häfliger angefangen, ihr den Hof zu machen. Als er etwas zu aufdringlich geworden war mit Nelkensträussen und Pralinen, hatte Grosi die Lust am Schwimmen verloren. «Ist gut, Herr Häfliger, ich werde …»

Aber er nickte bloss, drehte ihr den Rücken zu und spazierte mit seinem Hund die Spitalgasse hoch.

7.15 Uhr. Zoe packte den blauen Riemen der Umhängetasche über ihrer Schulter mit beiden Händen und drehte sich um die eigene Achse. Wenn sie diesen Kerl jemals in die Finger bekäme, würde der die Entführung bereuen. Und wie! Was hatte es bloss auf sich mit diesem verfluchten Stick? Ob er tatsächlich den Schlüssel zum Cincera-Archiv enthielt? Natürlich hatte Zoe genau das gestern Abend herausfinden wollen. Sie hatte den Stick in ihren Laptop gesteckt, war dann aber gleich gegen eine Wand gestossen. Der Zugang war mit einem Passwort geschützt. Aus Sorge um Grosi hatte Zoe keinen Versuch gewagt, das Passwort mit Software zu umgehen.

Ihr Handy klingelte in der Jackentasche. «Zwygart.»

«Zehn Meter rechts von Ihnen befindet sich ein Billettautomat, daneben steht ein Abfalleimer. Darin liegt eine aktuelle Ausgabe der Berner Nachrichten. Holen Sie die Zeitung heraus.»

Zoe drehte sich nach rechts, ein Stück entfernt schob eine Rolltreppe Menschen aus der Unterführung. «Und was soll ich …? Hallo?» Doch die Verbindung war bereits tot.

Zoe ging zur Rolltreppe, entdeckte den Automaten und den silbernen Abfalleimer daneben. Sie beugte sich hinab und sah darin Becher, Zigarettenstummel und einen Zipfel weissen Papiers. Mit spitzen Fingern langte sie hinein und fischte die Zeitung heraus. Sie war wie zu einem Paket gefaltet, die feuchten Seiten rochen nach Kaffee.

Eine aufgetakelte Dame im Kostüm schüttelte angewidert den Kopf im Vorbeigehen.

Zoe wickelte das Papier auf, in der Mitte fand sie ein Mobiltelefon, eines dieser billigen Dinger aus dem Coop oder der Migros. Kaum hielt sie es richtig in den Händen, vibrierte es. Zoe hielt sich das feuchte Handy ans Ohr.

«Sie nehmen das nächste Tram bis zum Bärenplatz, dann gehen Sie zum Meret-Oppenheim-Brunnen. Bevor Sie das tun, wickeln Sie Ihr eigenes Handy in die Zeitung. Die stopfen Sie dann wieder in den Abfallkübel. Benutzen Sie Ihr eigenes Handy ab jetzt nicht mehr, sonst stirbt Ihre Grossmutter.»

«Moment mal …» Der Scheisskerl hatte bereits aufgelegt.

Himmel und Hölle. Ohne eigenes Handy würde sie sich dem Kerl praktisch ausliefern. Zoe sah sich um. Ob er sie beobachtete und alles sah? Vielleicht. Sie durfte kein Risiko eingehen. Zoe verpackte ihr Mobiltelefon in der Zeitung und legte diese behutsam ganz unten in den Eimer. Damit es kein Zufallsdieb fand. Dann ging sie hinüber zur Haltestelle und wartete auf das Tram.

Ganz schön gerissen, der Drecksack.

38

«Achtung. Sie hat kein Handy mehr.» Vanzetti sprach leise in sein Funkgerät.

«Wiederholen», quäkte Saxers Stimme aus dem Lautsprecher.

«Sie hat ihr Handy in den Abfalleimer neben der Rolltreppe gestopft. Jetzt wartet sie an der Tramhaltestelle, Fahrtrichtung Bärenplatz.» Durch die verdunkelten Heckscheiben des Lieferwagens, den er in der Spitalgasse vor dem Loeb parkiert hatte, beobachtete Vanzetti mit einem Feldstecher, wie Zoe auf dem Perron herumtigerte.

«Mist. Okay, ich übernehme.»

Nur wenige Sekunden später tauchte Saxer auf der Treppe aus der Bahnhofunterführung auf und schritt zum Perron hinüber. Er trug einen schwarzen Mantel über dem grauen Anzug, einen Hut und einen Aktenkoffer in der Hand. Saxer wartete in gebührendem Abstand zu Zoe.

«Porca merda.» Kaum hatte die Beschattung begonnen, war ihr Plan bereits im Eimer. Die Handyortung war ihre Verbindung zu Zoe gewesen, ihre Nabelschnur sozusagen. Nachdem sie Vanzetti am Sonntagabend angerufen und über die Entführung informiert hatte, war ihm nur sehr wenig Zeit für die

Organisation geblieben: die Überwachung von Zoes Handy, der Lieferwagen, die Funkgeräte. Er hatte Zoe auch dazu bringen wollen, einen GPS-Sender und eine schusssichere Weste zu tragen. Doch darüber hatte dieser Dickkopf nicht mit sich reden lassen. Und Zoe hatte darauf bestanden, dass Vanzetti die Entführung von Lucy für sich behielt. Denn sonst, so hatte sie zu Recht befürchtet, hätte dies einen ganzen Apparat in Bewegung gesetzt – inklusive Tigris-Einsatztruppe der Bundeskriminalpolizei. Einem Beschatter aufseiten der Entführer hätte das leicht auffallen können.

Vom Hirschengraben her näherte sich ein Tram.

Vanzetti hatte lange mit sich gerungen, ob er die Bedingungen akzeptieren sollte. Doch Zoe hatte damit gedroht, dass sie einfach auflegen und das Ganze alleine durchziehen würde. Also hatte er zugestimmt – unter einer Bedingung: Saxer musste mit dabei sein. Denn nur so liess sich eine minimale Beschattung organisieren. Trotzdem hatte Vanzetti ein mulmiges Gefühl. Er machte sich Sorgen um Lucy. Ausserdem könnte er seinen Job verlieren, wenn die Aktion schief ging.

Vanzetti setzte sich ans Steuer des Lieferwagens und startete den Motor. Ob der Entführer sie bemerkt hatte? Das zweite Handy war wahrscheinlich eine der üblichen Vorsichtsmassnahmen. Der Kerl war auf der Hut, das musste man ihm lassen.

Im Aussenspiegel beobachtete Vanzetti, wie der 9er an der Haltestelle bremste und Zoe einstieg. Er wartete, bis das Tram an ihm vorbeigefahren war und vorne bei der Haltestelle Bärenplatz anhielt. Er liess den Lieferwagen langsam anrollen und trat sogleich wieder auf die Bremse. Zoe stieg an der nächsten Station schon wieder aus dem Tram. Was zum Teufel hatte der Entführer mit ihr vor?

39

Zoe marschierte nach der kurzen Tramfahrt über den Waisenhausplatz und biss sich auf die Unterlippe. Ob sie richtig entschieden hatte, wenn sie darauf vertraute, dass Vanzetti und Saxer keinen Mist bauten? Zuerst hatte Zoe darüber gebrütet, ob sie das hier nicht doch alleine durchziehen sollte – und sich schliesslich anders entschieden. Vanzetti und Saxer waren schliesslich Profis. Und sie hielten Abstand, sie hatte noch keinen der beiden entdecken können.

Wollte der Scheisskerl sie veräppeln? Vor dem Meret-Oppenheim-Brunnen blieb sie stehen, Kalk und Moos bedeckten den Turm, von oben rieselte Wasser herab. Ziemlich dreist vom Entführer, sie direkt vor die Zentrale der Kantonspolizei zu schicken.

Zoe sah sich um. Eine junge Frau mit zerrissenen Jeans schob einen altmodischen Kinderwagen über den Platz, ein knochiger Mittfünfziger im Tweed-Jackett mit wildlederverstärkten Ellbogen strebte auf die Nägeligasse zu. Wie Entführer sahen die nicht aus. Aber was wollte das schon heissen? Zoe wartete auf die nächste Anweisung und fühlte sich sehr exponiert auf diesem grossen Platz. Für einen Schützen wäre sie ein leichtes Ziel. Nein, der Typ würde sie vorerst nicht umbringen, er wollte ja etwas von ihr. Sie öffnete den Reissverschluss ihrer Umhängetasche, befühlte den Umschlag mit dem Stick darin. Er war noch da.

Das Billig-Handy vibrierte, der Entführer liess sie gar nicht zu Wort kommen: «Ich habe Sie gewarnt. Ich habe Ihnen gesagt, dass Sie die Polizei nicht einschalten sollen. Sie haben sich nicht an meine Anweisung gehalten.»

Verflucht. Zoe fühlte die Hitze in ihrem Kopf aufsteigen. Vanzettis Mahnung schoss in ihre Gedanken.

Was immer der Entführer tut, bleib cool. Stell dir vor, unter welchem Druck er steht. Er wird nervös und müde sein, vermutlich hat er kaum geschlafen letzte Nacht. Möglicherweise beschimpft oder bedroht er dich. Ignorier es. Bleib cool und höflich.

Zoe atmete zwei Mal durch. «Sie irren sich. Ich habe die Polizei nicht informiert. Ich bin alleine unterwegs.» Sie hielt ihre Stimme so ruhig wie möglich, ein leichtes Zittern konnte sie aber nicht unterdrücken.

Es blieb für ein paar Sekunden still in der Leitung. «Gehen Sie die Speichergasse hinunter in Richtung Bahnhof», erwiderte der Mann seltsam ruhig.

Dieser Mistkerl! Der hatte sie bloss auf die Probe stellen wollen. «Jetzt hör ma…» Zoe biss sich auf die Zunge. «Nehme ich einen Zug?»

Die Verbindung war schon wieder weg.

40

Das Funkgerät knackte leicht.

«Sie geht die Speichergasse runter», sagte Saxer.

«Bleib dran. Aber nicht zu nahe.» Vanzetti beschleunigte seinen Schritt, blieb aber lieber auf der Neuengasse, die sich parallel zur Speichergasse erstreckte. Er hatte sich mit Turnschuhen, Lederjacke und Baseballmütze getarnt, so salopp wie möglich. Trotzdem wollte er Zoe nicht zu nahe kommen, aus Angst, dass ihn der Entführer erkennen könnte.

«Wir sind an der Turnhalle vorbei», gab Saxer durch. «Vielleicht lotst er sie zum Bahnhof.»

«Wenn sie dort in ein Taxi steigt, nimmst du auch eines und folgst ihr.» Vanzetti würde es nicht rechtzeitig zurück zum Lieferwagen schaffen.

«Zwygart spricht in das neue Telefon. Mist, jetzt rennt sie los. Sie biegt in die Genfergasse ab.»

«Okay, nur die Ruhe. Ich übernehme.» Vanzetti stellte sich vor das Schaufenster beim Bodyshop in der Neuengasse. Nach ein paar Sekunden registrierte er aus dem Augenwinkel, wie Zoe um die Ecke und über die Treppe hinab in die Bahnhofunterführung sprintete. Vanzetti liess ihr einen kleinen Vorsprung, dann nahm er die Verfolgung auf.

Oben auf der Treppe sah er Zoe gerade noch in den Tunnel abbiegen, der zum unterirdischen Bahnhof der Regionalbahn Bern-Solothurn führte. «Sie nimmt einen Zug der RBS», übermittelte Vanzetti mit dem Funkgerät.

«Okay, ich komme zum Bahnhof.»

Mit grossen Schritten nahm Vanzetti die Treppe und bog in den Tunnel ab, wo er sogleich von einer Wand aus menschlichen Leibern gestoppt wurde. Accidenti! Seit die Swisscom und verschiedene Bundesämter in Berner Vororte gezogen waren, stiess der kleine RBS-Bahnhof an seine Grenzen – und darüber hinaus. Offenbar hatte das der Entführer mit einkalkuliert.

Wo war Zoe?

Vanzetti schob sich die rechte Wand entlang. «Entschuldigung.» Er drängelte sich durch die Menge, rempelte Pendler an. «Pardon.» Böse Blicke begleiteten ihn.

Als er endlich den Billettschalter erreichte, öffneten sich die Schiebetüren zu den Perrons. Die Passagiere strömten zu den Zügen, die bereit zur Abfahrt standen. Kein Tageslicht drang in den viel zu engen Kopfbahnhof, überall traten sich die Passagiere auf die Füsse. Vanzetti liess sich mitreissen, bis er die Glastüren passiert hatte. Dann stellte er sich hinter eine Säule der Tunneldecke, von wo aus er die Perrons beobachten konnte. Auf den vier Gleisen standen vier orangefarbene Kompositionen bereit zur Abfahrt. Und in einer davon sass Zoe.

«Welcher Zug?», fragte Saxer, der plötzlich neben Vanzetti auftauchte.

«Keine Ahnung. Ich habe sie aus den Augen verloren. Unsere Chancen stehen zusammen 50 zu 50. Wir nehmen die Züge, die zuerst losfahren.» Vanzetti kontrollierte die Abfahrtszeiten. «Du die S7, ich die S9.»

«Okay.» Saxer drängelte sich zwischen zwei Anzugträgern durch und verschwand in der Menge.

Vanzetti wandte sich nach links, fuhr seine Ellenbogen aus, quetschte sich durch Leiber, stolperte über die Krücken einer Frau mit Gipsbein und fiel beinahe hin. Als er den Zug erreichte, schlossen sich die automatischen Türen der S9 gerade. Er streckte seinen Unterarm aus und blockierte die beiden Schiebetüren, worauf sie sich erneut öffneten.

«Mann, ehrlich!», reklamierte ein junger Mann im vollgepackten Wagen.

Vanzetti fand kaum Platz zum Stehen. Die Türen schlossen sich, der Zug fuhr an.

Wo steckte Zoe?

41

Draussen vor dem Fenster glitten die Lichter des Tunnels vorbei. Zoe atmete tief durch die Nase ein, ihr Herz pochte vom Spurt und vom Gedränge. Sie hatte einen Sitzplatz am Gang bei drei Männern ergattern können – zwei junge mit Ohrstöpseln und ein älterer mit Bart und Buch. Wieso in aller Welt war dieser Zug so vollgestopft? Fuhren die Leute denn nicht mehr Auto?

Das Handy vibrierte, sie hatte es vorsichtshalber auf Brusthöhe gehalten.

«Sind Sie im Zug?»

Offenbar trieb dieser Hund gerne seine Spielchen. Gerade mal drei Minuten vor der Abfahrt hatte er sie zum RBS-Bahnhof beordert. «Ja.» Also war Zoe losgesprintet. Nun war sie auf sich alleine gestellt, bestimmt hatten es Vanzetti und Saxer nicht durch die Menschenmassen geschafft.

«Sind Sie im richtigen Waggon?»

Zoe unterdrückte einen Fluch. «Ja, im dritten von vorne.»

«Dann stellen Sie Ihre Tasche jetzt ganz unauffällig unter den Sitz.»

Zoe zog die Umhängetasche über den Kopf. Die beiden jungen Typen am Fenster dösten, der Mann ihr gegenüber schien in das Buch vertieft. Zoe stellte die Tasche auf den Boden, dann schob sie sie mit dem Fuss unter die Bank. «Okay.»

«Sie werden gleich zur Station Felsenau kommen, dort steigen Sie aus. Danach spazieren Sie hinunter zur Aare. Bleiben Sie eine halbe Stunde am Fluss. Rufen Sie niemanden an, sprechen Sie mit niemandem. Sollten Sie das trotzdem tun, werden wir es wissen.»

«Was ist mit meiner Grossmutter?»

«Wenn Sie sich an meine Anweisungen halten und mit dem Stick alles in Ordnung ist, dann lassen wir sie am Mittag frei.»

«So haben wir das nicht abgemacht», rief sie ins Telefon.

Der Mann ihr gegenüber hob den Kopf.

«Sie können beruhigt sein, ich halte meine Versprechen. Steigen Sie an der nächsten Station aus.» Die Verbindung war weg.

Zoe sah sich um im vollgepackten Waggon: Kinder, Teenager, Grossmütter, Anzugheinis, Leute mit Tattoos, Goldschmuck, Dreadlocks. Und irgendwo unter ihnen sass dieser Kerl. Wenn sie ausstiege, läge alle Macht in seiner Hand. Andererseits würde er sie bestimmt beobachten. Wenn sie hier bliebe, brächte sie Grosis Leben in Gefahr. Sie starrte die Gesichter der Reisenden an, niemand schaute sie direkt an.

Was sollte sie jetzt bloss tun?

42

«Entschuldigung. – Pardon. – Oh, danke.» Vanzetti steckte die Sonnenbrille in die Jackentasche, schnappte sich eine Zeitung aus einem Abfalleimer und klemmte sie unter den Arm. Er arbeitete sich weiter durch die stehenden Fahrgäste vor – ganz höflich, denn er wollte keine Aufmerksamkeit auf sich ziehen.

Der Zug kam aus dem Tunnel, Regentropfen hinterliessen Schlieren auf den Fenstern. Vanzetti schaute sich Gesichter und Körperhaltungen an, hielt nach Zoe Ausschau. Hatte er den falschen Zug erwischt?

Als er sich durch drei Waggons gekämpft hatte, nahm er das Funkgerät hoch und hielt es wie ein Handy ans Ohr. «Reto? Kannst du mich hören?»

Er bekam keine Antwort.

Vanzetti öffnete die Verbindungstür zum nächsten Waggon, mit einem grossen Schritt überwand er das Verbindungsstück. Dann schloss er die Zwischentüre hinter sich. Er lehnte sich dagegen, hielt die Zeitung vors Gesicht und scannte die Passagiere über deren Rand hinweg. Bestimmt hatte er bald die Spitze des Zuges erreicht.

Ob er an der nächsten Station aussteigen und auf den nächsten Zug warten sollte? Wohin fuhr die S9 überhaupt? Auf einem Liniennetz an der Wand fand er die Antwort: *Unterzollikofen*. Und Saxer war mit der S7 unterwegs nach Worb.

«Nächste Station Felsenau», tönte es aus den Lautsprechern.

Vanzetti stiess sich von der Wand ab – und in dem Moment entdeckte er Zoe, weil sie sich gerade von einem Sitz in der Mitte des Waggons erhob und dem vorderen der beiden Ausgänge zustrebte. Vanzetti blätterte um und hielt die Zeitung noch etwas höher vors Gesicht.

Doch Zoe guckte nicht mal in seine Richtung. Stattdessen drehte sie ihm den Rücken zu, während sie eine Haltestange packte. Irgendwas irritierte ihn an ihr.

Der Zug bremste ab und fuhr in die Station ein. Vanzetti machte sich bereit, Zoe zu folgen. Da bemerkte er es: Sie trug die Tasche nicht mehr über der Schulter. Zoe musste sie irgendwo deponiert haben, und zwar hier im Waggon.

Der Zug stoppte, die Türen glitten auf. Zoe und zwei Teenager stiegen aus.

In Bruchteilen von Sekunden entschied Vanzetti, ihr nicht zu folgen.

Die Türen schlossen sich. Der Zug beschleunigte.

Der Platz, an dem Zoe gesessen hatte, lag etwa zehn Meter entfernt. Vanzetti drängelte sich durch den Gang und daran vorbei. Zwei junge Typen, vom

Alter her Lehrlinge, schienen zu schlafen. Der dritte Mann tat so, als lese er in einem Buch. Hatte Zoe die Tasche einem von ihnen übergeben? Entdecken konnte er sie nirgends.

Am anderen Ende des Waggons vertiefte sich Vanzetti wieder in die Zeitung. 40 bis 50 Fahrgäste sassen oder standen in seinem Blickfeld. Männer und Frauen waren auf dem Weg zur Arbeit, Jugendliche fuhren zur Schule oder zur Lehrstelle. Ein junger Kerl mit einer Jacke des Schlittschuh-Clubs Bern trug eine Sonnenbrille, obwohl es draussen regnete. Eine Frau hielt eine volle Coop-Tasche auf den Knien, doch die Geschäfte waren um diese Zeit noch geschlossen. Und diese ungeputzten Schuhe dort passten so gar nicht zum eleganten Herrn im Anzug.

Vanzetti senkte den Blick. Wenn der Entführer ihn entdeckte, könnte er mitten in der Menschenmenge ausflippen.

«Nächste Station Tiefenau.»

Während der Zug abbremste, belauschte Vanzetti Gespräche über das miese Wetter, die anstehenden Sommerferien, den stressigen Chef. Drei Lehrlinge schwärmten von Arvid Berndtsson, diesem genialen Stürmer der Young Boys. Niemand stieg aus, der Zug fuhr wieder an.

«Nächste Station Worblaufen.»

Sie überquerten die Tiefenaubrücke. Weit unter ihnen floss träge die Aare, auf dem Hang darüber standen Hochhäuser. Dann bremste der Zug ab, sie fuhren in den Bahnhof ein. Plötzlich kam Bewegung in die Menge, viele Passagiere erhoben sich, strebten den Ausgängen zu. Die meisten wollten wohl zum Hauptsitz der Swisscom.

In dem Moment fiel er Vanzetti auf, der Mann mit dem schwarzen Hut und dem grauen Mantel, weil er sich gegen den Strom bewegte. Vanzetti stellte sich auf die Zehenspitzen, um ihn über die Köpfe der Fahrgäste hinweg zu beobachten. Als der Mann zu dem Sitz kam, auf dem Zoe gesessen hatte, beugte er sich kurz hinunter. Die anderen Passagiere reagierten nicht.

Der Mann machte kehrt und folgte den noch immer langsam Aussteigenden. Nun entdeckte Vanzetti die blaue Tasche in seiner Hand. Der Kerl hielt sie ganz selbstverständlich, als gehöre sie ihm schon ein Leben lang. Er verschwand nach draussen.

Vanzetti liess ihm einen kleinen Vorsprung, bevor er durch die sich schliessenden Türen hinaus auf das Perron hechtete.

43

Auf der langen Treppe, die vom Bahnhof Worblaufen hinunter zur Aare führte, nahm Vanzetti immer zwei Stufen auf einmal. «Reto, kannst du mich hören?», sagte er in sein Funkgerät.

«Laut und deutlich. Bin in Ittigen, Zwygart war nicht im Zug. Und bei dir?»

«Der Kerl mit der Tasche läuft gut 50 Meter vor mir. Wir sind in Worblaufen, er steuert auf einen kleinen Parkplatz unten an der Aare zu. Hoffentlich steigt er nicht in ein Auto, sonst bin ich geliefert.»

«Soll ich mit einem Taxi zu dir kommen?»

«Dafür ist es zu spät. Nimm den nächsten Zug hierher. Vielleicht brauche ich Unterstützung.»

«Okay.»

Vanzetti steckte das Funkgerät in die Jackentasche und beschleunigte seinen Schritt. Rechts oberhalb von ihm spannte sich die Tiefenaubrücke über die Aare, links waren Wohnblöcke in den Hang gebaut. Der Erpresser hatte den Parkplatz unten erreicht, doch er behielt das Tempo bei und marschierte auf dem Uferweg weiter.

So weit, so gut. Aber wo wollte der hin?

Vanzetti erreichte das Flussufer, die Aare stand hoch nach dem vielen Regen der vergangenen Tage.

Rechts führte eine Teerstrasse unter der Brücke flussabwärts hindurch, der Entführer bewegte sich auf einem Spazierweg in die andere Richtung. Bis auf einen Jogger und eine Hundebesitzerin war so früh am Morgen niemand unterwegs.

Vanzetti machte auf Anwohner, zündete sich eine Zigarette an und gönnte dem Mann etwas mehr Vorsprung. Als er vom Feuerzeug aufblickte und den Abstand zur Zielperson kontrollieren wollte, war der plötzlich verschwunden.

Porca merda.

Er warf die Zigarette weg und joggte los. Links vom Kiesweg befand sich ein Acker, rechts am Ufer standen ein paar mächtige Bäume und ein dunkelbrauner Holzschuppen. *Pontonierverein Worblaufen,* las Vanzetti an der Aussenwand. Der Kerl konnte bloss dort drin verschwunden sein. Vanzetti erreichte das Gebäude, in dem Moment hörte er auf der Rückseite einen Motor starten.

Ein Boot!

Er rannte um den Schuppen herum. Fünf Meter vor ihm legte gerade ein rotes Schlauchboot ab, eines von den grösseren Dingern, die auch als Beiboote von Jachten dienen. Der Kerl sass mit dem Rücken zu Vanzetti auf einem Brett, das quer über die Luftkammern des Boots links und rechts verlief. Über seiner Schulter hing die blaue Tasche. Gegen die Strömung arbeitete sich das Boot langsam vom Ufer weg.

Vanzetti dachte nicht nach, wägte gar nicht erst das Risiko ab. Er spurtete zum Wasser, stiess sich von der Ufermauer ab, segelte mit angezogenen Beinen drei Meter über das Wasser, kam im Boot auf und rammte dem Kerl seine Knie in den Rücken – so hart, dass er vom Sitzbrett geschleudert wurde. Der Mann krachte vornüber auf den Holzboden des Bootes, während Vanzetti mit der Hüfte auf der Sitzbank aufschlug. Das Boot schlingerte so stark, dass er sich ans Brett krallen musste.

Der Entführer stöhnte, doch er erholte sich verdammt schnell. Schon drehte er sich auf den Rücken und stiess Vanzetti den Schuhabsatz ans Kinn.

Einen Augenblick lang war Vanzetti benommen.

Das nützte sein Gegner aus. Er rappelte sich auf, kniete sich hin und schlug seine Faust auf Vanzettis Wange.

Vanzetti riss beide Arme hoch und bedeckte sein Gesicht.

«Merde», fluchte der Entführer. Er griff unter seine Jacke, im nächsten Augenblick hielt er ein Messer in der Hand.

Vanzetti stemmte sich auf der Sitzbank in die Höhe. Zwar trug der Mann jetzt eine Perücke, die durch den Sturz verrutscht war. Doch es war zweifellos der Kerl vom Video. Die Tasche lag vor ihm auf dem Boden.

Der Kerl holte aus mit dem Messer.

Vanzetti brauchte eine Waffe, irgendetwas. Auf der Luftkammer rechts lag ein Ruder. Er riss es aus der Verankerung und schwang das Ruderblatt in einem Halbkreis mit voller Wucht gegen den Kopf des Angreifers – und erwischte ihn seitlich über dem Ohr.

Der Mann prallte nach links auf die Luftkammer, das Messer flog ihm aus der Hand, sein Kopf hing eine Handbreit über dem Wasser. Nur mit Mühe konnte er sich an Bord halten. Das Boot neigte sich bedrohlich.

Die Fliehkraft des Ruders riss auch Vanzetti aus dem Gleichgewicht. Er fiel neben den Kerl auf die Luftkammer. Das Boot kippelte noch mehr, stellte sich langsam auf. Sie ruderten beide um Halt, was das Boot endgültig zum Kentern brachte.

Auf einen Schlag war Vanzetti von Kälte und Nässe umgeben, er spürte den Druck in seinen Ohren. Alles war still. Eine Strömung zog ihn hinab und über den Grund des Flusses, wo seine Hände keinen Halt an den glitschigen Steinen fanden. Vanzetti wurde um die eigene Achse gewirbelt. Wo war oben? Er guckte in alle Richtungen, entdeckte einen hellen Schimmer und hielt darauf zu. Sekunden später durchbrach er die Oberfläche, spuckte Flusswasser aus und rang nach Luft.

Einige Meter entfernt trieb sein Gegner auf der Aare. Er entdeckte Vanzetti und kam mit schnellen Crawlzügen auf ihn zu.

Im Wasser hatte Vanzetti keine Chance, so miserabel wie er schwamm. Als Knirps hatte er kein einziges Schwimmabzeichen geschafft.

Der Kerl hingegen glitt wie Michael Phelps durch den Fluss.

Mit einer Art Hundeschwumm drosch Vanzetti auf das kalte Wasser ein, die schweren Jeans und die Jacke zogen ihn bleischwer in die Tiefe. Über sich nahm er die Tiefenaubrücke wahr, links entdeckte er einen Pfeiler – und urplötzlich riss ihn eine gewaltige Kraft unter die Wasseroberfläche. Ein Strudel! Vanzetti schlug wie verrückt mit den Armen aus und strampelte, kam endlich hoch. Er schnappte nach Luft und wurde sogleich wieder von einer Welle unter Wasser gezogen.

Vanzetti spürte, wie starke Arme seinen Körper umfingen. Der Kerl hatte ihn gepackt! Mit Ellenbogen und Fäusten schlug er um sich. Etwas stach in seine Beine, er verhedderte sich in einem Geäst.

Es war nicht der Gegner, der ihn im Klammergriff hielt. Die Äste eines dicken Baumstumpfes hatten ihn erfasst. Er trat nach dem Holz, zog und riss mit den Händen an der glitschigen Rinde. Doch er kam nicht frei. Der Baumstumpf torkelte mit einem Mal und drehte sich in der Wasserwalze, wobei er Vanzetti mit sich riss.

Da tauchte der Stumpf für einen Moment aus der Tiefe nach oben. Vanzetti schnappte nach Luft, hustete und entdeckte, was ihn an den Stamm fesselte: Ein Riemen seiner Lederjacke hatte sich in den Ästen verhakt.

Der Strunk riss ihn wieder unter Wasser. Mit schlotternden Fingern versuchte Vanzetti, den Riemen zu lösen. Doch die Finger gehorchten ihm nicht mehr richtig. Wasser toste um seine Ohren, die Muskeln schmerzten, die Lungen brannten wie glühende Kohlen. Er schlug sich die Knie und den Kopf an dem Baumwrack an, als er hinunter in die nasse Dunkelheit sackte.

Er würde es nicht schaffen.

Der Stumpf bebte, trudelte zurück nach oben, durchbrach die Oberfläche und löste sich aus dem Strudel. Von einem Moment auf den anderen verebbte das Tosen, das Schütteln und Zittern stoppte. Vanzetti füllte seine Lungen mit herrlicher Luft, er sog sie durch das Laub und den Dreck in seinem Mund, musste würgen und spucken. Aber es war Luft.

Langsam trieb er abwärts auf dem Fluss, entfernte sich von der Tiefenaubrücke. Doch noch immer hielten ihn die Äste wie Fesseln gefangen. Vanzetti stiess einen Wutschrei aus, nestelte am Reissverschluss der Jacke herum und konnte ihn ein Stück weit öffnen. Er holte Luft, tauchte ab und zog die Jacke schliesslich über seinen Kopf.

Endlich frei.

Mit ein paar Schwimmzügen entfernte er sich vom Baumstrunk, legte sich auf den Rücken, liess sich treiben und rang nach Atem. Sogleich begann er zu schlottern vor Kälte, also drehte er sich auf den Bauch und schwamm mit hastigen Zügen ans Ufer.

Als er endlich Boden unter den Füssen spürte, wähnte sich Vanzetti für einen kurzen Moment im Paradies. Er packte Ranken von Uferpflanzen und kämpfte gegen die Strömung an, dann krabbelte er auf allen Vieren die Böschung hoch. Er befand sich in einem Wald, drei Meter entfernt verlief ein Spazierweg. Auf dem Waldboden hockend spähte er mit zitternden Muskeln den Fluss hoch und runter. Von dem Entführer fehlte jede Spur.

Irgendwie musste er Alarm auslösen. Vanzetti guckte an seinen tropfenden Kleidern herunter. Das Funkgerät, die Schlüssel, das Portemonnaie mit den Ausweisen – alles war weg.

Den Einsatz hatte er komplett vergeigt.

44

Bernhard Kohler rammte den Schlüssel ins Hecktürenschloss seines Jeeps. Blut schoss durch sein Gehirn und rauschte ohrenbetäubend. Das half nicht beim Denken. Er wusste, dass er sich beruhigen musste. Doch das war leichter gesagt als getan.

Er warf einen Blick in die Runde: Hinter einem Maschendrahtzaun ragten riesige braun gestrichene Zylinder in die Höhe, zwischen denen ein Klärbecken lag. Menschen waren keine in Sicht, die Abwasserreinigungsanlage der Stadt Bern in Herrenschwanden gehörte nicht gerade zu den touristischen Highlights der Region.

Kohler öffnete die Hecktüre und schälte sich aus den nassen Kleidern. Er knüllte sie zusammen und schmetterte sie ins Auto. Dann trocknete er sich mit einem Handtuch aus dem Heckraum ab und streifte frische Sachen über.

Versagt! Das Wort brannte sich in sein Hirn, bis er die Faust ballte und damit auf die Karosserie einschlug. Einmal, fünfmal, zehnmal. Wie hatte er sich bloss so übertölpeln lassen können? Überheblich war er gewesen. Putain! Dabei war das doch eine der ersten Lektionen gewesen, die er in der Fremdenlegion gelernt hatte: *Unterschätze nie deinen Gegner!* Und

Kohler hatte es gleich mit zwei ernsthaften Widersachern zu tun, wie er jetzt begriff. Viel zu spät!

Erschöpft lehnte er sich gegen die kalte Karosserie. Er stand einfach da, bis ihm die Schweisstropfen nicht mehr über den Rücken liefen, bis sein Atem regelmässiger ging. Wider Willen musste er Zwygart und Vanzetti Respekt zollen. Nun gut, das Problem Vanzetti hatte sich wohl von selbst gelöst. Als Kohler ihn zum letzten Mal gesehen hatte, war er in der Wasserwalze am Brückenpfeiler untergetaucht. Hoffentlich war dieser Saukerl ersoffen.

Kohler hatte den Strudel kommen sehen, war ihm ausgewichen und bis ans Ufer geschwommen. Ohne Motorboot hatte er gut zwei Kilometer nach Herrenschwanden marschieren müssen. Zum Glück hatte er sich das Gelände auf der Karte genau eingeprägt. Hätte er bloss so viel Zeit zum Studium seiner Gegner aufgewendet. Dann hätte er gewusst, dass Zwygart seine Anweisungen nicht brav befolgen würde.

Merde alors.

Er nahm den Aluminiumkoffer aus dem Jeep, gegen den er sein Mietauto vorsichtshalber eingetauscht hatte, und schloss die Hecktüre.

Eine verwöhnte Stadttussi, hatte Kohler gedacht. Die würde sich vor Angst um ihre Grossmutter in die Hosen machen. Dabei hätte ihn doch stutzig machen müssen, wie Zwygart das Video gefunden hatte. Und wie geschickt sie am Samstagabend seinem Schuss ausgewichen war. Na gut, jetzt wusste er Bescheid. Mit zimperlichen Methoden kam er bei der nicht weiter. Von jetzt an würde er Zwygart wie eine Guerillakämpferin im Dschungel behandeln. Die waren wachsam, unerschrocken und kaltblütig, das wusste Kohler aus Erfahrung. Für solche Frauen brachte er durchaus Bewunderung auf. Aber keine Gnade.

Kohler setzte sich ans Steuer, legte den Koffer auf den Beifahrersitz und öffnete ihn mit einem Schlüssel.

Bei allem Respekt, Zwygart würde ihren Verrat teuer bezahlen. Denn nichts anderes hatte diese Salope begangen. Sie hatten ein Abkommen gehabt, sich auf einen Austausch geeinigt: Eicher gegen den Datenstick. Kohler hätte sich daran gehalten, das verlangte sein Ehrenkodex. Doch Zwygart hatte das Abkommen gebrochen.

Das Töten würde ihm leichtfallen.

Kohler klaubte seine Glock 17 aus dem Schaumstoffpolster. Die Waffe bestand aus gerade mal 33 Einzelteilen – ein kleines Meisterwerk. Kaliber 9 x 19 mm, 19 Schuss, Hohlspitzmunition. Er zog den Verschluss zurück und hörte, wie sich die Patrone in die Kammer schob. Mit dem Daumen strich er über das matt glänzende Metall. Damit würde er dieser Eicher eine Kugel in den Kopf jagen – eine Botschaft, die ihre Enkelin verstehen würde.

Viel schwieriger war der Anruf bei seinem Kunden, den er jetzt wohl erledigen musste. Die Tasche mit dem Stick war über Bord gefallen und im Fluss verschwunden. Auch wenn Kohler den Vorschuss zurückzahlte, der Kunde würde sich damit nicht besänftigen lassen. Das konnte Kohler sogar verstehen. Für Versager hatte er selber nie viel übrig gehabt. Und jetzt war er selber einer.

Bei dem Gedanken ballte sich der Zorn zusammen zu einem gelb-roten Fleck in Kohlers Hirn. Nicht nur den Stick, auch seine Ehre und das Geld hatte er verloren. In der Aare war ausserdem sein geliebtes Jagdmesser mit dem Hirschhorngriff verschwunden, das ihm Ulli Kretschmar im Tschad geschenkt hatte, zwei Monate, bevor sein bester Kamerad von einer Granate getötet worden war.

Putain bordel de merde.

Das Handy im Handschuhfach klingelte, es dröhnte wie eine Kirchenglocke. Kohler zögerte. Im Kopf hörte er bereits die Stimme seines Kunden, der ihm mit eiskalter Stimme Inkompetenz vorwarf. Er holte das Handy heraus. «Ja?»

«Wann bist du zu Hause?», fragte seine Frau Ines am anderen Ende. «Du weisst, dass Alice und Serge zum Abendessen kommen.»

Ihre Tochter und ihren Schwiegersohn aus Colmar hatten sie seit Wochen nicht mehr gesehen. «Es tut mir sehr leid, chérie, aber das werde ich nicht schaffen. Das Geschäft hier zieht sich in die Länge. Einer meiner Kunden verlangt andere Konditionen.

Ich muss mich morgen nochmals mit ihm treffen, dann können wir das hoffentlich zu einem Abschluss bringen.»

«Du hast es versprochen.»

«Ich weiss, was ich versprochen habe. Manchmal kann man eben nicht alles planen.» Obwohl es in ihm rumorte, gab Kohler seiner Stimme einen ruhigen Klang.

«Aber spätestens morgen bist du zurück», verlangte Ines, deren Ärger nicht zu überhören war.

«Es dauert so lange, wie es eben dauert. Ich mache das nicht zu meinem Vergnügen, Ines. Ich sässe jetzt auch lieber zu Hause und würde Kaffee trinken und Kuchen essen.»

«Willst du damit sagen, dass ich bloss Kaffee trinke?»

«Nein, das will ich …» Doch Ines hatte bereits aufgelegt.

Kohler warf das Handy auf den Beifahrersitz und schlug mit der Faust auf das Armaturenbrett. Was für ein beschissener Montag. Er quetschte den Griff der Glock, bis seine Handflächen schmerzten. Dann legte er die Pistole zurück in den Schaumstoff und griff stattdessen nach dem Blackfield Apache. Das Kampfmesser hatte eine schwarz beschichtete Klinge aus rostfreiem Stahl und einen Teilwellenschliff. Dank einer Daumenauflage am Klingenrücken liess sich der Schneidedruck verstärken. Damit würde er diese Eicher leiden lassen. Und wenn Zwygart den malträtierten Körper ihrer Grossmutter fände, würde sie verstehen: Wer Abmachungen brach, musste die Konsequenzen tragen.

Kohler schloss den Aluminiumkoffer und startete den Motor. Zum Teufel mit dem Kunden und dem Stick. Er drückte das Gaspedal durch und liess die Reifen quietschen.

Auf zu Eicher.

45

Lucy tauchte aus dem Dämmerschlaf auf. Was für Albträume!

Sie gähnte und wollte die Nachttischlampe anknipsen. Doch Schmerzen in den Handgelenken liessen sie zusammenfahren. Lucy riss die Augen auf, Dunkelheit umfing sie. Alles war wieder präsent. Übelkeit kroch ihren Magen hoch.

Mit der Hand tastete sie die Matratze ab, fand die Taschenlampe und knipste sie an. Das Licht war nur noch ganz schwach.

Lucy puhlte in der Verpackung vom halben «Kägi fret», das sie übrig gelassen hatte. Mit den gefesselten Händen dauerte das seine Zeit. Endlich konnte sie ein Stück abbeissen und es mit einem Schluck Wasser hinunterspülen. Okay, sie war entführt worden. Aber sie lebte noch. Sorgfältig wickelte sie den Riegel wieder in die Verpackung. Er bildete ihre Notration für den Fall, dass sie der Entführer hier verrotten lassen wollte.

Nackte Angst schnürte ihr plötzlich die Kehle zu. Lucy atmete stossweise, Schweiss brach ihr aus allen Poren. Sie zog beide Beine hoch, umfing sie mit den Armen und stützte den Kopf auf die Knie. *Denk an Zoe, an deinen Freund Robi in den USA, an die Aare im*

Morgengrauen. Herrgott, sie wollte das alles wiedersehen. Sie durfte jetzt nicht ausflippen.

Im Fernsehen war einmal ein Dokumentarfilm über die Serengeti gelaufen. Darin war eine Antilope von einem Löwen verfolgt worden. Mit aufgerissenen Augen hatte die Antilope Haken geschlagen und war schliesslich gestürzt. Der Löwe hatte in ihre Hinterkeule gebissen, sich in ihren Nacken gekrallt, viel Blut war geflossen. Eine aussichtslose Situation. Doch die Antilope hatte sich gewehrt, hatte gestrampelt und schliesslich eine kurze Unaufmerksamkeit des Löwen ausgenutzt. Sie war wieder auf die Beine gekommen und entwischt.

Was dieses zarte Tier konnte, das schaffte Lucy doch auch.

Mit der Taschenlampe im Mund untersuchte sie ihre Fesseln. Der Kabelbinder spannte sich um ihre blutverkrusteten Handgelenke. Wenn sie doch bloss etwas zum Schneiden hätte. Ein Stück Glas vielleicht.

Lucy beleuchtete den Müllhaufen. Sie suchte eine Bierflasche oder eine Blechdose. Doch das Licht reichte nicht mehr als ein, zwei Meter weit. Und selbst wenn sie etwas entdecken würde, käme sie kaum hin, angekettet, wie sie war.

«Komm schon, denk nach.»

Der Kabelbinder bestand aus Plastik. Plastik brannte. Wenn sie Feuer hätte, könnte sie ihre Fesseln schmelzen. Ja, Zündhölzer oder ein Feuerzeug wären ganz praktisch.

Träum weiter.

Ein Knacken draussen vor der Stahltür liess Lucy zusammenzucken. Als ob irgendwo ein Ast unter Gewicht gebrochen wäre. Kam ihr Entführer zurück? Lucy löschte die Taschenlampe und lauschte, in den Schläfen spürte sie ihren Puls pochen. Vielleicht ging ein Wanderer dort draussen vorbei. «Hallo? Ist da jemand? Hallo? Hilfe!»

Sie spitzte ihre Ohren, wartete auf eine Antwort, auf Schritte, irgendein Geräusch.

Nichts.

Lucy legte sich auf die Matratze und starrte in die Dunkelheit. Nein, niemand würde ihr zu Hilfe kommen. Sie musste selber einen Ausweg finden. Kabelbinder, Plastik, Feuer … Vielleicht brauchte sie gar kein Feuer. Möglicherweise reichte Hitze.

Lucy setzte sich auf, knipste die Taschenlampe an und hielt ihre Fesseln dicht vor das Gesicht. Wenn sie an einem kleinen Punkt genügend Hitze erzeugen könnte, würde das die Fesseln schmelzen. Dazu bräuchte sie bloss eine Lupe und etwas Sonnenschein.

«Das ist doch nicht zu viel verlangt, oder?»

Moment. Hitze liess sich auch durch Reibung erzeugen. Das hatte Lucy bei den Pfadfindern gelernt. Sie leuchtete auf den Müllhaufen, die Matratze, die

PET-Flasche mit Wasser, den Riegel, die Wolldecke, die Jeans, ihre Stiefeletten … die Schuhbändel!

Sie öffnete den rechten Schnürsenkel und fädelte ihn aus den Ösen. Mit den gefesselten Handgelenken dauerte es eine Weile, doch schliesslich hielt sie eine Schnur von etwa 30 Zentimeter Länge in den Fingern. Im Mund feuchtete sie die Schnur an. Dann drückte und zog Lucy den Bändel mithilfe ihrer Zähne und gekrümmten Fingern zwischen ihren Handgelenken hindurch. Als sie es endlich geschafft hatte, steckte sie die beiden Enden der Schnur zwischen ihre Zähne und zog daran. Der Bändel straffte sich um den Kabelbinder.

«Jawohl!»

Lucy behielt ein Ende der Schnur im Mund, spuckte das andere Ende aus, packte es mit ihren Fingern und versuchte, mit der Schnur über das Plastik zu reiben. Doch das klappte nicht, sie hatte zu wenig Spannung auf dem Bändel. So baute sich keine Hitze auf. Sie musste die Schnur irgendwo festbinden. An der Kette vielleicht? Oder am Rohr an der Wand? Besser wäre es, wenn sie an beiden Enden ziehen könnte.

Mit ihren Füssen!

Sie streifte die Schuhe ab und zog die Strümpfe aus. Dann machte Lucy Schlingen an beiden Enden des Schuhbändels. Mit gefesselten Händen und Zähnen dauerte das eine gefühlte Ewigkeit, doch schliesslich klappte es. Lucy stülpte die beiden Schlingen über ihre grossen Zehen. Dann spannte sie die Schnur an und bewegte beide Füsse auf und ab.

Es surrte, surrte und mit einem leisen Knall sprang der Kabelbinder auf. Mit einem Klirren fiel die Kette auf die Matratze.

Ungläubig starrte Lucy auf ihre Hände. Sie hatte mit einer langwierigen und mühsamen Operation gerechnet, doch bereits nach wenigen Bewegungen war das Plastik gerissen.

«Yes!», schrie Lucy mit geballter Faust.

Sie sprang auf ihre Beine, wobei ihr etwas schwindlig wurde. Dann machte sie drei rasche Schritte auf den Ausgang zu. Ein stechender Schmerz liess sie innehalten, sie war auf einen Stein getreten. «Du willst doch nicht barfuss über diesen Müllhaufen und durch den Wald laufen.»

Sie setzte sich nochmals auf die Matratze, fädelte den Schnürsenkel ein, zog Strümpfe und Schuhe an und steckte die Wasserflasche sowie den Riegel in die Taschen ihrer Jacke. Vielleicht würde sie stundenlang wandern müssen bis zum nächsten Haus oder Dorf.

An der Bunkertüre stemmte sie sich mit aller Kraft gegen den dicken Stahlriegel, bis der sich bewegen liess. Sie drückte die Türe auf und zwängte sich durch einen schmalen Spalt aus ihrem Gefängnis.

Auf dem Weg nach oben lauschte sie auf verdächtige Geräusche. Durch Schiessscharten in den Wänden fiel Licht herein, draussen musste es Tag sein. Der Bunkereingang liess sich erstaunlich leicht öffnen, und schon stand Lucy draussen auf weichem Waldboden, umgeben von hohen Bäumen. Tief sog sie die frische Luft ein und grinste hoch zu den Baumwipfeln, wo Vögel zwitscherten. Sie hätte schreien können vor Glück.

Lucy drehte sich um 360 Grad. Der Bunker aus verwittertem, mit Moos überwachsenem Beton befand sich an einem Abhang. Eine Foststrasse führte hinab in den Wald und verschwand hinter einer Kurve. Darauf musste sie der Entführer hergebracht haben. Nirgends entdeckte sie Markierungen oder Wegweiser, der Wald um sie herum war dicht bewachsen. Der Waldweg schien ihr die schnellste Möglichkeit, Menschen zu erreichen.

Lucy marschierte los. Sie brauchte ein Telefon, um Zoe anzurufen. Und eine Dusche. Oder noch besser ein Bad. Und dann würde sie sich den Bauch vollschlagen mit einem riesigen Stück Schwarzwälder Kirschtorte.

Noch keine 100 Meter war sie vom Bunker entfernt, als sie ein Motorengeräusch hörte. Ein Auto näherte sich. Vielleicht kam der Entführer zurück! Links und rechts säumten Bäume und Büsche den Weg. Lucy zwängte sich zwischen zwei Sträucher und kauerte sich auf den Boden. Angestrengt starrte sie den Weg hinunter, der Motor wurde immer lauter. Dann bog ein Fahrzeug um die Kurve. Ein dunkelblauer Jeep. Waldarbeiter!

Lucy hüpfte aus ihrem Versteck, trat hinaus auf den Pfad und lief dem Jeep entgegen. Nur noch ein kurzes Stück und sie war gerettet.

Das Fahrzeug stoppte wenige Meter vor ihr, die Tür öffnete sich, ein hagerer Mann mit schütterem Haar stieg aus. Er glich ein wenig Charlie Watts von den Rolling Stones und trug praktische Outdoor-Kleidung. «Kann ich Ihnen helfen?»

Lucy erstarrte. Die Figur und die Stimme nahmen ihr jeden Zweifel: der Entführer!

Sie machte eine Vierteldrehung, rannte los und zwängte sich zwischen den erstbesten Büschen hindurch in den Wald. Sie kämpfte sich vorwärts, immer weiter, aber es raschelte dicht hinter ihr, schlimmer noch als im Bunker in der Nacht.

46

Mit den Ellenbogen vor seinem Gesicht preschte Kohler durch das Dickicht. Etliche Äste zerkratzten ihm Stirn und Wangen, an Dornen zerrissen seine Hosen. Und die feuchten Blätter, die er streifte, durchnässten seine Kleidung.

Egal, in Kambodscha hatte er viel Schlimmeres erlebt.

Eicher konnte er flüchten hören, ein kleines Stück voraus kämpfte sie sich durch die Büsche. Klar, so eine kleine Vettel kam in diesem dicht bewachsenen Gelände gut vorwärts. Doch der Abstand verringerte sich zusehends.

Kohler wich einem dornigen Buschwerk aus, da brach der Boden unter seinem linken Bein ein. Als der Fuss im Untergrund auf die Erde traf, verdrehte es ihm den Knöchel. Ein stechender Schmerz fuhr durch seinen Unterschenkel.

«Putain!»

Er befreite sein Bein aus dem Loch, das ein Fuchs oder Dachs gegraben haben musste. Als Kohler versuchsweise auftrat, spürte er es sofort: Der Knöchel war verstaucht, wenn nicht gar gebrochen.

Doch Aufgeben war keine Option.

Kohler biss die Zähne zusammen, humpelte ein paar Schritte bis zum Stamm einer Rottanne und atmete durch. Ein Stück den Hang hinauf schien das Gelände offener. Er drückte sich vom Stamm weg, Harz verklebte ihm die Finger.

Oh, wie diese Eicher für all das büssen würde.

Fünfzig Meter weiter oben brach Kohler aus dem Dickicht, bergauf vor ihm verteilten sich Birken und ein paar grosse Steinbrocken über den Abhang, rechts rauschte ein Bächlein. Ganz oben auf der Kuppe huschte die Alte zwischen zwei grossen Felsen hindurch, Kohler konnte gerade noch ihr weisses Haar erkennen.

Selbst nach einer Viertelstunde Verfolgungsjagd bewegte die sich noch immer wie ein Wiesel zwischen Stämmen und Büschen hindurch. Wieso hatte er bloss seine Pistole im Auto liegen lassen? Damit könnte er sie aus der Distanz erledigen. Er befühlte das Kampfmesser in seiner Jackentasche. Wenigstens würde ihm das Töten damit eine viel grössere Befriedigung verschaffen. Je mehr Ärger ihm die Alte bereitete, desto mehr Zeit würde er sich dafür gönnen.

Kohler kletterte über eine gefallene Fichte, machte einen zaghaften Schritt über das Bächlein, sein Knöchel tat höllisch weh. Ein Pfad führte steil bergauf zu den Felsen.

Kohler keuchte, als er ihm folgte, Schweiss rann ihm über Gesicht und Rücken. Er erreichte die beiden mannshohen Steinbrocken auf der Kuppe, zwischen denen Eicher verschwunden war. Auf der anderen Seite führte der Pfad steil bergab, im Tal hinter dem Wald lag Courtelary, etwa fünf Kilometer westlich befand sich der Chasseral. Kohler kannte sich aus im Berner Jura, schliesslich hatten sie ihn in Prägelz, ein Stück südlich von hier, ins Erziehungsheim Tessenberg gesperrt. Die sonntägliche Wanderung hatte dort zum Programm gehört.

Er hörte das Knacken eines Astes von unterhalb der Felsbrocken. Kohler trat um die Steine herum und grinste.

Erfolg ist kein Glück, sondern nur das Ergebnis von Blut, Schweiss und Tränen.

Etwa fünfzig Meter unter ihm, auf einer frisch gerodeten Fläche am Hang, konnte sich Eicher zwischen Baumstümpfen und herumliegenden Ästen kaum aufrechthalten. Kohler dankte den Waldarbeitern für ihren Einsatz. In diesem Gelände würde er trotz seiner Verletzung rasch aufholen.

Er nahm die Verfolgung wieder auf, wählte die direkte Linie auf sein Zielobjekt zu, zwischen gestapelten Holzstämmen hindurch und um Haufen mit abgesägten Ästen herum. Kohler wich einem Stumpf aus, rutschte auf der feuchten Rinde eines Astes weg und landete auf seinem Hintern. Ein Schmerz schoss ihm ins Steissbein.

Eicher rannte im Zickzack talwärts, bis zu einem Zaun, der ihr den Weg versperrte. Sie zögerte nicht und krallte die Finger in die Maschen, zog sich daran hoch, schwang sich darüber und auf den Waldweg auf der anderen Seite. Den rannte sie entlang.

Kohler rappelte sich auf, sein halber Körper schmerzte. Er schleppte sich zum Zaun, der bis unter sein Kinn reichte. Merde, die schmalen Holzpfosten und der dünne Draht sahen wackelig aus, sogar das Leichtgewicht Eicher hatte eine Delle hinterlassen. Doch er hatte ja keine Wahl.

Kohler packte das obere Ende des Zauns mit beiden Händen, schob die Fussspitze zwischen die Maschen und kletterte hoch. Der ganze Zaun bog sich unter seinem Gewicht. Mit einem Ächzen wälzte er sich über die Maschen der Zaunkrone. Als er sein Gewicht auf die andere Seite verlagerte, gab der Zaun nach. Auf vier, fünf Metern Länge kippte die ganze Konstruktion um, Kohler prallte seitlich schwer auf den Waldweg. Er schrammte sich den rechten Arm und das rechte Bein auf, seine Hüfte und sein Rücken brannten.

«Bordel de merde.»

Die Alte war noch immer in Sicht, vielleicht hundert Meter voraus. Sie bog gerade rechts vom Waldweg ab und huschte zwischen Büschen und Tannen den Hang hinunter.

Gegen die Schmerzen und die Wut ankämpfend, humpelte Kohler ihr auf dem abschüssigen Waldweg hinterher. Dafür würde er diese Hexe noch länger foltern.

Im Gehen tastete er seine Jacke ab und blieb augenblicklich stehen. Das Messer! Er hatte es verloren. Ohne Messer müsste er Eicher das Genick brechen. Oder sie erwürgen. Ein viel zu schneller Tod.

Er machte kehrt, wankte zurück zum niedergedrückten Zaun, suchte den Boden fieberhaft ab mit dem Blick. Da! Es lag zwischen den verbogenen Maschen auf dem Weg.

Als er die Verfolgung wieder aufnahm, war die Alte verschwunden. Er kam zu der Stelle, an der sie vom Waldweg abgebogen war. Unter ihm zogen sich ein zwanzig Meter breiter Waldstreifen und dahinter eine Lichtung von der Grösse eines Fussballplatzes den Hang hinunter, eine Feldscheune stand in deren Mitte. Von unten kroch Nebel über die Wiese hoch, die ein Jägersitz am Waldrand rechts überragte.

Kohler pirschte durch den Waldstreifen bis an den Rand der Lichtung, dort blieb er stehen. Die Scheune mass vielleicht zehn mal zehn Meter, die Steinmauer im unteren Teil bröckelte an etlichen Stellen, die Holzbretter im oberen Teil waren stark verwittert, dunkelrote Ziegel bedeckten das steile Dach. In der westlichen Wand war ein Tor in die Mauer eingelassen, Fenster oder andere Öffnungen konnte Kohler keine entdecken.

Ob die Alte tatsächlich so dumm war, sich dort drin zu verstecken? Geduckt humpelte Kohler den Hang hinab, das Messer locker in der Hand an seiner

Seite. Den ganzen Weg zur Scheune spähte er immer wieder nach seinem Zielobjekt, bis er die südliche Mauer erreichte. Er drückte sich mit dem Rücken dagegen, während er sich langsam vorarbeitete. An der Ecke lugte er zum Tor auf der Westseite.

Niemand in Sicht.

Schritt für Schritt näherte sich Kohler dem Tor. Er streckte die Hand aus, schob zwei Finger in den Türspalt und zog ganz leicht daran. Nicht abgeschlossen. «Kommen Sie heraus, Frau Eicher. Es ist vorbei.»

Er spitzte die Ohren und wartete. Drinnen registrierte er weder eine Bewegung noch ein Geräusch. Dennoch spürte er die Präsenz eines anderen Menschen.

Es raschelte leicht. Jetzt hatte er sie!

Kohler zog den verrosteten Torgriff auf.

47

Lucy lag auf dem Bauch im Stroh, ihr ganzer Körper zitterte vor Erschöpfung. Natürlich war es dumm gewesen, in die Scheune zu flüchten. Doch ihre Kräfte hätten sie keine hundert Meter weitergetragen. Sie musste sich bloss ein wenig ausruhen.

Sie schob sich zwischen den Strohballen ein paar Zentimeter vor bis zum Rand des Heubodens, das Stroh unter ihr raschelte. Mist! Das Erdgeschoss lag im Halbdunkel, das einzige Licht fiel von der offenen Luke in Lucys Rücken in die Scheune. Vor dem Scheunentor unten stand ein schrottreifer Traktor mit nur noch drei Rädern, an den Wänden hingen Heugabeln, Sensen und Rechen an dicken Nägeln, allesamt verrostet.

Das Tor bewegte sich, Licht fiel hinein, im Spalt erschien eine Hand – seine Hand! Sie hielt einen Dolch. Ihr Entführer schlich in die Scheune und guckte sich um. Als er den Kopf in ihre Richtung drehte und die angelehnte Leiter musterte, duckte sich Lucy. Nach ein paar Sekunden wagte sie erneut einen Blick über die Kante hinunter.

Er inspizierte gerade den Traktor, das Gesicht war trotz der blutigen Kratzer unverkennbar das des Kerls in Zoes Video. Er war gross und, trotz des fortgeschrittenen Alters, athletisch. Und er hatte tatsächlich etwas vom Schlagzeuger der Rolling Stones. Eigentlich entsprach er gar nicht dem Bild, das sie sich von einem skrupellosen Killer gemacht hatte. Vom Typ her könnte der Kerl dort unten genauso gut Musiker oder Lehrer sein. Das war also der Mensch, der Eva Bärtschi und den Anwalt Winzenried ermordet hatte. Und sie stand als Nächste auf seiner Liste.

Der Mann hielt den Dolch waagerecht vor der Brust, angespannt, kampfbereit.

Langsam wich Lucy vom Rand zurück und kroch zwischen den Strohballen zurück zur Luke in der Scheunenwand. Die ging talwärts hinaus und lag etwa fünf Meter über dem Boden. Lucy robbte über eine dünne Schicht Heu und war noch eine Körperlänge von der Luke entfernt, als die Leiter hinter ihr ein lautes Knarren von sich gab.

Lucy sprang auf und warf einen schnellen Blick über die Schulter. Der Kopf des Kerls tauchte über dem Rand des Heubodens auf, er grinste breit.

Mit einer Hand hielt sich Lucy an der Scheunenwand fest, dann beugte sie sich mit dem ganzen Körper hinaus. Unter dem Giebel hing an einem ausgebleichten hölzernen Flaschenzug ein verwittertes Seil. Sie hatte keine Ahnung, wie stabil es sein mochte, aber darüber konnte sie sich jetzt keine Sorgen machen. Einen Sturz aus fünf Metern

Höhe könnte sie überleben. Die Begegnung mit diesem Kerl nicht.

Lucy langte nach dem Seil, stiess sich ab. Der Flaschenzug knarrte, gab aber nicht nach unter ihrem Gewicht. Sie baumelte in der Luft, das Geräusch überlasteten Holzes vermischte sich mit Schritten auf dem Heuboden. Sie sah den Kerl kommen, das ausgestreckte Messer …

Lucy rutschte am Seil hinunter. Ihre Handflächen brannten, als sie den Boden erreichte. Sie sank tief ein in die matschige Erde, die von Hufen zertrampelt war.

Sie zögerte keine Sekunde: Lucy befreite ihre Füsse aus dem Morast, dann lief sie talwärts, quer über die Wiese mit dem knöchelhohen Gras. Doch bereits nach wenigen Schritten knickten ihre Beine vor Schwäche wieder weg. Nur mit grösster Mühe konnte sie sich aufrechthalten.

Hinter sich hörte sie einen leisen Knall und ein Surren. «Conne!», schrie der Kerl.

Lucy warf einen Blick über die Schulter. Er lag mit dem Rücken im Dreck unter der Luke, das zerfetzte Seil hatte sich um seine Brust gewickelt. Hoffentlich hatte er sich das Genick gebrochen.

Doch ihr Entführer raffte sich auf. «Das wirst du mir büssen, du Hexe», schrie er.

Jede Nervenzelle in Lucys Hirn gab das Signal, dass sie weiterrennen musste, so schnell wie möglich. Doch die Beine meldeten: Sie konnten nicht mehr.

Der Kerl würde sie einholen und überwältigen.

Es war nicht mehr weit bis zum Waldrand, zumindest dorthin müsste sie es doch schaffen. Vielleicht würde sie ein neues Versteck finden. Oder Hilfe.

Wankend schleppte sich Lucy durch das Gras, noch dreissig Meter bis zum Wald, noch zwanzig, zehn. Sie hatte das Gefühl, dass ihre Füsse an der Erde klebten.

Sie erreichte den Waldrand, zwängte sich zwischen Weissdornbüschen hindurch. Komisch, dass der Kerl sie noch nicht eingeholt hatte.

Durch die Blätter wagte Lucy einen Blick zurück. Mit verdrecktem Gesicht und nassen Kleidern humpelte ihr Verfolger durch das Gras, das Messer hielt er an seinen Oberschenkel gedrückt. Bei jedem zweiten Schritt knickte seine Hüfte ein, dann zog er das linke Bein nach.

Sie hatte eine Chance!

Das gab Lucy neue Kraft. Sie steuerte geradeaus durch das Dickicht, immer in Richtung Tal. Der Hang führte jetzt sanft bergab, im Gestrüpp erschwerten Wurzeln und Steine das Fortkommen. Aber sie war wendiger als er.

Da blitzte etwas Rotes zwischen den Büschen auf. Egal was es war, Lucy hielt direkt darauf zu.

Sie trat aus dem Dickicht und stand vor einer roten Regenjacke, die an einem Haken an der Aussenwand einer Waldhütte hing. «Hallo? Ist da jemand? Ich brauche Hilfe.»

Lucy lauschte, doch sie bekam keine Antwort.

Keuchend und schwitzend lehnte sie sich gegen die Hüttenwand. Sie würde sich ihrem Verfolger alleine stellen müssen. Hätte sie doch den Kurs in Selbstverteidigung besucht, den Zoe ihr hatte aufschwatzen wollen. *Überraschung ist die wertvollste Waffe überhaupt.* Wenigstens diesen Wahlspruch ihrer Kleinen hatte sie sich gemerkt.

«Ich werde dich kriegen, du Schlampe», schrie der Kerl aus dem Dickicht. Er konnte nicht mehr weit entfernt sein.

Mit den Augen suchte Lucy den Boden vor der Hütte ab. Sie brauchte eine Waffe, am besten eine Eisenstange, ein Stück Glas, irgendetwas. Doch da lag nichts als Laub. Gebückt schlich sie die Längsseite der Hütte entlang. Gefällte Baumstämme bildeten fünf Meter entfernt ein Dreieck um einen Kreis aus Steinen. Über dem Feuerplatz lag ein Grillrost. Lucy wankte hin und griff sich einen faustgrossen Brocken. Er wog schwer in ihrer Hand. Besser als nichts. Was könnte sie noch …?

Lucy hörte Schritte aus dem Dickicht kommen. «In dünne Scheiben werde ich deine Haut schneiden, ganz langsam, damit du möglichst lange am Leben bleibst.»

Die Luft anhaltend huschte Lucy zurück zur Hütte und um die Ecke zur Stirnseite. Dort presste sie ihren

Rücken gegen die Wand. *David und Goliath.* Einen Stein hatte sie, doch leider keine Schleuder. Aber vielleicht etwas Ähnliches.

Sie kauerte sich auf den Boden, zog den rechten Schuh und den Strumpf vom Fuss, so schnell es ging, und liess den Stein in den Strumpf gleiten. Das andere Ende wickelte sie um ihre Hand.

Lucy legte sich flach auf die Erde und spähte kurz um die Ecke. Ihr Verfolger hielt seinen Blick nach unten gerichtet und folgte ihrer Spur im Laub zum Feuerplatz. Sie schätzte seine Grösse ab, er überragte sie um etwa einen Kopf.

Lucy schob sich am verwitterten Holz der Hüttenwand hoch und reckte eine Hand nach oben. Dort, wo ein rostiger Nagel die Verschalung zusammenhielt, dürfte sich sein Schädel befinden.

Er näherte sich der Ecke. «Ausweiden wie ein Vieh werde ich dich, dir das Herz und die Lunge herausreissen.»

Lucy presste sich zitternd gegen die Wand und holte aus mit ihrem rechten Arm. Das Herz schlug ihr bis zum Hals. Nochmals nahm sie Mass am Nagel im Holz.

Jetzt war er ganz nah. Die Spitze des Dolches glänzte im Licht.

Lucy schwang den groben Stein in ihrem Strumpf wie einen Baseballschläger, alle Kraft legte sie hinein.

Als der Stein seinen Schädel direkt über der Stirn traf, knackte es seltsam laut. Der Kerl machte ein Geräusch wie ein Pneu, der Luft verliert.

Dann brach er zusammen.

48

Angespanntes Schweigen hing in der Luft. Saxer an seinem Pult klickte hektisch mit der Maus, Zoe lehnte sich mit dem Rücken gegen das Fenster und stierte auf ihr Mobiltelefon, das sie aus dem Abfallkübel beim Bahnhof gefischt hatte.

Vanzetti hatte die Hände in die Hosentaschen gesteckt und tigerte in seinem Büro auf und ab. Wieder und wieder spulte er den Film in seinem Kopf zurück: die Verfolgung des Erpressers, der Kampf mit ihm in der Aare, die Rettung. Mit dem Handy einer Spaziergängerin hatte er Saxer alarmiert, der hatte eine Grossfahndung eingeleitet. Vor gut vier Stunden war das gewesen.

Gebracht hatte die Fahndung absolut nichts.

Zoe legte den Kopf in den Nacken und verharrte so. Schliesslich stiess sie sich von der Scheibe ab. «Es muss doch irgendetwas geben, das wir tun können.» Ihr Gesicht war aschfahl, sie warf ihm einen flehenden Blick zu.

Vanzetti widerstand dem Impuls, einen Arm um sie zu legen. «Wollen wir die Akten nochmals durchgehen?»

Sie blies ihre Wangen auf und stiess die Luft aus. «Noch einmal?»

«Es kann nicht schaden.» Schon zwei Mal hatten sie die Rapporte und Meldungen studiert auf der Suche nach einem Hinweis, einer Spur. Sie hatten das Video vom Tennisclub angeschaut und den Morgen in Bern und Worblaufen rekapituliert. Niemand sprach es aus, doch alle drei wussten es: Die Zeit lief ab für Lucy.

In Momenten wie diesen wünschte Vanzetti sich, er hätte den Glauben seiner streng katholischen Eltern. Dann könnte er ein Stossgebet zum Himmel schicken.

Saxer räusperte sich hinter seinem Pult. «Vielleicht habe ich da etwas. Meine Anfrage in Berlin hat dort ein paar rote Lämpchen aufleuchten lassen. Ein Kollege vom Bundeskriminalamt hat sich via Europol gemeldet. Erinnerst du dich an Karl Koponski?»

Vanzetti nickte. «Der Ex-Mann von Rahel Bärtschi. Der Versager, den seine Schwiegermutter nicht ausstehen konnte.»

«Genau. Die Nachricht hier kommt von einem Gerd Fischer. Offenbar führt das BKA eine Akte über Koponski.»

Zoe rieb sich mit dem Handrücken über die Stirn. «Weshalb?»

«Sagt euch die Freiheitliche Deutsche Arbeiterpartei etwas?», fragte Saxer.

Vanzetti und Zoe schüttelten die Köpfe.

«Offenbar war das eine rechtsextreme Partei, die in den 1970er-Jahren gegründet wurde. Galt als militante neonazistische Organisation und war bekannt für ihre aggressive Propaganda. Die scheute auch vor Gewalt nicht zurück.»

«Und Koponski ist da Mitglied?», fragte Vanzetti.

«Offiziell nicht, die Partei wurde 1995 verboten. Allerdings scheint sie im Untergrund immer noch als eine Art Netzwerk zu existieren. Und dazu gehört unser Freund Karl. Zusammen mit ein paar seiner Kumpel.»

Vanzetti blieb stehen. Vielleicht brachte das endlich eine Spur. «Rahel hat erzählt, dass immer eine Menge Leute bei ihnen zu Hause herumhingen. Allerdings hat sie verschwiegen, dass das Neonazis waren.»

Zoe nagte an ihrer Unterlippe. «Vielleicht ist sie ja selber eine. Dann wäre sie schön blöd, wenn sie damit hausieren ginge.»

Saxer schnaubte. «Denkbar. Es wäre nicht das erste Mal, dass eine linksextreme Mutter eine rechtsextreme Tochter hat.»

Vanzetti machte ein paar langsame Schritte zwischen Aktenschrank und Topfpflanze. «Rahel hat erwähnt, dass Koponski immer Geld von der Schwiegermutter verlangte. Doch Eva Bärtschi hatte die Nase voll von dem Schnorrer. Die Scheidung von Rahel und Karl ist noch nicht vollzogen, und Rahels

Erbe geht bestimmt in die Millionen. Sie sagt selbst, dass Koponski vielleicht auf einen Anteil hofft. Vom Gesetz her hat er zwar keinen Anspruch darauf, aber trotzdem …» Er blieb vor Saxers Schreibtisch stehen. «Diese Partei stammt aus den 70er-Jahren, sagst du? Könnte es eine Verbindung zu Cincera geben?»

Saxer verzog die Miene. «Das scheint mir etwas weit hergeholt. Cincera galt zwar als Kommunistenfresser, aber von Verbindungen zu rechtsextremen Gruppierungen war nie die Rede. Was nicht heisst, dass es keine gab. Ich werde mal bei unserem Nachrichtendienst anklopfen.»

Zoe trat neben Vanzetti und deutete auf Saxers Computer. «Haben Sie ein Foto von Koponski?»

Saxer klickte ein paar Mal mit der Maus. «Hier.»

Vanzetti und Zoe gingen um das Pult herum und betrachteten das harte Gesicht eines Mannes irgendwo in den Fünfzigern. Er hatte drahtiges, dunkelblondes Haar und kleine, blasse Augen. Die Brauen waren so dünn, dass sie fast auf der gebräunten Haut verschwanden.

Zoe schüttelte den Kopf. «Noch nie gesehen. Unser Entführer ist das jedenfalls nicht.»

Vanzetti pflichtete ihr bei. «Was nicht heissen will, dass Koponski nichts mit der Sache zu tun hat. Vielleicht steckt er so in der Klemme, dass er das Cincera-Archiv zu Geld machen will. Und Koponski war Berufssoldat. Die Morde und die Entführung lassen auf eine gute Organisation schliessen. Unser Mörder könnte einer seiner Kollegen sein.»

Zoe erwiderte nichts darauf. Doch in ihren Augen blitzte ein Funken Hoffnung auf.

Saxer nickte. «Okay, vielleicht haben wir da tatsächlich etwas. Ich werde mit den deutschen Kollegen …»

Es klopfte zwei Mal laut, bevor die Türe schwungvoll aufflog und BKP-Chefin Oppliger hereinrauschte. Als sie Zoe erblickte, blieb sie vor ihr stehen. «Guten Tag, Frau Zwygart.» Oppliger legte ihr behutsam eine Hand auf den Arm. «Die Entführung Ihrer Grossmutter tut mir sehr leid. Ich hoffe, dass sich alles noch zum Guten wendet.» In ihrem Blick und ihrer Stimme schwang Mitgefühl. «Würden Sie uns bitte für einen Moment allein lassen? Ich muss etwas Dienstliches mit den Herren besprechen.»

Zoe schob ihre Hände tief in die Taschen und öffnete den Mund, besann sich jedoch eines Besseren. Schliesslich nickte sie und verliess das Büro.

Oppliger wartete, bis die Falle im Schloss einschnappte. Sie musterte Vanzetti und Saxer mit verschränkten Armen. In ihrem Gesicht wurden die Wangenmuskeln hart. «Denken Sie eigentlich, wir betreiben hier so eine Art Freizeitclub? Meinen Sie, dass hier jeder tun und lassen kann, was ihm gerade einfällt?»

Vanzetti öffnete den Mund, doch sie liess ihn nicht zu Wort kommen.

«Was, verflucht noch mal, haben Sie sich bloss dabei gedacht?» Sie hob eine Hand wie eine Verkehrspolizistin. «Nein, lassen Sie mich das anders formulieren. Wieso, verflucht noch mal, haben Sie überhaupt nichts gedacht? Wer auf eigene Faust so eine bescheuerte Aktion à la Hollywood durchzieht, kann nur ein hirnloser Trottel sein.»

Vanzetti holte Luft. «Ich übernehme die volle Verantwortung. Reto Saxer hat …»

«Saxer braucht Sie nicht als Kindermädchen, Vanzetti. Der ist alt genug.» Oppliger klatschte ihre Fäuste an die Hüften. «Schwachköpfe, alle beide. Mit Ihrem eigenmächtigen Handeln haben Sie nicht nur Frau Zwygart und sich selber in Gefahr gebracht. Sie haben leider auch den Fall Bärtschi torpediert. Jetzt werden wir nie erfahren, was sich auf deren Computer befindet. Als ob das nicht schon genug wäre, haben die Medien von Ihrem hirnrissigen Stunt auf der Aare und der Grossfahndung etwas mitbekommen. Mein Telefon klingelt die ganze Zeit, unser Sprecher bereitet eine Stellungnahme vor. Und in einer Stunde darf ich Bundesanwalt Marti erklären, wieso ich mein Amt und meine Möchtegern-James-Bonds nicht im Griff habe.»

Vanzetti fiel keine sinnvolle Antwort ein. Sie hatte ja recht. «Es tut mir leid, wenn wir Sie und das Amt in eine schwierige Lage gebracht haben.»

«Ihre Einsicht kommt etwas spät. Ich habe Sie gewarnt, Vanzetti. Nach dem Angriff auf den Fotografen vergangene Woche hätte ich einen gewissen Lerneffekt erwartet. Offensichtlich habe ich mich getäuscht, denn Sie machen unbeirrt weiter mit Ihren Soloaktionen. Jetzt reicht es mir.» Sie straffte ihre Schultern. «Sie sind suspendiert, alle beide. Vorerst für drei Wochen. In dieser Zeit werde ich eine Administrativuntersuchung in die Wege leiten.»

Porca merda. Vanzetti wollte dranblieben an diesem Fall.

«Von den Ergebnissen der Untersuchung hängt ab, ob Sie noch eine Zukunft bei der BKP haben. Ist das klar?»

«Ja», antworteten Vanzetti und Saxer im Gleichklang. Saxer erhob sich hinter seinem Pult und trat neben Vanzetti.

«Sie packen jetzt Ihre Sachen zusammen und fahren nach Hause. Ich will mich nicht jedes Mal ärgern, wenn ich Sie im Büro sehe. Aber halten Sie sich zur Verfügung für die Befrag…»

Mit einem Krachen schlug die Türe auf, Zoe stürmte herein. «Grosi lebt, sie hat sich befreien können.»

Ein Felsbrocken fiel Vanzetti vom Herzen. «Was ist passiert?»

Zoe reckte eine Faust mit dem Handy in die Höhe. «Sie hat das Schwein umgebracht.»

49

Zoe schob die Hantel, das Kletterseil und die Waffenhefte auf eine Seite der Couch. «Setz dich. Möchtest du einen Kaffee?»

«Bist du sauer auf mich?» Mit der Hand wischte Vanzetti Krümel vom Polster, bevor er Platz nahm.

Zoe erinnerte sich an Vanzettis Gesicht, als sie ihm bei seinem ersten Besuch «Incarom» angeboten hatte, und musste grinsen. «He, ich bin lernfähig. Ich habe jetzt sogar Filterkaffee.»

Er kratzte sich am Hinterkopf. «Ein Bier wäre mir eigentlich lieber.»

«Kommt sofort.» Auf dem Weg in die Küche sammelte Zoe einen Sport-BH, einen Velohelm und zwei Paar Turnschuhe vom Boden auf. Den BH warf sie in den Wäschekorb im Bad, die Schuhe und den Helm auf das Gestell in der Diele.

In der Küche öffnete sie ihre Schränke. Bestimmt lagerte irgendwo noch eine Flasche Bier von Lukas, einem ihrer Verflossenen. Der Hobby-Bierbrauer hatte immer ein Riesentamtam um seine eigenen Kreationen gemacht. Und um seine Mama, mit der er zwei Mal pro Jahr nach Mallorca geflogen war. Hinter den Haferflocken und den Cornflakes stand eine dunkelbraune Flasche. Zoe fischte sie aus dem Regal.

Shit, Zoes Geschirr stapelte sich mal wieder in der Spüle. «Brauchst du ein Glas?», rief sie nach vorn.

«Nein.»

Mit einer Gabel stocherte Zoe so lange am Kronkorken herum, bis der sich löste. Dann brachte sie die Flasche ins Wohnzimmer. «Stell jetzt bloss keine Fragen.»

Vanzetti studierte das handgemalte Etikett. «Fuss Pils?» Er nahm einen Schluck. «Gar nicht so übel.»

Im Schneidersitz liess sich Zoe vor dem Sofa und Vanzettis Beinen nieder. «Suspendiert also?»

Er winkte ab. «Keine Sorge, das renkt sich schon wieder ein. Manchmal muss Oppliger einfach Dampf ablassen. Doch wenn es hart auf hart kommt, kann man sich auf sie verlassen.»

Den lockeren Ton kaufte ihm Zoe nicht ab. «Und wer leitet jetzt die Sonderkommission?»

«Georg Bucher, ein alter Hase.» Er setzte die Flasche an den Mund. «Der kann das mindestens so gut wie ich.»

«Wie nimmt Saxer die Suspendierung auf?»

Er starrte das Etikett an. «Genauso wie ich. Der freut sich über ein paar freie Tage.»

Vanzetti war ein mieser Lügner. So zusammengesackt, wie er dasass, stimmte davon kein Wort. «Dein Kollege ist ein feiner Typ.»

«Er sagt dasselbe über dich.»

Das freute Zoe ehrlich. «Von wegen Suspendierung und so. Wie hast du überhaupt erfahren, dass die Leiche unseres Mörders verschwunden ist?»

«Ein paar gute Kollegen halten mich auf dem Laufenden.» Mit dem Daumen wischte er über die Flasche. «Aber wenn du mich fragst, gibt es gar keine Leiche.»

«Wie kommst du darauf?»

«Unser Einsatzkommando hat vor der Jagdhütte etwas Blut gefunden, sonst aber keine Spur von dem Kerl. Auch sein Auto beim Bunker war weg. Ich vermute, Lucys Schlag hat ihn bloss betäubt. Nach einer Weile ist er zu sich gekommen und abgehauen.»

Zoe sog die Innenseite ihrer rechten Wange ein. «Schon möglich. Lucy hat erzählt, dass sie nichts wie weg wollte. Sie hat sich den Entführer nicht mehr angeschaut, nachdem er auf dem Boden vor der Hütte lag. Stattdessen ist sie dem Zufahrtsweg zur Jagdhütte ins Tal gefolgt und hat einen Bauernhof bei Courtelary gefunden. Von dort aus hat sie mich angerufen.»

«Wie geht es ihr denn?»

«Sie ist total erledigt.» Die Zeiger an Zoes Armbanduhr standen auf halb zehn. «Seit drei Stunden schläft sie. Aber sonst geht es ihr eigentlich ganz gut, soweit ich das beurteilen kann. Zu einem Arzt wollte sie jedenfalls nicht, obwohl ich sie dazu gedrängt habe. Grosi hat wirklich einen Dickschädel. Aber sie ist tough. Manchmal wünschte ich, ich wäre ebenso hart im Nehmen.»

Vanzettis Miene schwankte zwischen einem Lächeln und einem höhnischen Grinsen. «Stimmt, du bist wirklich ein sehr zartes Pflänzchen.»

Zoe schmunzelte. Er machte sich lustig über sie, und das fühlte sich gut an. Sie betrachtete seine schönen Finger und stellte sich vor, wie die über ihren Körper strichen … Rasch wandte sie den Blick ab. Auf dem Balkongeländer beäugten zwei Spatzen kritisch das leere Futterhäuschen. Zoe erhob sich und nahm eine Handvoll Körner aus dem Sack auf dem Regal neben der Balkontüre.

Draussen liess sie die Körner in das Häuschen rieseln. Sie tat dies jeden Tag, Sommer oder Winter. Es war eine Art Friedensangebot an die Vögel dieser Welt. Denn die jagten Zoe seit ihrer Kindheit eine Heidenangst ein. Sollten sich die Vögel dieser Welt jemals zusammenrotten, dann würden sie die Weltherrschaft übernehmen.

Vanzetti trat neben sie, mit der Bierflasche deutete er über den Garten und das Marzilibad, das hinter der Aarstrasse zu sehen war. «Schön hast du es hier.»

«Ja, ich möchte nirgendwo sonst leben.» Sie lehnte sich mit der Hüfte gegen das Geländer. «Wie machen wir jetzt weiter? Wir können den Kerl nicht einfach davonkommen lassen.»

Vanzetti seufzte. «Hast du denn noch nicht genug? Deine Grossmutter hätte heute sterben können.» Forschend sah er ihr in die Augen. «Du solltest das der Polizei überlassen.»

Zoe schlang die Arme um ihren Körper. Es war bedeckt und kühl, aber immerhin trocken. «Meine früheste Kindheitserinnerung mit Grosi ist ein Kinobesuch, ich muss damals fünf oder sechs Jahre alt gewesen sein. Der Trickfilm hiess Aladdin.»

«Den habe ich auch gesehen, das muss Anfang der 90er-Jahre gewesen sein. In welchem Kino lief der?»

«Keine Ahnung. Aber ich weiss noch genau, dass Grosi und ich auf dem Balkon in der ersten Reihe sassen und Popcorn assen. Das war mein erster Kinobesuch, zu Hause hatten wir keinen Fernseher. Ich war absolut fasziniert, als der Saal dunkel wurde und der Film begann. Bis ich das Getuschel von unten aus dem Parkett hörte. Ich schlich mich zur Brüstung und guckte runter. Dort sassen drei oder vier Jungs, Primarschüler.»

«Lucy hat dich einfach machen lassen?»

«Sie hat das gar nicht mitbekommen, vielleicht war sie eingenickt. Jedenfalls gaben die Jungs etwas herum, eine Dose oder so etwas. Ich konnte es nicht richtig erkennen. Der untere Teil der Brüstung war gemauert, der obere bestand aus einem geschmiedeten Geländer. Die Lücken waren so gross, dass ich meinen Kopf gerade so hindurchquetschen konnte.

Das tat zwar weh, doch ich konnte tatsächlich sehen, was die Jungs trieben: Sie reichten einen Milchshake von McDonald's herum.»

Vanzetti nahm einen Schluck Bier. «Den hatten sie wohl reingeschmuggelt.»

«Bestimmt. Jedenfalls war ich glücklich über meine Entdeckung. Selbst noch als ich merkte, dass mein Kopf im Geländer richtig feststeckte. Grosi, zwei Mitarbeiter des Kinos und eine Büchse Vaseline waren nötig, um mich wieder rauszubekommen.»

Vanzetti prustete los, sein Lachen kam tief aus dem Bauch heraus.

Zoe liess sich anstecken und lachte mit. «Die mussten den Film wegen mir unterbrechen, alle beobachteten meine Rettung. Ich bin sicher, dass sich niemand später an Aladdin erinnerte. Das kleine Mädchen mit den langen schwarzen Zöpfen bot die viel bessere Show.»

Das Lachen trieb Vanzetti Tränen in die Augen. «Und was genau willst du mir sagen mit dieser Geschichte?», fragte er, als er sich etwas erholt hatte.

«Dass ich so bin. Meine unstillbare Neugierde ist manchmal stärker als mein Überlebensinstinkt. Noch eine Woche nach dem Film hatte ich geschwollene Ohren. Aber das war okay, ich habe mich nicht geschämt oder so. Denn ich hatte ein Geheimnis gelüftet, und das fühlte sich richtig gut an. Diesem

Drang, einer Sache auf den Grund zu gehen, kann ich bis heute nicht widerstehen. Mit dem Alter ist es eher schlimmer geworden.»

Vanzetti stellte die Bierflasche aufs Geländer und schaute in die Ferne. «Das kann ich verstehen. Ehrlich gesagt, ich hasse es extrem, dass mich Oppliger vom Fall abgezogen hat.» Er kniff die Lippen zusammen, schien eine kurze Debatte mit sich selber zu führen. Dann griff er in die Innentasche seiner Jacke und holte eine CD heraus. «Der Zufall will es, dass ich heute im Büro noch schnell alle Falldaten kopiert habe. Man weiss ja nie, wofür so etwas gut sein kann.»

Zoe hätte ihm um den Hals fallen können. «Na los, machen wir uns an die Arbeit.»

50

Es klingelte in weiter Ferne, ruckartig fuhr Vanzetti hoch. Er brauchte ein paar Sekunden, bis er sich orientiert hatte. Das brettharte Sofa, die Ski an der Wand: Er befand sich in Zoes Wohnung. Mit der Hand tastete er den Boden ab, bis er seine Armbanduhr fand. Zehn vor fünf in der Früh. Bis zwei Uhr hatten sie die Unterlagen durchgeackert. Er dehnte gähnend die Arme, stand auf, wollte ein paar Schritte hin zum Balkonfenster machen.

«Porca vacca.»

Mit dem grossen Zeh war er gegen etwas Hartes gestossen, es tat höllisch weh. Vanzetti ging in die Hocke und rieb über seinen linken Fuss. Daneben spürte er etwas Klobiges. Er hob einen Tauchergürtel mit Bleigewichten hoch, der ein paar Kilo wog.

Vanzetti knurrte. Dieses Zimmer, nein, diese ganze Wohnung war das reinste Chaos. Geschirr, Unterwäsche, Teigwaren, Bälle oder Bücher lagen überall verstreut herum. Wie konnte es Zoe in so einem Durcheinander aushalten?

Er humpelte zum Balkonfenster und zog den Vorhang zur Seite. Draussen dämmerte es bereits. Vanzetti sehnte sich nach einer Zigarette, seine Jacke mit einem Paket in der Innentasche hing in der Diele. Aber Zoe würde ausflippen, wenn er in ihrer Wohnung rauchte.

Ob sie schon wach war?

Er schlich zur Schlafzimmertür und lauschte. Dahinter regte sich nichts. Er stellte sich vor, wie Zoe im Bett lag mit ihren verwuschelten schwarzen Haaren. Wenn er jetzt die Klinke runterdrücken würde, könnte er womöglich unter ihre Decke schlüpfen und seine Hände über ihren schlanken Körper gleiten lassen.

Vielleicht würde sie ihn aber auch verprügeln, sobald er die Tür öffnete. Fähig dazu wäre sie. Womöglich schlief sie gar mit einer Waffe unter dem Kopfkissen.

Quatsch.

Mit der Hand griff Vanzetti nach der Klinke, zögerte aber. Wollte er sich wirklich in eine Beziehung stürzen? Eine Beziehung mit einer Frau wie Zoe würde viel Energie kosten. Wo er doch so viel um die Ohren hatte mit dem Fall, der Suspendierung und allem. Er tastete nach dem Ehering an der Halskette. Wäre das Zoe gegenüber fair?

Hinter ihm piepste sein Handy, es signalisierte den Eingang einer Nachricht. Vanzetti liess die Klinke von Zoes Schlafzimmertür los.

Vorne bei der Wohnzimmertür knipste er das Licht an und entdeckte das Handy auf dem Regal neben dem Vogelfutter. Er machte einen grossen Schritt über den Bleigürtel, nahm es vom Tablar und gab den Code ein. Saxer hatte ihm ein Mail geschickt, fünf Minuten zuvor eine SMS. Die musste ihn geweckt haben. Offensichtlich kam Saxer auch nicht zur Ruhe in dieser Nacht.

Check bitte deine Mails, sobald du wach bist.

Vanzetti öffnete den Posteingang.

Habe gestern noch die Anfrage wegen Cincera an die Kollegen vom Nachrichtendienst abgeschickt. Sie haben die Nacht durchgearbeitet (vermutlich, weil ich ihnen mitgeteilt habe, dass der Bundesrat und der Bundesanwalt den Fall Bärtschi als «höchst dringlich» eingestuft haben).

Die Antwort kam vor einer Stunde an mein privates Mail (hab im Büro wohl fälschlicherweise die Weiterleitung eingeschaltet …). Fasse kurz zusammen:

1. *Die Originalunterlagen aus dem Cincera-Archiv sind irgendwann verloren gegangen. Der NDB geht davon aus, dass sie in den 1980er- oder 1990er-Jahren vernichtet wurden.*
2. *Über Kontakte zwischen Cincera und rechtsextremen Kreisen ist dem NDB nichts bekannt.*
3. *Der Name Karl Koponski ist dem NDB nicht bekannt.*
4. *Bis zum Skandal 1976 hat der NDB ab und zu mit Cincera zusammengearbeitet. Die entsprechenden Unterlagen wurden im Zuge der Fichenaffäre in den 1990er-Jahren vernichtet (wers glaubt …)*

5. Im Archiv erhalten geblieben sind ein paar Dokumente aus den 70er-Jahren (siehe Anhang). Meist sind das Protokolle von Besprechungen mit Leuten, die als Informanten für den NDB und Cincera gearbeitet haben. Der NDB denkt wohl, die seien alle tot, sonst hätten wir die nie gekriegt. Aber schau dir mal Seite 38 an!

Ich geh jetzt ins Bett.

Vanzetti tippte seine Antwort ein:

Super Arbeit, Reto, vielen Dank. Ich schaue mir das gleich an. Schlaf gut!

Nachdem er das Mail abgeschickt hatte, öffnete er den Anhang. Er enthielt 122 Seiten Text, viel zu erkennen war auf dem kleinen Bildschirm nicht. Vanzetti legte zwei Finger auf das Display und zoomte ein, doch noch immer konnte er die Schrift nicht lesen. Accidenti, brauchte er jetzt eine Brille?

Das konnte nicht warten.

Vanzetti klopfte an die Schlafzimmertüre. «Zoe?»

Sie gab keine Antwort, er klopfte lauter. «Zoe, bist du wach?»

Durch das Türblatt drang ihre heisere Stimme. «Was ist?»

«Ist es okay, wenn ich reinkomme?»

«Tu es einfach.»

Vanzetti trat ein, das Licht aus dem Wohnzimmer fiel auf ein Bett, ein Duvet mit dunkelblauem Bezug und auf ihre schlanke Figur darunter.

Zoe setzte sich im Bett auf und rieb sich die Augen. Sie trug ein übergrosses graues T-Shirt, auf dem MP Gren stand, das Kürzel für die Grenadiere bei der Militärpolizei.

«Hübsches Pyjama.» Vanzetti schmunzelte. Als erste Frau hatte Zoe dort die Rekrutenschule absolviert.

Zoe verzog den Mund. «Wo du doch die Eleganz in Person bist.»

Er schaute auf sein weisses Unterhemd und die grünen Boxershorts herab und zuckte mit den Schultern. «Zu Hause trage ich Armani.»

Sie wollte etwas erwidern, doch er hielt eine Hand hoch. «Ich brauche deinen Laptop. Reto hat eine Antwort vom Nachrichtendienst bekommen. Doch hier drauf kann ich sie nicht lesen.» Er zeigte auf sein Handy.

Plötzlich war Zoe hellwach. Sie schlug die Decke beiseite, stand auf und machte drei Schritte zum Pult, das vor dem Fenster stand. Dort klappte sie ihren Laptop auf und startete ihn. «Schick das Mail an mich, dann können wir es hier anschauen.»

«Okay.» Doch Vanzetti konnte den Blick nicht lösen vom knappen schwarzen Slip, den sie unter dem T-Shirt trug. Ihre langen, sehnigen Beine gingen über in einen hübschen, straffen Po. Als sich Zoe über den Laptop beugte, zeichneten sich der schmale Rücken und die kräftigen Schultern unter dem T-Shirt ab. Ach, verflucht!

Vanzetti guckte auf sein Handy und schickte die E-Mail ab.

Zoe zog den Stuhl unter dem Pult hervor und setzte sich hin. Sie klickte ein paar Mal mit der Maus, dann meldete Outlook den Eingang einer Mail. «Ich hab sie schon.»

Vanzetti trat neben sie.

Zoe las die E-Mail von Saxer durch. «Ganz schön dreist, dass er die Büromails an seine private Adresse weiterleiten lässt. Wenn das mal keinen Ärger gibt.»

«Wir würden beide hochkant rausfliegen. Aber jetzt gibt es sowieso kein Zurück mehr.»

Zoe lächelte Vanzetti an. «Danke.» Sie klickte auf den Anhang.

Vanzetti beugte sich hinunter, am Oberarm spürte er Zoes warme Schulter. «Das sind Protokolle von Sitzungen oder Besprechungen.» Er tippte mit dem Finger auf den Monitor. «Schau, ganz oben sind jeweils die Teilnehmer vermerkt.»

«Dann schauen wir uns mal Seite 38 an.» Sie scrollte vor zur entsprechenden Seite.

Datum: 5. März 1976
Ort: Restaurant Harmonie, Bern
Teilnehmer: Erwin Beer, Kaspar Hunziker, Paul Aebi, Rainer Kopp, Mario Riesen.
Thema: Demonstration am 1. Mai

Vanzetti überflog dem Text. Daraus ging hervor, dass in Bern und Zürich für die 40-Stunden-Woche und gegen die Militärdiktatur in Chile demonstriert werden sollte. «Mensch, Bärtschi hatte ein Foto von dieser Demo in ihrem Bankschliessfach aufbewahrt, es liegt jetzt in meinem Büro. Darauf sind Eva Bärtschi, deine Grossmutter und dein Grossvater zu sehen.»

«Warum ist das nicht auf deiner CD?»

«Weil ich es noch nicht eingescannt habe.» Vanzetti richtete sich auf. «Okay, der Nachrichtendienst wusste also dank Informanten vorab, worum es an dieser Demo ging. Aber ich verstehe nicht recht, was Reto interessant daran findet.»

«Deswegen.» Zoe streckte eine Hand aus. Ihr Finger zitterte, als sie ihn unter einen Namen auf dem Bildschirm legte. «Paul Aebi, so heisst unser Fotograf.»

51

Die löchrige Asphaltstrasse führte durch ein Dickicht von Bäumen. Vanzetti huschte voraus, Zoe folgte ihm lautlos. Mit der Hand in der Jackentasche umfasste sie den Griff ihrer Pistole. Sie glaubte zwar nicht, dass Aebi gefährlich war. Möglicherweise hatte er gar nichts mit der Sache zu tun. Doch der Fotograf hatte sie am Sonntag beschattet, angeblich nur für ein Klatschpressenfoto. Und er hatte sich überhaupt sehr eigenartig verhalten.

Sein Haus stand in Krauchthal im Emmental, eine halbe Stunde von Bern entfernt. Unweit von hier thronte die Strafanstalt Thorberg auf einem Hügel.

Vanzetti hob eine Hand und blieb einen Meter vor Zoe stehen. Das Blätterdach der Bäume schützte sie vor dem Nieselregen. Aebis Bude am Ende der Zufahrt glich Zoes Vogelhäuschen: eine einstöckige, einfache Konstruktion aus verwitterten Balken und kaputten Schindeln. Das Haus stand an einem leichten Abhang, ein überdachter Balkon zog sich über die Seite zum Tal hin. Die Zufahrt endete in einem Kreis vor dem Haus, rechts davon stand eine windschiefe Garage mit geschlossenem Tor.

In der Ferne bellte ein Hund, auf der Kantonsstrasse 100 Meter hinter ihnen rauschten Lastwagen vorbei.

«Ich schaue mich mal um, du wartest hier», raunte Vanzetti.

Hatte der sie noch alle? Entschieden schüttelte Zoe den Kopf.

Er probierte es mit einer finsteren Miene.

«Vergiss es.»

Vanzetti seufzte. Dann ging er geduckt über die Zufahrt und kauerte sich hinter einen Busch zehn Meter vor dem Haus.

Zoe spitzte die Ohren. Sie erwartete das Knarren eines Fensters oder das Klicken einer Waffe. Doch nichts tat sich. Sie huschte durch den Regen und ging neben Vanzetti in die Knie. «Wie gehen wir vor?», flüsterte sie.

«Wir klopfen an die Tür.»

Echt jetzt? «Und dann? Willst du ihn höflich fragen, ob er denn in den Mord an Bärtschi verwickelt ist?»

«Warum nicht? Wir haben ja bloss einen Verdacht, mehr nicht. Wenn er nicht mit uns reden will, können wir nichts dagegen tun.»

Oh, doch, das konnten sie, einiges sogar. Aber darüber würde Vanzetti nicht mal diskutieren wollen. Bestimmt schlief er mit dem Strafgesetzbuch auf dem Nachttisch. «Dann lass uns vorher wenigstens ein wenig herumschnüffeln.»

Vanzetti schüttelte den Kopf. «Ich bin kein Schnüffler, ich bin Polizist.» Er richtete sich auf, straffte seine

Schultern und bedeutete Zoe, dass sie in Deckung bleiben sollte.

Sie wartete, bis er auf das Haus zuschritt. Dann zog sie die Waffe aus ihrer Jackentasche, lud sie durch und entsicherte.

Vanzetti blieb ein paar Sekunden vor dem Eingang stehen und spähte durch den schmalen Streifen Milchglas, der darin eingelassen war. Dann drückte er die Klingel. Das von den Mauern gedämpfte Geräusch störte die Stille um sie herum. Er wartete ein paar Sekunden, dann klingelte er erneut. Immer noch regte sich nichts. Beim dritten Versuch klopfte er laut an die Türe.

«Hallo? Herr Aebi?»

Er drehte sich zu Zoe um und zuckte mit den Schultern.

Zoe sicherte die Waffe, steckte sie ein, richtete sich auf, überquerte den Vorplatz und warf einen Blick durch die verstaubte Scheibe in die Garage. «Sein Motorrad ist hier», rief sie Vanzetti zu. Im Innern stand die schwarze BMW R 1200 GS.

Vanzetti gesellte sich zu ihr und schaute ebenfalls hinein. «Hat er ein Auto?»

«Bei der Arbeit fährt er einen Dienstwagen der Zeitung. Ich weiss nicht, ob er den mit nach Hause nimmt.»

Vanzetti blickte auf die Uhr. «Halb sieben. Vielleicht ist er schon unterwegs.»

«Ich wüsste nicht, was er um diese Uhrzeit ablichten sollte.» Sie schlug den Kragen ihrer Lederjacke hoch. «Ich sehe mich kurz um.»

Bevor Vanzetti widersprechen konnte, joggte Zoe um die linke Hausecke. Beinahe rutschte sie auf dem nassen Gras aus. Eine Terrasse war seitlich in den Hang gegraben und mit Platten ausgelegt worden. Sie war von Kletterpflanzen umgeben, die aus einem Steinbeet wuchsen. Auf dem Sitzplatz stand ein umgedrehtes Kanu. Vorsichtig umrundete es Zoe, wobei sie immer auf Bewegungen oder andere Anzeichen von Gefahr achtete.

Eine Schiebetür führte von der Terrasse ins Haus. Zoe zog am Griff, doch sie liess sich nicht bewegen. Am Glas beschirmte sie die Augen mit den Händen und guckte ins Innere. Der grösste Teil des Wohnzimmers lag im Schatten, sie konnte bloss einen Fernseher, einen Ledersessel und eine Stehlampe ausmachen.

Aus dem Steinbeet holte sich Zoe einen faustgrossen Brocken und trat damit vor die Schiebetür.

Vanzetti kam um die Hausecke. «Was hast du vor?»

«Ich sehe mich um.»

«Lass uns gehen. Wir kommen später wieder.» Er deutete auf den Stein in ihrer Hand. «Willst du, dass ich arbeitslos werde?»

Okay, vielleicht war das keine gute Idee gewesen. Sie hatte eindeutig zu wenig geschlafen in der vergangenen Nacht. Zoe warf den Stein zurück ins Beet. Doch so leicht würde sie nicht aufgeben. «Dann lass uns wenigstens einen Rundgang machen. Du gehst links ums Haus herum, ich rechts.»

Vanzetti zögerte, signalisierte dann aber mit einem leichten Nicken seine Zustimmung.

Zoe eilte zurück zur Eingangstür. Abgeschlossen. Suchend fuhr sie mit der Hand am oberen Türrahmen entlang. Nichts. Vom Boden hob sie einen Blumentopf mit einem abgestorbenen Rosenstock hoch. Wieder nichts. Daneben lag ein Stein, sie stupfte ihn mit dem Fuss an. Er rutschte ein gutes Stück weit und machte dabei ein komisches Geräusch. Zoe hob ihn hoch: Plastik. Auf der Unterseite war eine Aussparung eingefräst, in deren Mitte ein Schlüssel lag. Bingo!

Sie horchte, kein Laut von Vanzetti. Es blieb ihr vielleicht eine Minute. Mit der linken Hand steckte Zoe den Schlüssel ins Schloss und drehte ihn um. Es klickte. Mit der Rechten holte sie die Waffe aus der Jackentasche. Dann öffnete sie die Tür. Ein Luftzug kam ihr durch den Spalt entgegen, zusammen mit einem modrigen Geruch. Aber nichts war zu hören.

Leise betrat sie die Diele, von der vier Türen abgingen.

Über einen billigen Teppich trat Zoe zunächst in eine Küche, deren Geräte aus der Urzeit der Haushaltstechnik zu stammen schienen. Aber alles stand blitzblank an seinem Platz – noch so ein Ordnungsfanatiker.

Im Kühlschrank lagen Butter, Käse und Lachs.

«Zoe? Bist du da drin?», rief Vanzetti vor der Haustüre.

Links mussten sich das Wohnzimmer und die Terrasse befinden, die Tür zum Raum rechts war geschlossen. Sie drückte die Klinke und machte einen Schritt rückwärts.

Puh, Aebi sollte öfters lüften.

«Zoe, komm sofort da raus.»

Pechschwarze Dunkelheit und ein aufdringlicher Geruch empfingen sie. Vorsichtig tastete Zoe die Wand ab nach einem Lichtschalter. Sie spürte Plastik und drückte auf die Taste. Helles Licht blendete sie, dann stiess Zoe einen kurzen Schrei aus.

Rote Schlieren zogen sich über die weisse Zimmerwand hinter dem Bett. Darauf lag Aebi mit ausgestreckten Beinen, er trug braune Cowboystiefel, Jeans und ein blaues T-Shirt mit der Aufschrift *Cala d'Or*. Die linke Hand lag auf seiner Brust, die rechte auf der Matratze neben einer Pistole. Das blassgelbe Kopfkissen hatte sich vollgesogen mit rotem Blut, das aus einer klaffenden Wunde an Aebis Hinterkopf stammte.

52

P.S. Bitte, denk immer an meine letzten Worte.

Am Tisch in ihrem Entrée legte Lucy ihre Lesebrille auf den Brief, den Eva ihr zusammen mit dem Stick geschickt hatte. Wie sollte sie sich bloss an Evas letzte Worte erinnern? Das war 40 Jahre her, verflixt noch mal. Und doch wurmte es Lucy, dass sie sich nicht einmal an ein einziges Gespräch richtig entsinnen konnte. Schon gar nicht das letzte. Weder Ort noch Zeit noch Umstände fand sie in ihrem Gedächtnis. Bestimmt waren es Schimpfworte gewesen, die sie Eva an den Kopf geworfen hatte. Damals, im Dezember 1976, nach dem Tod von Felix. Als Lucy überzeugt gewesen war, dass Eva ihren Mann mit hinterlistigen Manövern in die Verzweiflung getrieben hatte.

Mittlerweile war sie von Evas Schuld nicht mehr so ganz überzeugt. Die Geschehnisse der vergangenen Tage hatten ihr Bild von Eva erschüttert.

Was mochte ihre ehemalige Freundin auf Lucys Schimpftirade geantwortet haben? Vielleicht würde sich Lucy erinnern, wenn sie wieder ganz auf dem Damm wäre.

Sie hörte durch die geschlossene Türe, wie Zoe im Schlafzimmer in ihr Handy sprach.

Zwar hatte Lucy zwölf Stunden lang durchgeschlafen, doch jetzt, kurz vor Mittag, hätte sie sich schon wieder hinlegen wollen. So eine Entführung liess sich ja nicht einfach abschütteln wie Schnee. Trotzdem – psychisch fühlte sich Lucy eigentlich recht gut. Sie hatte sich selbst aus einem grässlichen Loch befreit und einen gewalttätigen Kerl überwältigt, der wahrscheinlich zwei Menschen umgebracht hatte. Gar nicht so schlecht für eine alte Schachtel. Erleichterung empfand sie auch darüber, dass sie ihren Entführer wohl doch nicht umgebracht hatte. Das hätte schon auf ihrem Gewissen gelastet.

«Und? Sind dir Evas letzte Worte jetzt in den Sinn gekommen?» Mit dem Handy in der Hand kam Zoe aus dem Schlafzimmer.

«Leider nicht. Vielleicht fallen sie mir eher ein, wenn ich nicht so fest darüber nachdenke.»

«Eigentlich ist es ja egal nach so langer Zeit.» Zoe setzte sich ihr gegenüber und legte das Handy auf den Tisch.

«Ausser, wenn ich ihr all die Jahre Unrecht getan hätte.» Lucy deutete auf das Handy. «Was sagt der Herr Chefredaktor?»

«Nyffeler ist genervt. Er will, dass ich wieder arbeiten komme. Drei Tage sollten doch reichen für die Erholung, findet er.» Zoe schnaubte. «Ich kann ihn ja verstehen. Seit Samstag hat die Zeitung keine Exklusivgeschichte mehr gehabt. Der Zeugenaufruf und die Belohnung haben keine Ergebnisse gebracht.»

«Jetzt sieht Nyffeler mal, was er an dir hat. Darüber solltest du dich freuen.»

Zoe rümpfte die Nase. «Mich ärgert, dass uns die Berner Zeitung und der Bund mittlerweile überholt haben.»

«Wusste Nyffeler schon, dass Aebi tot ist?»

«Ja, er hat die Polizeimeldung gelesen. Aber ich werde ihm nicht auf die Nase binden, dass ich die Leiche gefunden habe. Zumindest noch nicht. Bestimmt müsste ich sonst ins Büro und eine ganze Seite mit der Story füllen.»

Lucy legte eine Hand auf Zoes Unterarm. «Ist alles okay mit dir? Der Anblick der Leiche muss schrecklich gewesen sein.»

«Die Bilder kann ich fürs Erste verdrängen. Nur dieser kupferartige Geruch geht mir nicht aus dem Kopf.» Sie stiess einen Seufzer aus. «Es würde mir guttun, wenn ich mich in die Recherche stürzen könnte. Aber Nyffeler will mir keinen einzigen Tag mehr geben.»

Lucy tippte mit einem Fingernagel auf den Tisch. «Ich denke, ich könnte dir etwas Zeit verschaffen.»

«Wie willst du das denn anstellen?»

«Indem ich Nyffeler eine kleine Exklusivgeschichte liefere. Ein Häppchen für den Hai.»

Zoe zog eine Braue hoch.

Lucy setzte sich aufrecht hin. «Es ist ja nicht gerade alltäglich, dass eine Rentnerin in der Schweiz entführt wird. Die Zeitungen schreiben heute zwar über den Kampf auf der Aare und die Grossfahndung der Bundeskriminalpolizei. Aber niemand kennt die Folgegeschichte. Wie wäre es, wenn ich deinem Chef ein exklusives Interview gäbe?»

«Das wäre echt spitze. Ein paar Details müsstest du allerdings für dich behalten.»

Lucy legte ihre Hand auf Zoes Hand. «Kleines, ich war lange genug im Geschäft. Ich würde auf …» – mit den Fingern malte Lucy Anführungszeichen in die Luft – «… ‹alte Dame weiss nicht, wie ihr geschieht› machen.» Sie grinste. «Ich müsste allerdings andeuten, dass alles mit dem Cincera-Archiv zusammenhängen könnte. Sonst würde mich Nyffeler für exzentrisch oder verrückt halten. Na ja, möglicherweise tut er das sowieso. Aber auf keinen Fall würde ich über den Datenstick oder Aebi reden.»

Mit beiden Händen fuhr Zoe durch ihr dichtes schwarzes Haar. «Und du denkst, er würde dir das abkaufen?»

«Mach dir darüber keine Sorgen. Der knallharte Jürg Nyffeler war schon immer etwas naiv. Als er damals Volontär bei den Berner Nachrichten war, hat ihm unser Bundeshauskorrespondent Pesche Huber weisgemacht, dass es im Keller der Redaktion einen geheimen Zugang zum Bundesratsbunker gebe. Ich weiss nicht genau, wie lange Jürg danach gesucht hat. Aber es waren bestimmt ein paar Stunden.»

Zoe kicherte. Dann kam sie um den Tisch herum, setzte sich auf die Bank neben Lucy und umarmte sie. «Grosi, du bist super.»

Die Wohnzimmertüre öffnete sich. «Darf ich mitlachen?» Vanzetti kam herein und liess sich mit finsterer Miene auf Zoes leeren Stuhl fallen.

«Stress im Büro?», fragte Zoe.

«Dort habe ich gar nicht erst angerufen. Aber Saxer ist einverstanden, dass wir die Verbindung zwischen Aebi und Cincera vorerst für uns behalten. Und vermutlich war es kein Fehler, dass wir die Kantonspolizei anonym über Aebis Tod informiert haben. Sonst müsste ich jetzt viele Fragen beantworten.»

Zoe zuckte mit den Schultern. «Dann ist ja alles in Ordnung.»

«Gar nichts ist in Ordnung», knurrte Vanzetti. «Es geht mir völlig gegen den Strich, die Kollegen so hinters Licht zu führen. Unsere Informationen könnten ihnen helfen bei den Ermittlungen.»

«Wir kehren ja nichts unter den Teppich. Aber bis wir alles aufdecken können, müssen wir noch ein paar Spuren verfolgen.»

«Ja, ja, schon gut.» Vanzetti atmete schwer aus. «Aber wir müssen Ergebnisse liefern können, und zwar schnell. Sonst werde ich nie heil rauskommen aus dieser Nummer.»

Lucy zog einen Schreibblock und einen Stift aus der Schublade unter dem Tisch. «Vielleicht hilft es, wenn wir uns mal eine Übersicht verschaffen.» Sie hielt einen Finger hoch. «Erstens: Es sieht so aus, als ob Aebi Selbstmord begangen hat. Richtig?»

Zoe nickte. «Ja. Eine Walther PPK lag neben seiner rechten Hand. Und auf dem Pult ein Abschiedsbrief.»

Vanzetti drehte eine Hand hin und her. «Die Worte ‹Es tut mir leid› würde ich nicht gerade als Abschiedsbrief bezeichnen. Wir wissen nicht mal, ob es Aebis Schrift ist.»

Lucy setzte die Lesebrille auf und kritzelte *Aebi: Selbstmord oder Mord?* auf das Blatt. «Bestimmt kann das die Polizei feststellen. Auf jeden Fall beweist das Protokoll, dass es eine Verbindung gibt zwischen Aebi und dem Cincera-Archiv. Nehmen wir mal an, es war Mord. Weshalb hätte jemand Aebi umbringen sollen? Der Datenstick ist doch in der Aare verschwunden, die Originalunterlagen wurden vernichtet. Was treibt den Täter an?»

«Vielleicht will er Mitwisser beseitigen», sagte Vanzetti.

Mit dem Finger malte Zoe Kringel auf den Tisch. «Oder er ist immer noch auf der Suche nach dem Archiv. Grosi, du hast doch erzählt, dass Grosspapi und seine Parteikollegen nach dem Einbruch in

Zürich Kopien von allen Unterlagen gemacht haben. Die hat Eva später beiseitegeschafft. Vielleicht gibt es diese Kopien noch irgendwo.»

Clever, ihre Kleine. «Das wäre möglich. Aber das müsste ein ganzer Berg sein. Mein Freund Silvan in Grindelwald hat gesagt, dass Cincera Akten, Mikrofilme, Fotos und Videos in seinem Archiv hortete. Und sie hätten 1976 alles kopiert.»

«Darf ich eines von diesen ‹Ragusa› haben?» Vanzetti deutete auf das Regal über Lucys Kopf. «Mein Magen knurrt schon die ganze Zeit.»

«Natürlich.» Ohne hinzuschauen holte sie die Dreierpackung vom Regal und legte sie vor ihn hin.

Er schälte ein «Ragusa» aus der Verpackung. «Aber wer ist so versessen darauf? Fabian Bärtschi, seine Schwester Rahel oder deren Ex-Mann Koponski? Und wer ist dieser Mörder und Entführer wirklich, der entweder auf eigene Rechnung oder im Auftrag von jemandem arbeitet?» Er schob die Schokolade aus dem Karton und riss die Silberfolie ab. «Wenn es diese Kopien gibt, müssen wir sie finden. Sie könnten uns zum Täter führen.» Er biss ein Stück Schokolade ab.

Zoe nahm sich ebenfalls ein «Ragusa». «Und wo willst du mit der Suche beginnen? Denk an die Mühe, die sich Eva mit dem Verschlüsseln der Daten auf ihrem Computer gemacht hat. Bestimmt wären die Unterlagen ebenso gut versteckt. Wenn es sie überhaupt noch gibt.»

Lucy hörte auf zu schreiben. «Was lag nochmal in Evas Bankschliessfach?»

Vanzetti schluckte die Schokolade herunter. «Zwei Fotos, eine Biografie von Trotzki, ein Zertifikat für einen Stern und ein Schlüssel. Aber frag mich jetzt nicht, wo der hinpassen könnte.»

Lucy stützte ihr Kinn auf eine Hand. «Vielleicht nirgends. Vielleicht ist es bloss ein symbolischer Schlüssel. Eva könnte uns damit sagen wollen, dass all diese Dinge zusammen das Rätsel lösen.»

Vanzetti antwortete mit einem stummen Nicken.

«Wo ist dieses Zeugs?», fragte Zoe mit vollem Mund.

«Im Schreibtisch in meinem Büro. Aber dort kann ich mich zurzeit nicht blicken lassen.»

Zoe hob eine Augenbraue. «Aber du hast doch bestimmt jemanden, der dir gerne alles beschaffen würde. Dein Schwarm zum Beispiel, diese Sandra von Gunten.»

«Sie ist nicht …» Resigniert verwarf Vanzetti beide Hände. «Okay, ja, das würde sie vielleicht tun für mich.»

Zoe richtete das «Ragusa» auf ihn. «Also los, Casanova. Worauf wartest du?»

53

Kohler zappte durch die Fernsehprogramme: Baywatch, ein Talk über Sexsucht, Tom und Jerry, Teleshopping – nichts als Schrott auf allen Kanälen. Frustriert stellte er den Ton ab, warf die Fernbedienung neben sich auf die Matratze und starrte an die Decke des Hotelzimmers. In der Ecke über dem Bett hing ein Spinnfaden. Die Fremdenlegion hätte so eine Nachlässigkeit mit einer Woche Kloschrubben bestraft.

Er befühlte das Pflaster auf seiner Stirn. Sein Schädel brummte heute nicht mehr so stark wie gestern, als ihn diese Hexe Eicher überrascht hatte. Diese alte Schrulle hatte ihn ausgetrickst. Er wurde wirklich zu alt für diesen Job.

Wie Eicher entwischt war, hatte Kohler seinem Kunden nicht im Detail geschildert – er war schliesslich kein Masochist. Einmal mehr hatte der Kunde nicht getobt, sondern ihm einen anderen Auftrag gegeben: einen Fotografen beseitigen, der zu einem Problem geworden war. Erneut hatte Kohler improvisieren müssen, doch er hatte eine elegante Lösung gefunden.

Und jetzt hockte er in diesem beschissenen Hotelzimmer und wartete auf neue Anweisungen.

Auf dem stummen Bildschirm sprach ein Reporter in ein Mikrofon, das hellblau gestrichene Haus im Hintergrund kannte Kohler. Darin hatte er Eva Bärtschi erschossen. Er griff zur Fernbedienung und drückte auf die Lautsprechertaste.

«… dass der kriminaltechnische Dienst einen genetischen Fingerabdruck am Tatort im Dählhölzliwald hat sicherstellen können. Die Polizei gleicht ihn nun mit ihrer Datenbank ab. Falls der Täter in der Schweiz schon einmal straffällig geworden ist, führt dies möglicherweise zu einem Namen.» Mit ernster Miene blickte der glatzköpfige Reporter in die Kamera und wartete auf die Anschlussfrage.

Das Bild schnitt zur Moderatorin im Studio, einer jungen Frau mit roter Brille und hochgesteckten schwarzen Haaren. «Was versteht man unter einem genetischen Fingerabdruck, Toni?»

«In diesem Fall soll es ein Haar sein, das die Kriminaltechniker an der Leiche des Anwalts Guido Winzenried gefunden haben. Die Polizei geht davon aus, dass es dem Täter gehört. Aus dem Haar haben sie die DNA extrahieren können.»

«Ist das ein Durchbruch für die Ermittlungen?», fragte die Moderatorin im Studio.

«Es ist zumindest ein Schritt in die richtige Richtung. Ob damit der Täter überführt werden kann, wird sich zeigen.»

«Geht die Polizei denn davon aus, dass der gleiche Täter auch Eva Bärtschi umgebracht hat?»

Der Reporter auf dem gepflegten Rasen vor Bärtschis Haus schüttelte den Kopf. «Zu dieser Frage wollte sich die Sprecherin der Bundeskriminalpolizei nicht äussern. Ich habe den Eindruck, dass die Verantwortlichen sehr nervös sind.»

«Es ist ja viel geschrieben worden in den vergangenen Tagen. Es gab Spekulationen, dass die Morde im Zusammenhang mit einem Geheimarchiv aus den 1970er-Jahren stehen könnten. Das klingt ein wenig nach Agententhriller, findest du nicht?»

«Da hast du recht, Carmen. Verschiedene Berner Zeitungen haben wild spekuliert über verschwundene Akten und verschlüsselte Dokumente. Ob da etwas dran ist, lässt sich zum heutigen Zeitpunkt nicht feststellen. Die Polizeisprecherin wollte keinen Kommentar dazu abgeben. Aus internen Quellen habe ich aber erfahren, dass diese These bei der Bundeskriminalpolizei sehr umstritten ist. Offenbar sind nicht alle Experten der Meinung, dass die Ermittlungen in die richtige Richtung gehen. Meine Quellen erzählen mir auch, dass die Bundeskriminalpolizei den Ermittlungsleiter ersetzt hat.»

«Das heisst, dass die Polizei auf der falschen Fährte war?»

«Es könnte darauf hindeuten, ja. Darüber hinaus hat die Bundeskriminalpolizei gestern eine Medienmitteilung veröffentlicht zu einem Polizeieinsatz mit anschliessender Grossfahndung in Worblaufen. Offenbar blieb beides ohne Ergebnis. Auf Aussenstehende macht das keinen souveränen Eindruck. Aus dem Parlament werden jedenfalls bereits Rufe nach einer Untersuchungskommission laut.» Er machte eine finstere Miene.

«Vielen Dank, Toni.» Im Studio schaute die Moderatorin wieder direkt in die Kamera. «Vor dem Zusammenbruch der Berchtold-Firmengruppe hatte deren Chef Hannes Berchtold 45 Millionen Franken vor seinen Gläubigern …»

Kohler schaltete den Fernseher aus. Er rollte herum, glitt von der Matratze und machte einen Schritt über die Papiere auf dem Boden. Nadelstiche fuhren in seinen Knöchel und seine Hüfte. Wenn er sich nur nichts gebrochen hatte bei der Verfolgung gestern. Zur Sicherheit würde er sich röntgen lassen müssen. Aber erst, wenn er diesen Auftrag abgeschlossen hatte.

Hatte die Polizei tatsächlich seine DNA? Oder bluffen die bloss? Er hatte sich über die Leiche von Winzenried gebeugt, als der Jogger aufgetaucht war. Dort könnte es passiert sein. Andererseits machte das keinen grossen Unterschied. In der Schweiz hatte er nur selten gearbeitet, seine DNA dürfte nirgends gefunden und gespeichert worden sein. Und der Datenaustausch mit Interpol würde nur schleppend ablaufen. Trotzdem. Kohler durfte sich keine weiteren Fehler erlauben.

Sein Blick schweifte aus dem Hotelfenster. Unten fuhr ein Tram von der Haltestelle am Guisanplatz los.

Falls der Reporter recht hatte, war ihm die Polizei nicht dicht auf den Fersen. Und Vanzetti, diesen Bluthund, hatte man ersetzt. Immerhin mal eine gute Nachricht. Oder war dies bloss ein weiterer Trick?

Vorne an der Kreuzung stauten sich die Autos, ihre Lichter glühten rot wie die Bremslichter der Jeeps in Bardai, im Norden von Tschad. Sie hatten eine Gruppe von Technikern begleitet, welche die stotternde Stromversorgung wieder hatte herstellen sollen. Im Konvoi waren sie über staubige Strassen gerollt, links und rechts hatte eine stumme Menschenmenge sie beobachtet. Plötzlich hatte der Geländewagen vor Kohler abgebremst. Die roten Lichter waren das Letzte, was er klar mitbekommen hatte, bevor der Wagen in die Luft flog. Türen, Räder, eine Hand und ein Bein prasselten rings um seinen Jeep auf die Strasse. Das Knalltrauma nahm Kohler für Stunden das Gehör, doch er sah den Jubel der Menschenmenge. Die Leute, denen sie hatten helfen wollen, feierten ihren Tod.

Es gab keine Dankbarkeit auf dieser Welt.

Kohler bückte sich und schob die Fotos, Berichte und Überwachungsprotokolle auf dem Teppich zusammen. Den Haufen verstaute er in seinem

Aktenkoffer. In einem Plastiksack auf dem Nachttisch standen die Putzmittel, mit denen er den Raum schrubben und Fingerabdrücke entfernen würde. Mit einem Staubsauger würde er sich danach um Fuseln kümmern. Und die Haare …

Kohler zog sich nackt aus und legte die Kleider auf das Bett. Mit dem Krypto-Handy hinkte er ins Badezimmer, dort legte er es auf den Deckel der Toilette. Er setzte sich behutsam in die trockene Badewanne und verteilte Rasiercreme auf Beine, Brust und Kopf. Kohler zuckte zusammen, als er die Beule auf seiner Stirn berührte. Mit einem Nassrasierer begann er, sämtliche Haare von seinem Körper zu entfernen. Nicht nochmals würde er Spuren an einem Tatort hinterlassen. Stehen lassen würde er nur die Augenbrauen und die Wimpern. Sonst sähe er aus wie ein Freak.

Das Krypto-Handy klingelte. Er beugte sich über den Wannenrand zur Toilette. «Ja?»

«Machen Sie sich bereit», sagte der Kunde. «Es ist an der Zeit, dass Sie diesen Auftrag zu Ende bringen.»

Beinahe glitt Kohler das Handy aus den glitschigen Fingern. «Nichts lieber als das.»

54

Zoe steuerte Lucys Mini über den Waldweg, hielt an und schaltete den Motor aus. «So, da wären wir.»

Lucy stieg aus. Im Bremgartenwald zwitscherten die Vögel, die tiefstehende Sonne beschien die Baumwipfel, die Luft war kühl und frisch. Herrlich. Über das Stoffdach des Cabrios nickte sie Zoe zu. «Das war eine gute Idee von dir, ein wenig raus zu gehen.»

Vom schmalen Hintersitz zwängte sich Vanzetti aus dem Auto. «Wir hätten mein Auto nehmen sollen. Darin fänden normalgrosse Menschen Platz.»

Zoe verdrehte die Augen.

Lucy schmunzelte, doch sie verstand seine schlechte Laune. Den ganzen Nachmittag über hatten sie sich durch die Akten gewühlt, Evas Schätze aus dem Bankschliessfach untersucht und diskutiert. Zwischendurch war Lucy in die Redaktion gefahren und hatte sich von Nyffeler interviewen lassen. Den hatte sie damit glücklich machen können. Sie selbst hatte aber nicht das Gefühl, etwas geschafft zu haben. Dafür hatte Lucy bei der Aktendurchsicht überrascht beobachten dürfen, wie liebevoll Zoe und Alex miteinander umgegangen waren. Sie hatte ihm die verspannten Schultern massiert, er ihr Tee gekocht. Da war doch etwas im Busch!

Vanzetti presste seine Hände ins Kreuz. «Oder wir hätten an der Aare spazieren können. Die läge vor eurem Haus.»

Zoe schritt zum Heck des Autos und öffnete den Kofferraum. «Spazieren? Das ist doch viel zu öde.»

Lucy trat neben sie. Im Kofferraum lagen Jacken, Masken, Helme – und Waffen. «Was ist denn das?»

Zoe griff nach einem Gewehr. «Keine Sorge, die sind nicht echt. Damit verschiesst man bloss Farbkügelchen.»

«Paintball?», rief Vanzetti aus. «Du machst Witze.»

Lucy berührte das Gewehr, es bestand zum grössten Teil aus Plastik. «Wie funktioniert das denn?»

«In der Regel kämpfen zwei Teams gegeneinander. Wer getroffen wird, ist raus.» Sie hob das Gewehr hoch, zielte auf einen Baum zehn Meter entfernt und drückte den Abzug. Es ploppte, und gleich darauf erschien ein blauer Klecks mitten auf dem Stamm. Zoe grinste und deutete auf den Behälter oben auf dem Gewehr. «Hier kommen die Kügelchen rein.»

Vanzetti stemmte die Hände in die Hüften. «Du glaubst doch nicht ernsthaft, dass ich mit so etwas im Wald rumrenne.»

«Seit drei Tagen habe ich keinen Sport mehr gemacht, ich drehe langsam durch. Ich muss mich austoben. Bitte. Nur für eine halbe Stunde.»

«Das ist doch nur was für Teenager. Und zudem befinden wir uns in einem öffentlichen Wald. Dafür brauchst du eine Bewilligung.»

«Sei kein Vanzetti-im-Dienst. Das ist doch harmlos im Vergleich zu den Regeln, die du in den vergangenen Tagen gebrochen hast. Es besteht also noch Hoffnung für dich.» Zoe strich eine Haarsträhne hinter das Ohr und bedachte ihn mit ihrem schönsten Lächeln. «Ich gebe dir auch einen Bonus. Du bist erst beim zweiten Treffer raus.»

«Ich brauche keinen Bonus», brummelte Vanzetti. Er griff nach einer Waffe und begutachtete sie von allen Seiten. Dann hob er sie hoch und gab drei Schüsse in Richtung Baum ab. Alle verfehlten ihr Ziel.

Zoe gab ihm einen Klaps auf die Schulter. «Okay, drei Treffer.»

«Tut denn das nicht weh?», fragte Lucy.

«Nur ein bisschen. Und ein Schuss ins Auge kann gefährlich sein. Aber dafür gibt es die Schutzkleidung.» Sie streifte eine Jacke in Tarnfarben über. Dann griff sie nach einem roten Halstuch und hielt es Vanzetti vors Gesicht. «Das hänge ich an einen Ast dort hinten, wir spielen eins gegen eins. Wer es als Erster in der Hand hält, gewinnt.» Sie marschierte los in den Wald.

«Mann, ehrlich …» Vanzetti schüttelte den Kopf und fischte eine Jacke aus dem Kofferraum.

Etwas beleidigt beobachtete Lucy ihn dabei. Zoe hatte gar nicht gefragt, ob sie mitspielen wollte. Klar, die Kleine wollte sie schonen. Doch sie war ja keine Tattergreisin.

Vanzetti roch an der Jacke, rümpfte die Nase und schlüpfte schliesslich hinein. Die Ärmel waren zu kurz, der Stoff spannte sich über seinem Bauch. Sehr martialisch sah das nicht aus.

«Nimm dich in Acht. Zoe ist gut in solchen Dingen», raunte Lucy.

Er zupfte an der Jacke. «Das glaube ich dir aufs Wort.»

Zoe kam aus dem Waldstück zurück und deutete auf einen Baum 50 Meter entfernt. «Siehst du das Halstuch?», sagte sie zu Vanzetti. «Dann los.» Sie griff nach einer Waffe und einer Maske, joggte los und verschwand zwischen Büschen.

Geräuschvoll stiess Vanzetti den Atem aus. Er streifte eine Maske über, die das ganze Gesicht bedeckte. Seine Augen guckten durch eine Art Skibrille. Er schnappte sich ein Gewehr und lief ein Stück den Waldweg entlang.

Lucy schaute ihm nach, bis er hinter einer Eiche verschwand. Schon bald hörte sie aus dem Wald das Plopp der Paintball-Gewehre.

«Ha, daneben», rief Vanzetti.

Im Kofferraum lag Ausrüstung für zwei weitere Spieler. Lucy wog ein Gewehr in ihrer Hand, es war gar nicht so schwer. Sie richtete den Lauf auf eine Birke und drückte ab. Mitten auf der Rinde erschien ein grüner Klecks. Hei, das machte tatsächlich Spass. Und es täte gut, etwas Dampf abzulassen. Warum eigentlich nicht?

Sie kontrollierte, ob der Behälter mit den Kügelchen voll war, zog sich eine Jacke und eine Maske über. Warnen würde sie die beiden nicht, da hielt sie sich an Napoleon: *Im Krieg und in der Liebe ist alles erlaubt.*

Geduckt machte Lucy einen grossen Bogen um die Eiche, hinter der Vanzetti verschwunden war. Dann näherte sie sich dem roten Halstuch von der anderen Seite her. Ab und zu hörte Lucy das Klicken einer Waffe, das Plopp eines Kügelchens oder das Rascheln von Laub nicht weit von ihr.

Als Lucy das rote Halstuch in zwanzig Meter Entfernung entdeckte, legte sie sich auf den Bauch und robbte über den Waldboden. Er war feucht, sie spürte es durch ihre Kleidung. So ein Sieg wollte verdient sein. Zehn Meter vor dem Ziel ging sie auf die Knie und kauerte sich hinter den Stamm einer Fichte. Weder Zoe noch Vanzetti waren in Sicht.

Die Sonne war hinter Wolken verschwunden, unter dem Blattwerk war es erstaunlich dunkel.

Und fühle mich wie verloren in einem dunklen Wald.

Evas Brief war schon eigenartig. Und dann diese gestelzte Sprache. Gewiss, sie war kein Rilke gewesen. Trotzdem … Was hatte Eva noch in ihrem Brief geschrieben?

Lucy berührte die Gesässtasche ihrer Jeans. Sie hatte den Brief eingesteckt in der Hoffnung, dass ihr doch noch ein Licht aufginge. Wie früher am Gymnasium, als sie mit den Französischvokabeln unter dem Kopfkissen geschlafen hatte.

Es raschelte halb rechts vor ihr. Plötzlich tauchte Vanzetti auf. Mit der Waffe im Anschlag duckte er sich hinter einen Strunk, dann rückte er ein paar Meter zu einem Baumstamm vor.

Lucy zielte auf sein Bein, drückte ab und versteckte sich gleich wieder hinter der Fichte. Mist, verfehlt!

Vanzetti antwortete mit einer Serie von Schüssen, allerdings in die falsche Richtung.

Lucy wagte einen Blick, Vanzetti war weiter vorgerückt. Nur noch wenige Meter trennten ihn vom Halstuch. Diesmal nahm sie sich mehr Zeit beim Zielen, dann drückte sie zwei Mal kurz hintereinander ab.

Platsch, platsch.

Sie erwischte Vanzetti an der Schulter und am Oberschenkel.

«Porca…» Vanzetti kam mit erhobener Waffe aus seiner Deckung. «Gratuliere, du hast mich erwischt.»

Ein paar Sekunden später kroch Zoe aus einem Gebüsch. «Ha!» Sie marschierte in Richtung Halstuch.

Lucy drückte ab. *Plopp.* Ein Volltreffer auf Zoes Bauch.

«Grün?» Zoe guckte an sich herunter. «Ich schiesse blau und du rot.»

Lucy kam hinter ihrer Fichte vor, nahm die Maske vom Gesicht und strahlte vor Stolz.

Zoe stand der Mund offen. «Das ist fies, Grosi. Du spielst doch gar nicht mit.»

«Absolut unfair», protestierte Vanzetti.

«Wer hat denn gesagt, dass ich nicht mitspiele?» Mit geschwellter Brust marschierte Lucy an ihnen vorbei zum roten Halstuch, band es vom Ast und winkte damit. «Ich halte die Trophäe in der Hand und habe keinen einzigen Farbklecks auf meiner Jacke. Also habe ich klar …»

Bevor sie den Satz zu Ende sagen konnte, platzte ein Hagel aus roten und blauen Kügelchen auf Lucys Weste. Sie kreischte und wandte sich zur Flucht zurück zum Cabrio.

Zoe und Vanzetti verfolgten sie.

«Na warte», rief Zoe. «Das letzte Wort ist noch nicht gesprochen in dieser Sache.»

Ein paar Rädchen in Lucys Kopf begannen sich zu drehen. Sie griffen ineinander und knipsten eine Leuchtschrift an: *meine letzten Worte*. Lucy hob den Arm mit dem Gewehr und blieb stehen.

Lachend holte Zoe sie ein. «Na, gibst du lieber gleich auf?»

Und die Biografie über Trotzki! Lucy stand da wie angewurzelt und gab keine Antwort.

Zoe legte ihr eine Hand auf die Schulter. «Alles in Ordnung, Grosi?»

Lucy griff in die Gesässtasche ihrer Jeans und zog Evas Brief heraus. «Hast du einen Kugelschreiber?»

«Hier.» Vanzetti öffnete den Reissverschluss seiner Jacke und holte einen Stift aus der Brusttasche seines Hemdes.

Lucy faltete den Brief auseinander:

Wenn du diese Zeilen liest, bin ich nicht mehr am Leben, liebe Lucy. Deswegen ist dieser Brief die letzte Chance, die ich habe. Vieles haben wir uns damals an den Kopf geworfen, und bereut habe ich seither alles. Ich vermute, auch du denkst oft darüber nach. Nun sitze ich voller Bedauern und einsam in diesem kalten Zimmer. Und fühle mich wie verloren in einem dunklen Wald. So oft hoffte ich darauf, dass wir uns wieder versöhnen, und doch haben wir es nie geschafft. Ich wünsche mir, dass ich dir trotz allem nicht nur in schlechter Erinnerung bleibe. Aber so läuft das manchmal im Leben, ist man nicht vorsichtig.
Eva Bärtschi
P.S. Bitte, denk immer an meine letzten Worte.

Lucy schüttelte den Kopf. «Wie kann man nur so dumm sein? Es geht gar nicht um die letzten Worte, die Eva an mich gerichtet hat.»

Zoe runzelte die Stirn. «Ich verstehe nicht.»

«Hier.» Lucy stellte sich vor einen dicken Stamm, legte das Papier darauf und unterstrich das letzte Wort in jedem Satz. «Es ist eine versteckte Botschaft.» Sie las die einzelnen Wörter hintereinander vor: *«Lucy. habe alles nach Zimmer Wald geschafft. bleibe vorsichtig.»*

Vanzetti zuckte mit den Schultern. «Bist du sicher? Vielleicht ist das bloss Zufall.»

Lucy schüttelte den Kopf. Wieso hatte sie bloss so eine lange Leitung gehabt? «Ganz bestimmt nicht. Zimmer und Wald sind der Schlüssel. Ich weiss genau, was Eva damit gemeint hat.»

55

Zoe drückte ihre Nase am frisch reparierten Seitenfenster platt. «Das ist es?» Sie sassen im Mini vor der Ersparniskasse Rüeggisberg in Zimmerwald, einem kleinen Dorf zehn Kilometer südlich von Bern.

«Das ist es», sagte Grosi auf dem Fahrersitz.

Von hinten lehnte sich Vanzetti zwischen den beiden Rückenlehnen vor und spähte durch die Frontscheibe. «Ein hübsches kleines Dorf.»

«Ein richtiges Kaff.» Zoe bestaunte das Gebäude rechts von der Bankfiliale. Im letzten Tageslicht konnte sie ein lang gezogenes, weiss gestrichenes Haus mit drei Stockwerken, blassgrünen Fensterläden und einem steilen Dach erkennen. Verzierungen aus Holz zogen sich um die Unterkante des Daches.

Den ganzen Weg vom Bremgartenwald war Grosi in sich gekehrt und still gewesen. Dabei war Zoe beinahe geplatzt vor Neugier. Jetzt hielt sie es nicht länger aus. «Erzähl endlich. Sind wir wegen der Worte Zimmer und Wald hierhergefahren?»

«Ja. Und nein. Eigentlich hätte mir viel früher ein Licht aufgehen müssen. Die Biografie von Trotzki war doch ein klarer Hinweis.»

«Was meinst du damit?», fragte Vanzetti.

«Dieser Ort hier», Grosi machte eine kleine Kreisbewegung mit der Hand, «hat eine sehr spezielle Bedeutung für Kommunisten und Sozialisten in der ganzen Welt. Felix und ich sind Anfang der 1970er-Jahre sogar mal zu Fuss hierhergepilgert.»

Zoe schüttelte den Kopf. «Ich verstehe nur Bahnhof.»

Mit dem Finger zeigte Grosi auf das imposante Haus rechts von ihnen. «Das dort war früher die Pension Beau-Séjour. Dort und in der Pension Schenk trafen sich im September 1915 etwa vierzig Sozialisten zu einer Konferenz.»

«Wo steht die Pension Schenk?», fragte Zoe.

«Früher mal genau hier, wo wir parkieren. In den 70er-Jahren wurde sie abgerissen.»

Vanzetti tippte Zoe auf die Schulter. «Lässt du mich mal raus?»

Zoe stieg aus, verschob den Sitz und klappte die Rückenlehne nach vorne.

Mit Ächzen quetschte sich Vanzetti daran vorbei. Neben dem Cabrio richtete er sich auf und streckte das Kreuz. «Was war denn so speziell an dieser Konferenz?»

Grosi verliess das Auto auf der Fahrerseite. «Hier trafen sich keine Hinterwäldler. Es waren etwa 40 hochkarätige Politiker aus ganz Europa. Organisiert hatte den Anlass Robert Grimm, eine bekannte Figur der Schweizer Arbeiterbewegung. Und ein Berufskollege von uns, Zoe. Er war Chefredaktor der Berner Tagwacht. Später wurde Grimm Regierungsrat und Präsident des Nationalrats.»

«Nette Karriere», sagte Zoe.

«Aber kein Vergleich zu zwei anderen Herren, die auch an der Konferenz teilnahmen: Lenin und Trotzki.»

Zoe schnalzte mit der Zunge. «Die waren damals hier? Wow.»

«Deswegen die Biografie über Trotzki», sagte Vanzetti.

Grosi machte eine zerknirschte Miene. «Eben. Ich hätte viel früher darauf kommen müssen. Denn hier entstand das sogenannte Zimmerwalder Manifest. Darin riefen die Teilnehmer der Konferenz zu Frieden in Europa auf. 1915, das war ja mitten im Ersten Weltkrieg. Aber es gab Streit darüber, wie scharf das Manifest formuliert sein sollte. Historiker kamen später zu dem Schluss, dass die Spaltung der Arbeiterbewegung in Sozialisten, Kommunisten und Sozialdemokraten hier ihren Anfang nahm.»

Zoe liess ihren Blick langsam über die ehemalige Pension wandern. «Komisch, dass ich davon noch nie gehört habe.»

«Hierzulande hat man sich auch lange Zeit geschämt dafür. Wenn du in Russland aufgewachsen wärst, hättest du das in der Schule gelernt. Dort gilt die Zimmerwalder Konferenz als Geburtsstunde der Sowjetunion. Man sagt, Lenin habe hier die ersten

Überlegungen eines bewaffneten Arbeiteraufstandes aufgestellt. Busse voller russischer Touristen sollen schon hier haltgemacht haben.» Grosi zeigte auf den Parkplatz.

Vanzetti wippte auf den Fusssohlen. «Ich sehe kein Denkmal, nichts.»

«Das hat seinen Grund. Für die Gemeinde war die Erinnerung lange Zeit ein Horror, besonders in den Zeiten des Kalten Krieges. Deswegen hat Zimmerwald in den 60er-Jahren auch verboten, dass irgendwelche Mahnmale oder Gedenktafeln aufgestellt werden. Und die Gemeinde war bestimmt nicht traurig, als die Pension Schenk abgerissen wurde. Darin soll Lenin übernachtet haben.»

«Hatten die Behörden 1915 denn nichts einzuwenden gegen diese Konferenz?», fragte Vanzetti.

«Hätten sie wohl schon gehabt, wenn sie davon gewusst hätten.» Grosi lachte. «Offiziell war das hier ein Treffen von Ornithologen. Erst einige Zeit später begriffen die Behörden, welche komischen Vögel sich hier versammelt hatten.»

Zoe zeigte mit dem Daumen auf das Haus. «Und du denkst, dass die Akten irgendwo da drin versteckt sind?»

«Wer weiss? Vielleicht hat Eva das Haus ja irgendwann mal gekauft. Geld genug besass sie.»

Über das Kopfsteinpflaster schritt Grosi die Längsseite des Gebäudes ab.

«Was glaubst du?», fragte Zoe.

«Einen Versuch ist es wert», antwortete Vanzetti.

Grosi kam wieder zurück. «Es sieht so aus, als ob da jetzt Wohnungen drin sind. Vielleicht kann uns einer der Mieter weiterhelfen. Wir sollten morgen wiederkommen.»

«Kommt nicht infrage, wo wir schon mal hier sind.» Zoe marschierte zur Eingangstür, neben der vier Briefkästen befestigt waren. Nur zwei davon trugen Namen. Die gleichen Namen entdeckte sie auf zwei der vier Klingeln. Zoe drückte die oberste.

«Es ist Viertel nach zehn, Zoe. Das ist sehr unhöflich», zischte Lucy.

Zoe zuckte mit den Schultern und drückte die Klingel erneut.

Hinter den beiden Scheiben des Eingangs ging ein Licht an, dann klickte das Schloss und die Türe wurde geöffnet. Auf der Schwelle stand ein Mann um die siebzig. Das schüttere graue Haar war nach hinten gekämmt, das rosa Gesicht von Altersflecken überzogen. Eine Lesebrille hing an einer goldenen Kette um seinen Hals, in der rechten Hand hielt er ein Buch. «Ja?»

Zoe checkte das Namensschild unter der Klingel. «Herr Burger?»

«Ja, das bin ich.» Herr Burger trug braune Sandalen, schwarze Socken und ein blaues Hemd mit kleinen weissen Sternen drauf.

Zoe streckte ihre Hand aus, so lange, bis er sie ergriff. «Ich heisse Zoe Zwygart und bin von den Berner Nachrichten. Eine dringende Recherche hat uns hierhergeführt. Es geht um Eva Bärtschi.»

«Um diese Uhrzeit? Das verstehe ich nicht.»

Grosi schob Zoe ein Stück zur Seite. «Bitte entschuldigen Sie die späte Stunde, Herr Burger. Ich hoffe, wir haben Sie nicht geweckt. Aber wir denken, dass Sie uns in einer wichtigen Sache helfen könnten.»

Burger winkte ab. «Ich schlafe bloss wenige Stunden pro Nacht. Aber ich verstehe nicht, was ich mit der Ständerätin zu schaffen haben sollte. Sie ist doch tot, oder?»

Zoe schaute sich nach Vanzetti um, der hielt ein paar Meter Abstand und tat so, als ob er die Dorfidylle bewundere. Offenbar wollte er sich nicht noch mehr Ärger einhandeln. «Sie kannten Frau Bärtschi also nicht?»

«Nein, bloss aus den Medien.»

«Gehört dieses Haus Ihnen?»

«Nein, ich bin Mieter, ich wohne im Erdgeschoss.»

«Wer ist denn der Besitzer?», fragte Lucy.

«Eine Berner Immobilienfirma, Gubler und Söhne. Soll das Haus verkauft werden?»

Zoe wedelte mit der Hand. «Nein, darum geht es nicht. Wissen Sie, ob Frau Bärtschi hier ein Kellerabteil oder ein Stück Estrich gemietet hat?»

Er fuhr sich mit der linken Hand über die hohe Stirn. «Hier? Nein. Wieso sollte sie das denn getan haben?»

Zoe stiess Luft aus. «Wohnt sonst noch jemand in diesem Haus?»

«Über mir Frau Mathys mit ihren zwei Kindern. Um diese Zeit sind die aber schon längst im Bett.»

«Vielleicht kennt sie Eva Bärtschi», sagte Zoe halb zu Burger, halb zu Grosi.

«Sie können Frau Mathys gerne danach fragen.» Burger richtete sich zu seiner vollen Grösse auf. «Aber nicht mehr heute.»

«Selbstverständlich.» Lucy zupfte Zoe am Arm. «Das werden wir morgen tun. Vielen Dank, Herr Burger. Und gute Nacht.»

Der Mann nickte und schloss die Türe.

Frustriert kickte Zoe einen Stein auf der Strasse weg. «Mist. Ich hatte gehofft, wir kämen einen Schritt weiter.»

Lucy hakte sich bei ihr ein, sie gingen zurück zum Auto. «Wir versuchen es einfach morgen nochmals. Vielleicht kann uns ja diese Frau Mathys weiterhelfen. Oder sonst jemand, der Eva gut kannte.»

Vanzetti lehnte am Kotflügel und kratzte sich am Kinn. «Hm. Ich denke, ich wüsste da jemanden.»

56

«Pension Beau-Séjour sagen Sie? In Zimmerwald?» Mit einer Hand hielt Verena Christen den Ausschnitt ihres bordeauxfarbenen Morgenrocks zu.

Vanzetti hatte Christen mit seinem Anruf aus dem Bett geholt. Doch die ehemalige Assistentin von Eva Bärtschi schien ihm das nicht übel zu nehmen.

«Nein, so auf Anhieb sagt mir das nichts. Aber Eva kaufte und verkaufte immer mal wieder Liegenschaften. Ich müsste in den Unterlagen nachsehen.»

«Könnten Sie das bitte tun?» Vanzetti sass ihr gegenüber in der Stube der Wohnung am Berner Pappelweg. Zoe und Lucy hatten links und rechts Platz genommen.

«Natürlich.» Christen stand auf und verschwand im Nebenzimmer, tauchte aber gleich wieder auf. «Entschuldigen Sie, ich bin eine furchtbare Gastgeberin. Möchten Sie etwas trinken? Brot und Käse hätte ich auch.»

Lucy und Zoe schüttelten ihre Köpfe, Vanzetti winkte ab. «Machen Sie sich bloss keine Umstände.»

Kurz darauf hörten sie aus dem Nebenzimmer, wie Schlüssel klimperten und Schubladen aufgezogen und geschlossen wurden. Währenddessen rümpfte Zoe die Nase beim Betrachten des Zierbrunnens und der Anker-Kopie über dem Sofa.

Christen kehrte mit ein paar Aktenordnern unter den Armen ins Wohnzimmer zurück. «Vielleicht lässt sich hier etwas finden. Wie wollen wir vorgehen?»

Vanzetti griff nach einem der Ordner. «Ich denke, wir sollten uns aufteilen. Dann sind wir schneller.»

Christen verteilte die Ordner. Sie trug einen neuen, modischen Haarschnitt, der sie nicht mehr wie siebzig aussehen liess. «Denkbar ist es schon, dass sich Eva dort oben eine Wohnung gemietet oder gekauft hat. Sie hat ja ganze Nächte in Zimmerwald verbracht.»

Zoe schaute hoch. «Wieso? Hatte sie einen Freund dort?»

Christen schmunzelte. «Aber nein, wegen der Sternwarte.»

Vanzetti horchte auf. «Es gibt eine in Zimmerwald?»

«Das Astronomische Institut der Universität unterhält ein Observatorium dort oben. Es ist zwar nicht öffentlich, aber Eva hatte natürlich freien Zugang. Wo sie doch so viel Geld gespendet hat. Damit hat die Sternwarte immer wieder modernen Schnickschnack anschaffen können.»

Vanzetti lehnte sich vor. «Das ist sehr interessant, Frau Christen. Gibt es Unterlagen über diese Zahlungen?»

Sie guckte verdutzt. «Über die Sternwarte …? Ja, natürlich.» Christen verschwand wieder im Nebenzimmer.

Zoe grinste spöttisch. «Interessierst du dich neuerdings für Astronomie?»

«Das tue ich schon lange. Doch darum geht es nicht. Denk an die Sternenkarte und das Zertifikat aus Evas Bankschliessfach. Möglicherweise sind auch das Hinweise.»

«Ich habe mich schon gewundert, dass sie dieses wertlose Zeug aufbewahrt hat», meinte Lucy. «So ergäbe das einen Sinn.»

Christen kehrte zurück mit einem roten Heftordner. Sie legte ihn in die Mitte des Tisches und klappte den Deckel auf. «Eva hat mir aufgetragen, alles über die Sternwarte Zimmerwald zu sammeln.» Sie blätterte durch Klarsichthüllen, in denen ausgeschnittene Zeitungsartikel, Bankbelege und Briefe steckten.

Sternwarte Zimmerwald bekommt neue Beobachtungskuppeln

Stummer Satellit spiegelt Laserlicht von Graz nach Bern

«Himmlischer Besuch» zweier Damen

Frau Christen tippte auf einen weiteren Artikel. «Das hier gab Ärger. Für dieses Teleskop hat Eva viel Geld ausgegeben. Fabian war ausser sich vor Wut.» Der Artikel stammte aus dem Juni 1997:

Ein neues Fernrohr für Erdvermesser und Himmelsforscher

Das neue Hochleistungs-Teleskop des Observatoriums ist gestern offiziell eingeweiht worden. Es soll es den Wissenschaftlern einerseits ermöglichen, Satelliten zur Erdvermessung auch tagsüber millimetergenau zu beobachten, andererseits lassen sich dank ihm Himmelskörper und Satelliten verfolgen und einmessen. Zur vier Millionen Franken teuren Spezialanfertigung gehören unter anderem ein Laser und Kameras.

Zoe stiess einen Pfiff aus. «Vier Millionen Franken, ganz schön happig.»

Christen blätterte zu mehreren Bankbelegen aus den Jahren 1996 und 1997, jede Überweisung belief sich über mehrere Hunderttausend Franken. «Bestimmt die Hälfte davon hat Eva beigesteuert.»

Mit dem Kinn wies Vanzetti auf die Belege. «Und das hat ihrem Sohn Fabian nicht geschmeckt, sagen Sie?»

Christen blies ihre Wangen auf. «Getobt hat der damals. Er fand das eine unerhörte Geldverschwendung. Aber letztlich konnte er nichts dagegen tun. Es war ja Evas Geld.»

«Moment.» Lucy blätterte durch den Ordner zurück zum neusten Artikel. Er war erst wenige Wochen alt.

Sternwarte Zimmerwald bekommt neue Beobachtungskuppeln

Die Sternwarte Zimmerwald soll mit zwei Teleskop-Beobachtungsstationen erweitert werden. Der Kredit von 2,3 Millionen Franken wird grösstenteils durch Spenden gedeckt.

Lucy tippte mit dem Finger darauf. «Beteiligte sich Eva auch daran?»

«Vermutlich.» Christen blätterte durch die Bankbelege und schüttelte den Kopf. «Aber Belege dafür habe ich nicht, also gab es wohl noch keine Zahlung. Eva hat ihre Investitionen nicht mit mir abgesprochen, meist erfuhr ich erst hinterher davon.»

Lucy legte ihre Stirn in Falten. «Bestimmt war Fabian auch darüber nicht erfreut. Was, wenn er sich diesmal nicht abspeisen liess?»

«Dann hätten wir ein erstklassiges Mordmotiv», antwortete Vanzetti. Vielleicht befanden sie sich komplett auf dem Holzweg mit dem Cincera-Archiv. Er zückte sein Handy, öffnete einen Browser, tippte *astronomisches institut, bern* ein und fand die entsprechende Seite. Dann klickt er auf «Über uns» und auf «Team». Es öffnete sich ein Organigramm, an dessen Spitze *Prof. Dr. Luzius Mumenthaler* stand.

«Was tust du?», fragte Zoe.

«Wir müssen herausfinden, ob Eva den Ausbau finanzieren wollte.» Vanzetti fand die Privatadresse von Mumenthaler und tippte auf die Telefonnummer. Es klingelte acht, neun, zehn Mal.

«Hallo?», sagte eine heisere Stimme am anderen Ende.

«Entschuldigen Sie die späte Störung, Herr Doktor Mumenthaler. Vanzetti von der Bundeskriminalpolizei. Wir ermitteln im Mordfall Eva Bärtschi und sind auf einen Zusammenhang mit der Sternwarte Zimmerwald gestossen. Darf ich Ihnen dazu ein paar Fragen stellen?»

«Um diese Uhrzeit? Wer sind Sie nochmal?»

«Vanzetti, Bundeskriminalpolizei. Bitte entschuldigen Sie, aber es ist dringend. Und Sie können sich gerne in der Zentrale nach mir erkundigen, wenn Sie das möchten. Aber ich stehe unter grossem Zeitdruck.» Er hielt die Luft an.

«Moment.» Es raschelte am anderen Ende der Leitung, dann klickte und surrte es, als ob ein Computer hochgefahren würde. Schliesslich klapperte eine Tastatur. «Okay, ich bin jetzt online im Eidgenössischen Staatskalender. Vanzetti, sagen Sie? Alex Vanzetti?»

«Korrekt.»

«Wo genau arbeiten Sie denn?»

«Abteilung Ermittlungen Bern.»

«Korrekt. Und wie lautet Ihre Telefonnummer im Büro?»

Accidenti. «058 463 11 23.»

«Korrekt. Ich denke, ich kann Ihnen vertrauen.» Mumenthaler räusperte sich. «Was wollen Sie denn wissen?»

Vanzetti atmete auf. «Stimmt es, dass Frau Bärtschi über Jahre hinweg zu den Gönnerinnen der Sternwarte gehört hat?»

«Ja, Eva hat uns grosszügig unterstützt. Sehr grosszügig.»

«Wollte sie sich auch an den neuen Beobachtungsstationen beteiligen?»

«Natürlich. Ohne ihren Beitrag können wir uns diesen Ausbau nicht leisten. Leider ist die Realisierung nach Evas ... Ableben ... jetzt infrage gestellt. Herr Bärtschi hat bereits klargemacht, dass von seiner Seite keine Unterstützung zu erwarten ist.»

«Fabian Bärtschi hat Sie kontaktiert?»

«Gestern. Vor seinem Anruf hegte ich noch die Hoffnung, dass er den Erweiterungsbau als Evas Vermächtnis betrachten könnte. Leider habe ich mich getäuscht.»

«Um wie viel Geld geht es?»

«1,3 Millionen Franken. Ohne den Betrag werden wir die Kuppeln nicht realisieren können. Doch wir geben uns nicht einfach geschlagen, schliesslich haben wir Kaufverträge unterschrieben. Rechtsanwälte werden sich der Sache annehmen müssen.»

Hatte Fabian seine Mutter wegen 1,3 Millionen Franken umbringen lassen? «Besten Dank, Doktor Mumenthaler. Sie haben mir sehr geholfen.»

«Gerne, jederzeit ... Äh, werden Sie mit Herrn Bärtschi Kontakt aufnehmen?»

«Ja, das habe ich vor.» Und zwar gleich morgen früh.

«Könnten Sie ihn bei der Gelegenheit fragen, was wir mit Evas Sachen tun sollen? Sie täten mir damit einen grossen Gefallen. Ich möchte meinen Kontakt zu diesem … Herrn auf ein Minimum beschränken.»

«Von welchen Sachen sprechen Sie?»

«Eva besitzt eine Sammlung von Teleskopen. Dazu Bücher und alte Schriften über die Astronomie, die sie unserem Institut zur Verfügung gestellt hatte. Einige davon sind ziemlich wertvoll. Die Frage ist, was wir damit tun sollen.»

«Wo befinden sich diese Sachen?»

«In einem Nebenraum des Observatoriums. Eigentlich ist es eine ehemalige Garage. Eva hat viele Stunden dort verbracht.»

«Ich werde Herrn Bärtschi danach fragen. Vielen Dank, Doktor Mumenthaler.» Vanzetti beendete das Gespräch, legte das Handy auf den Tisch und starrte darauf. Also hatte Eva Bärtschi viel Zeit zwischen ihren geliebten Teleskopen und Schriften in Zimmerwald verbracht.

«Woran denkst du?», fragte Zoe.

Vanzetti fischte sein Portemonnaie aus der Gesässtasche, öffnete das Münzfach, holte einen Schlüssel aus glänzendem Messing heraus und legte ihn auf den Tisch. «Evas Schlüssel aus dem Schliessfach. Könnte der nicht zu einer Tür im Observatorium passen?»

57

Die Sternwarte lag auf einem Hügel ein Stück ausserhalb von Zimmerwald, unmittelbar neben einem Bauernhof. Von der Zufahrt her beleuchteten Lucys Autoscheinwerfer drei Gebäude: links und rechts zwei würfelförmige Bauten mit Kuppeln auf den Dächern, im Zentrum ein Häuschen mit Ziegeldach und schwarz-orangen Fensterläden. Seitlich daran angebaut war eine Autogarage mit geschlossenem Tor.

Lucy schaltete die Zündung aus. «Es brennt kein Licht. Doch bei einer Sternwarte will das wohl nichts heissen.»

«Schauen wir uns mal um», sagte Vanzetti hinter ihr. «Zur Not kann ich meinen Ausweis zeigen.»

Sie stiegen aus dem Mini – Lucy, Zoe, dann Vanzetti und Frau Christen, die unbedingt hatte mit dabei sein wollen. Lucy erwischte sich bei dem Gedanken, dass so alte Damen wie Evas Sekretärin nach Mitternacht eigentlich im Bett liegen sollten. Sie spürte sich grinsen.

Zu viert umrundeten sie die Anlage von der Grösse eines halben Fussballfeldes. Das Gelände schien verlassen und dunkel, das einzige Licht kam von einer Taschenlampe, die Christen in einer Küchenschublade hatte aufstöbern können.

Das Observatorium bestand aus einem Sammelsurium aus Alt und Neu. Das Häuschen im Zentrum mochte in den 50ern entstanden sein, das neuste Gebäude sah mit der kubischen Form und Glaswänden sehr modern aus.

«Mir ist nicht ganz wohl bei der Sache», sagte Vanzetti, als sie zurück zum Auto kamen.

«Scheint aber niemand hier zu sein», erwiderte Zoe.

«Hoffen wir es. Ein Zurück gibt es jetzt sowieso nicht mehr.» Er deutete auf den Anbau. «Das sieht nach einer ehemaligen Garage aus. Eine andere habe ich nicht entdecken können.»

Sie traten vor das graue Holztor, im Licht der Taschenlampe las Lucy das Wort ABUS über dem Schloss.

Vanzetti zog seine Hand aus der Jackentasche und hielt Lucy den kleinen silbernen Schlüssel hin. «Ich denke, die Ehre gebührt dir.»

Sie nahm den Schlüssel und zögerte. Hatte Eva sie tatsächlich hierherführen wollen? Dann lagen hinter diesem Tor womöglich Antworten auf Fragen, die sie sich jahrzehntelang gestellt hatte. Lucy fühlte ihr Herz pochen, als sie den Schlüssel ins Schloss steckte. Er passte. Ein leichtes Drehen liess es aufschnappen. Beim klickenden Geräusch spürte Lucy etwas wie ein geheimes Band zwischen ihr und Eva, der Frau, die sie so lange so sehr gehasst hatte.

«Sesam, öffne dich», sagte Zoe neben ihr. Dann zog sie das schwere Tor auf.

An einem Schalter hinter dem Tor knipste Vanzetti das Licht an.

Lucy stockte der Atem. Das Innere der vielleicht drei mal fünf Meter grossen Garage glich einem gemütlichen Wohnzimmer mit blauem Teppich, zwei Polstersesseln, Bücherregalen und gerahmten Bildern von Galaxien. Die weiss gestrichenen Wände entlang lagerten zwanzig bis dreissig Teleskope, die auf niedrigen Metallgestellen oder auf Stativen davor aufgereiht waren. Manche glichen von der Form her Ölfässern, andere hatten feine Rohre aus golden glänzendem Metall.

«Wow», sagte Vanzetti. «Das ist ja das reinste Museum. Haben Sie das schon mal gesehen, Frau Christen?»

«Nein, hierher hat mich Eva nie mitgenommen», antwortete sie mit einem Zittern in der Stimme.

Als sich Lucys Puls etwas verlangsamt hatte, trat sie über die Schwelle. Hinter den beiden Sesseln am anderen Ende des Raumes entdeckte sie einen Heizkörper, eine Kaffeemaschine auf einem Tischchen, drei grosse Kartonschachteln und einen Aktenschrank aus Metall. Da passte das ganze Archiv Cinceras hinein? Das hatte sich Lucy imposanter vorgestellt. «Ich nehme mir den Aktenschrank vor, ihr durchsucht die Schachteln. Einverstanden?»

Zoe, Vanzetti und Christen nickten, holten sich jeweils eine Kartonschachtel und stellten sie auf den Teppich zwischen die Sessel und das Garagentor.

Lucy trat vor den Aktenschrank und zog die oberste der drei Schubladen heraus. Darin befanden sich Hängeordner mit Artikeln aus Zeitschriften und Zeitungen über Astronomie, Sternengürtel oder Observatorien.

«Nichts als Magazine.» Vanzetti kniete neben einer Schachtel auf dem Teppich und hielt ein Heft hoch. «Space, Interstellarum, Sterne und Weltraum, Sternzeit. Hab gar nicht gewusst, dass es so viele davon gibt.»

Lucy öffnete die zweite Schublade, sie enthielt Rechnungen für Teleskope oder technischen Krimskrams, den sie nicht verstand.

«Irgendetwas Interessantes bei dir?», fragte Zoe.

«Bis jetzt nicht. Und bei dir?»

Es schepperte, als Zoe durch den Karton wühlte. «Filter, Linsen, Klemmen, Schrauben, Halterungen. Zubehör für Fernrohre, vermute ich.»

Lucy wandte sich der dritten Schublade zu und fand darin ein Fotoalbum mit Schnappschüssen aus aller Welt. Fein säuberlich hatte Eva die Bilder beschriftet, sie hatte Sternwarten in Australien, Südamerika und den USA besucht.

Christen seufzte hinter ihr und stand auf. «Das muss Evas Garderobe für kalte Nächte sein.» Sie deutete auf die Schachtel zu ihren Füssen. «Jacken, Wollpullover, Handschuhe, Mützen, Schals.»

Unter dem Fotoalbum fand Lucy ein Tagebuch mit Zeichnungen von Sternenbildern und einen kleinen Stapel von Umschlägen und Postkarten. Ein Gummiband hielt sie zusammen.

Der oberste Umschlag war adressiert an Eva Bärtschi mit einer Adresse in Avignon, der Stempel auf der Briefmarke stammte von 1963.

Lucy zog den Brief heraus. In berührenden Worten schrieb Evas Vater, wie sehr er seine Tochter vermisste. Und dass er sich darauf freute, bald wieder mit ihr die Sterne zu beobachten.

Zoe guckte ihr über die Schulter. «Was ist das?»

«Ein Brief von Evas Vater.» Lucy fühlte sich wie ein Voyeur und steckte den Brief zurück in den Umschlag. «Von ihm muss sie die Begeisterung für Astronomie geerbt haben.»

Lucy schob die unterste Schublade des Aktenschrankes zu. «Wir lagen falsch, das Cincera-Archiv ist definitiv nicht hier.»

Zoe stemmte die Hände in die Hüften und begutachtete den Schrank von oben bis unten. «Nicht wenn Eva eine digitale Version aufbewahrt hat.» Sie schob Lucy sanft zur Seite und wuchtete die oberste Schublade aus dem Schrank. Dann leerte sie den Inhalt auf den Boden, damit sie die Schublade innen und aussen untersuchen konnte. Das Gleiche tat sie mit allen Schubladen und hielt dabei nur kurz inne, damit Lucy Evas Briefe in Sicherheit bringen konnte.

Schliesslich drehten Zoe und Vanzetti den Schrank selber herum und prüften ihn von allen Seiten. Nichts. «Wo kann es bloss sein? Was auch immer es ist.»

Lucy fühlte sich wie erschlagen. «Ich weiss ja nicht, wie es euch geht. Aber ich bin ziemlich kaputt.»

Zoe legte ihr einen Arm um die Schulter. «Kein Wunder, du hast auch viel durchgemacht in den vergangenen Tagen. Setz dich ins Auto, wir räumen hier noch schnell auf.»

Die anderen für sich arbeiten zu lassen? Das kam für Lucy nicht infrage. Sie half mit, die Unterlagen wieder in den Schubladen zu verstauen und die Kartons an ihren Platz zu stellen. Niemand sagte ein Wort, die Spannung schien entwichen wie die Luft aus einem Ballon.

Als alles erledigt war, gingen Zoe, Vanzetti und Christen voraus zum Auto, Lucy schaute sich ein letztes Mal um. Welche Himmelsobjekte sich mit diesen Fernrohren wohl so genau beobachten liessen? Zu schade, dass sie Eva nicht mehr danach fragen konnte.

Lucy wollte das Licht ausschalten. Wo war der Schalter? Ihr Blick fiel auf ein Fernrohr vorne beim Eingang, ein *Celestron 114LCM*. Das löste einen Gedanken aus, den sie nicht genau fassen konnte. Sie schaute sich die Teleskope genauer an. Es gab unterschiedliche Fabrikate, auf den Rohren fand sie die Marken *Bresser, Vixen, Hertel & Reuss und Celestron* sowie die Typenbezeichnungen: *NT 130, AR 1025, 60EQ, 90AZ*.

«Kommst du, Grosi?» Zoe stand neben der Fahrertür, Vanzetti und Christen sassen bereits im Fonds des Cabrios.

«Sag mal, Alex, hast du diese Sternenkarte und die Urkunde noch?», sagte Lucy auf dem Weg zum Auto.

Er zwängte sich nochmals heraus und kam ihr entgegen. In der Hand hielt er ein Mäppchen. «Hier.»

Lucy klappte es auf, darin befanden sich die Karte, Informationen über Sternbilder und das Zertifikat. Es bestätigte, dass für Eva ein Stern auf den Namen *MC-152* getauft worden war.

Lucy ging zurück und musste nicht lange suchen, bis sie das *Bresser MC-152* auf einem Stativ entdeckte. Es glich einem dicken Rohr von vielleicht 50 Zentimetern Länge und 20 Zentimetern Durchmesser. Sie drehte die Röhre in Richtung Deckenlampe, konnte im Innern aber nichts erkennen. «Hat mal jemand einen Schraubenzieher?»

«Hast du etwas gefunden?», fragte Vanzetti.

«Vielleicht. Evas Stern trägt den Namen MC-152. Genau wie dieses Teleskop hier.»

«Grosi, du bist genial.» Zoe kam auch vom Cabrio zurück und schaute sich das Teleskop genauer an. «Dafür brauchen wir einen Inbusschlüssel.» Sie holte ein Sackmesser aus ihrer Jacke, klappte eine Halterung aus und steckte einen Adapter darauf. «Damit sollte es gehen.»

Sie reichte Lucy das Sackmesser wie eine OP-Schwester der Chirurgin das Skalpell.

Mit dem Schlüssel löste Lucy sechs Schrauben, dann hob sie den Deckel vom Rohr. Es schien innen leer zu sein. Vorsichtig schob Lucy ihre Hand hinein. Langsam tastete sie den Rand entlang, da spürte sie etwas quer im Rohr. «Das hier fühlt sich an wie ein dünnes Stück Plastik.» Sie nestelte daran herum mit Zeigefinger und Daumen, doch es liess sich nicht herausziehen. Am Rand ertastete Lucy Klebeband. Sie löste es vom Rohr, danach liess sich das Stück Plastik aus dem Teleskop holen.

«Was ist es?», fragte Zoe.

Vanzetti und Christen kamen näher, zu viert starrten sie auf den Gegenstand in Lucys Hand: eine durchsichtige Plastikhülle, in der silbern eine CD glänzte.

Lucy strahlte Zoe an. «Du hattest recht, eine digitale Kopie.»

Zoe nahm Lucy in den Arm. «Wir haben es geschafft. Los, fahren wir nach Hause und stecken die CD in einen Computer. Ich will sehen, was da drauf ist.»

«Das will ich auch», dröhnte eine männliche Stimme hinter ihnen.

Lucy fuhr herum.

Der Schrecken fuhr ihr durch die Glieder, als sie in die Mündung einer Pistole blickte.

58

Der Anblick des Mannes, der Vanzetti beschossen und Grosi entführt hatte, stellte Zoe die Nackenhaare auf. Er hielt eine Pistole mit aufgeschraubtem Schalldämpfer in der Hand.

Frau Christen wimmerte, Vanzetti ballte die Fäuste und Grosi stützte sich mit einer Hand am Teleskop ab.

Jetzt, wo Zoe den Kerl zum ersten Mal eingehend betrachten konnte, schätzte sie ihn auf etwa sechzig. Er trug schwarze Hosen und eine schwarze Jacke, die er bis unter das glattrasierte Kinn geschlossen hatte. Kratzer überzogen Wangen und Nase, ein breites Pflaster bedeckte die Stirn. Sein Allerweltsgesicht fiele in keinem Büro auf, sein Blick hingegen schon: eiskalt und routiniert.

Mit seiner Linken fuhr er über die Glatze, am Mittelfinger funkelte ein goldener Siegelring. «Ich gratuliere zu Ihrem Fund. Das hat aber ganz schön lange gedauert.» Er stand auf dem betonierten Vorplatz zwischen der Garage und dem Auto, etwa vier Meter entfernt.

Zu weit weg für einen Angriff. Zoe machte einen Schritt auf ihn zu. «Wer sind Sie?»

«Unwichtig», sagte Glatzkopf mit gelassener Stimme. «Wichtig ist, was ich will. Das da.» Mit dem Kinn machte er eine Geste in Richtung CD. Dann richtete er die Waffe auf Frau Christen. «He, Alte, komm her.» Routiniert hatte sich der Kerl das schwächste Glied herausgepickt.

Er streckte den Arm mit der Pistole aus. «Wirds bald?»

Auf wackeligen Beinen schlurfte Christen zu ihm hin und stiess unkontrollierte Schluchzer aus.

Zoe sah sich nach einer Waffe um, suchte einen Vorteil, einen Ausweg.

Vanzetti stand neben Zoe und legte eine Hand auf ein Regal, auf dem ein schmales Fernrohr lag.

Sie rückte wieder ein Stück vor, ihre Schultern verspannten sich vor Anstrengung. Sie musste etwas tun, irgendetwas.

Glatzkopf fixierte sie mit seinem Blick und setzte die Waffe auf Christens Stirn. «Keinen Schritt weiter, Zwygart. Und du, Vanzetti, nimm deine Hand da weg.» Mit der Linken fischte er mehrere Kabelbinder aus seiner Jacke. Die drückte er Christen in die Hand. «Leg ihnen Fesseln an.»

Christen liess die Kabelbinder beim ersten Schritt fallen, schluchzte, ging in die Knie und sammelte sie vom Boden auf. Dann wankte sie auf Vanzetti zu.

Der hob beide Arme, als wolle er sich ergeben. «Hier muss niemand zu Schaden kommen. Damit erreichen Sie nichts.»

«Los», bellte Glatzkopf Frau Christen an, «mach vorwärts.»

Vanzetti überkreuzte die Handgelenkte vor dem Körper. «Sie haben keine …»

Glatzkopf wedelte mit der Waffe. «Stopp, nicht vor dem Körper. Fessle seine Hände hinter dem Rücken.» Er grinste in Richtung Lucy. «Ich weiss ja nicht, wie du dich befreit hast dort oben im Bunker. Aber alle Achtung.»

Grosi, die ein Stück hinter Zoe stand, erwiderte nur einen finsteren Blick. «Warum haben Sie Eva Bärtschi ermordet?»

Christen wickelte einen Kabelbinder um Vanzettis Handgelenke und zurrte ihn fest. Dummerweise schien sie ihren Job sehr ordentlich zu machen.

Glatzkopf zuckte mit den Schultern. «Es war ein Auftrag, nichts weiter.»

«Dann haben Sie Ihren Job ja erfüllt. Sie können uns in Ruhe lassen», sagte Grosi.

«Das hättest du bestimmt gerne. Aber du hast mir gestern einen verdammt miesen Tag beschert. Mein Schädel brummt, meine Hüfte und mein Knöchel tun sauweh.» Er schob seine Jacke auf und liess kurz ein Messer in einer Scheide an seinem Gürtel sehen. «Meine Schulden begleiche ich immer.»

Oh, nein, Grosi.

Vanzetti stand mit gefesselten Händen da. «Sie haben keine Chance, heil aus dieser Sache rauszukommen. Meine Kollegen sind über alles im Bild. Tatsächlich werden sie jeden Augenblick hier sein.»

Glatzkopf hob einen Mundwinkel. «Das bezweifle ich. Schon bei Ihrem Angriff in Worblaufen hatten Sie keine Unterstützung dabei. Und jetzt diese komische Weiber-Truppe hier. Sie ziehen das alleine durch.» Er richtete die Pistole auf Christen. «Los, mach mit der da weiter.» Er deutete auf Grosi.

Die alte Sekretärin wimmerte erneut.

Der gefesselte Vanzetti schickte Zoe mit dem Blick ein stummes ‹Tu etwas!› herüber. «Wieso sollte ich ohne Unterstützung arbeiten? Halten Sie mich wirklich für so blöd?», fragte er.

Gut so, er musste Glatzkopf am Reden halten. Zoe machte einen Schritt nach links auf ein Stativ zu. Wenn sie ihre Hand darum legen könnte …

Der Kerl deutete mit der Waffe auf Vanzetti und den Boden. «Hinknien.» Er wartete ab, ob Vanzetti seiner Anweisung folgte. «Vielleicht wolltest du den Ruhm alleine ernten. Oder es geht um Geld. Was auch immer, es ist mir egal.»

Während Vanzetti langsam in die Knie ging, trat Christen hinter Grosi und band ihre Hände zusammen.

Zoe malte sich das Szenario aus: ein Schritt vor, das Stativ mit viel Schwung in Richtung Glatzkopf werfen, dann hinterher hechten. Ihre Erfolgschancen waren minim, doch die Zeit lief ihr davon. Mit gefesselten Händen wäre sie machtlos. Sie spannte ihre Muskeln an.

«Keine Bewegung.» Glatzkopf zielte direkt auf Zoe. «Gib ihr die CD.» Er deutete auf Christen. «Dann geh drei Schritte rückwärts.»

Zoe bewegte sich nicht. Sie könnte sich einfach auf ihn stürzen. Er würde sie erschiessen, klar, aber vielleicht hätten die anderen dann eine Chance.

«Zoe», raunte Vanzetti.

Fünf Schritte und ein Sprung, mit genügend Schwung würde sie den Kerl umreissen.

«Zoe, bitte», sagte Vanzetti mit eindringlicher Stimme. «Gib ihm die CD.»

Nein, sie würde nicht aufgeben. Sie konnte es einfach nicht.

«Und auch den Datenstick», fügte Vanzetti hinzu.

Zoe stutzte. Den Stick?

Glatzkopf machte einen Schritt nach vorne. «Der liegt in der Aare.»

Vanzetti schüttelte den Kopf. «Nein, wir haben die Tasche und das Teil darin am Ufer gefunden. Ohne den Datenstick wird Ihnen die CD nichts nützen. Zoe, gib ihm, was er will.»

Auch Grosi nickte. Verdammt, wovon faselte Vanzetti? Im Stress funktionierte Zoes Hirn nicht mehr richtig.

«Sehr vernünftig», stimmte Glatzkopf zu. "Tu, was er sagt.»

Zoe drehte ihm den Kopf zu. «Wo soll der Stick sein?»

«Ich habe die Tasche in den Kofferraum gelegt, bevor wir hergefahren sind.»

Mit gefesselten Händen stand Lucy neben Vanzetti. «Neben dem Regenschirm und der Wolldecke.»

«Maul halten.» Glatzkopf streckte den Arm mit der Pistole in Richtung Verena Christen aus. «Bring mir erst die CD. Jetzt.»

Christens Finger zitterten. Sie schien kurz vor dem Zusammenbruch, als Zoe ihr die CD in die Hand drückte. Dann schleppte sie sich winselnd zu Glatzkopf.

Er steckte die CD in die Innentasche seiner Jacke. Dann drehte er Christen wie eine Puppe um 180 Grad und legte von hinten einen Arm um ihren Bauch. «Und jetzt gib mir diesen verdammten Datenstick. Du hast fünf Sekunden.» Er drückte die Mündung der Pistole an Frau Christens Schläfe.

«Ich weiss nicht …», stotterte Zoe.

«Eins.»

«Aber wir haben doch gar nichts …»

«Zwei …»

«Hol ihn einfach, Zoe», befahl Lucy.

«Drei.»

Und da verstand Zoe, was im Kofferraum lag. «Schon gut, lassen Sie die Frau los. Ich hole ihn.»

Sie hob beide Hände und machte einen langsamen Schritt vorwärts.

Glatzkopf bewegte sich auf der Zufahrt ein Stück zur Seite und zog Christen mit sich. Über deren rechte Schulter zielte er mit der Pistole auf Zoe.

«Bitte, bitte …», jammerte Frau Christen.

An ihnen vorbei schritt Zoe zum Cabrio, wobei Glatzkopf sie nicht aus den Augen liess.

In der hell erleuchteten Garage kniete Vanzetti auf dem Boden, Lucy hinter ihm machte einen Schritt zur Seite und auf die Teleskope zu. Zwei Meter davor hielt Glatzkopf im Halbdunkel Frau Christen in Schach.

Zoe öffnete den Kofferraum. Im Innern ertastete sie die Schutzmasken, die Jacken und ein Paintballgewehr. Sie legte die linke Hand um den Schaft und die rechte um den Abzug. Sie hatte bloss einen Versuch, sonst wären sie alle tot. «Okay, ich hab ihn.»

«Bring ihn her», rief Glatzkopf.

Mit lautem Getöse gingen in der Garage Fernrohre zu Boden. Für den Bruchteil einer Sekunde drehte der Kerl seinen Kopf.

Zoe riss das Gewehr hoch, zielte und drückte mehrmals kurz hintereinander ab. Der erste Schuss ging an die Garagenwand, der zweite traf Glatzkopf an der Schulter, der dritte und der vierte mitten ins Gesicht. Mit «Plopp, Plopp» platzten die Kügelchen, grüne Farbe breitete sich über seine Stirn und rechte Wange aus.

Glatzkopf schrie auf, riss eine Hand hoch und liess Christen los, die seitlich zu Boden fiel. Blind schoss er in Richtung Zoe.

Vanzetti stürzte sich gefesselt, wie er war, auf ihn wie ein Tackler beim American Football. Er erwischte

Glatzkopf mit der Schulter an der Hüfte und riss ihn mit sich zu Boden.

Ein zweiter Schuss fiel.

Zoe rannte los. Blitzschnell war sie über Vanzetti und Glatzkopf, die sich vor dem Holztor auf dem Boden wälzten. Sie riss Vanzetti mit dem Arm weg und kickte Glatzkopf mit dem Fuss in den Magen. Doch als sie den Treffer landete, rutschte sie auf ein paar Steinchen aus und ging ebenfalls zu Boden.

Glatzkopf stöhnte, doch er war hart im Nehmen. Er rappelte sich auf, kam auf die Knie, entdeckte die Pistole auf dem Boden und griff danach.

Zoe war schneller. Sie sprang auf und gab ihm zwei harte Tritte ins grün gefärbte Gesicht.

Glatzkopf kippte rückwärts, sein Hinterkopf schlug schwer auf der Zufahrt auf. Bewusstlos lag er da, aus einer Wunde floss ihm helles Blut über die grüne Stirn.

«Bravo», rief Lucy.

Zoe atmete durch. Die Waffe lag auf dem Boden, einen halben Meter neben Glatzkopf. Sie machte einen grossen Schritt über den reglosen Körper und beugte sich hinab.

«Pass auf!», rief Vanzetti.

Im Augenwinkel nahm Zoe eine Bewegung wahr, etwas explodierte seitlich an ihrem Kopf. Sterne tanzten vor ihren Augen wie Wunderkerzen, dann versank sie in einem tiefen Schlund.

59

«… absolut. Sie müssen sich keine Sorgen machen.» Die Frauenstimme klang elfengleich sanft wie aus einer anderen Welt.

Zoe öffnete ihre Augen und nahm verschwommen ein schwaches Licht wahr. Ihr Kopf fühlte sich an, als ob jemand darin einen Amboss misshandelte. Was auch immer sie umgehauen hatte – Zoe kam schnell wieder zu Bewusstsein. Sie lag in der dunklen Garage, ihre Hände waren hinter dem Rücken zusammengebunden. Sie spannte ihre Füsse an, ihre Knöchel waren ebenfalls fixiert.

Die Frauenstimme wurde lauter. «Ich werde mich persönlich darum kümmern … Morgen haben Sie das Geld auf Ihrem Konto. Versprochen.» Mit dem Handy in der einen und der Taschenlampe in der anderen Hand richtete Verena Christen zwischen den Teleskopen den Lichtkegel auf Zoe. «Sieh an, Supergirl ist wach.» Sie klang gar nicht mehr weinerlich, sondern selbstsicher und herrisch.

«Wo ist meine Grossmutter? Und Vanzetti?»

«Wie rührend. Sie dürfen die beiden sehen. Aber nur, wenn Sie keinen Aufstand machen.» Christen drehte sich halb um. «Los, schaffen Sie die Kleine ins Haus. Oder muss ich das auch selber machen?» Frau

Christen hatte sich den Befehlston einer Diva zugelegt. Was war hier eigentlich los?

Glatzkopf mit immer noch grün gefärbtem Gesicht und blutiger Stirn packte Zoe mit beiden Händen unter den Armen, setzte sie aufrecht hin und wuchtete sie schliesslich mit einem Grunzen auf seine Schulter. Dann folgte er Christen mit einem starken Hinken nach draussen.

Glatzkopfs Schulter quetschte Zoes Magen und Lungen zusammen, sie atmete flach. Wer zum Teufel war diese Christen?

Die Sekretärin leuchtete den Weg rund um das kleine Haus aus. «Ich hätte es besser wissen müssen. Sie sind zu alt für den Job.»

Glatzkopf knurrte. «Nur für einen kurzen Moment habe ich mich ablenken lassen. Okay, das hätte nicht passieren dürfen. Wenn Sie sich aber früher geoutet hätten, wäre das alles nicht geschehen.»

«Das gehörte nie zum Plan. Ich musste bloss eingreifen, weil Sie es vermasselt haben», zischte Christen.

Durch die offene Türe im Hauptgebäude der Sternwarte betraten sie einen grossen, hellgrau gestrichenen Raum. Ein Tresen rechts trennte eine kleine Küche mit zwei Herdplatten, Spüle und Kühlschrank vom Aufenthaltsraum links mit einem zerfurchten Holztisch und sechs Stühlen ab. Auf dem Tresen standen eine dicke rote Kerze und vier Büchsen Gurten-Bier.

Glatzkopf trug Zoe um den Tresen herum und stellte sie auf dem Küchenboden ab, wo zwei an Händen und Füssen gefesselte Figuren gegen weisse Schranktüren angelehnt sassen: Grosi und Vanzetti.

Zoe atmete auf. «Seid ihr verletzt?», fragte sie.

Zur Antwort schüttelten beide ihre Köpfe. Ihre Münder waren mit Klebeband versiegelt.

«Hinsetzen», befahl Christen. Sie hatte ihre Strickjacke ausgezogen. Darunter trug sie ein lila T-Shirt, das ihre schlanke Figur betonte.

Mit dem Rücken am Kühlschrank liess sich Zoe neben Grosi auf ihren Hintern nieder, sie konnte gerade noch um die Theke herum in den Aufenthaltsraum schauen. Zu dritt war es eng in der kleinen Küche.

«Holen Sie den Kanister», herrschte Christen Glatzkopf an. Der verschwand nach draussen.

Christen lehnte sich an den Tresen und tippte auf ihr Smartphone. «Unglaublich, mit was für Amateuren man sich heutzutage herumschlagen muss.»

Zoe beobachtete sie ungläubig. Die gebückte Haltung, das Zittern, das altjüngferliche Gehabe – all das war nur Show gewesen. «Sie haben uns angeschmiert. Von Anfang an.»

Christen lächelte von oben herab, als seien sie alte Freundinnen. «Aber natürlich, Kindchen. Eva, diese dumme Kuh, hat im Alter plötzlich Gewissensbisse bekommen. Sie wollte nicht mehr mitmachen bei unseren lukrativen Nebengeschäften und hat Cinceras Unterlagen auf dem Computer verschlüsselt. Weil ich den Schlüssel nicht selber knacken konnte, habe ich mich an den netten Herrn Vanzetti gewandt. Besten Dank auch.» Sie nickte ihm zu.

«Wieso hätte Eva mitmachen sollen bei diesen Nebengeschäften? Die brauchte nun wirklich kein Geld.»

«Sie liegen falsch, Evas Firmen benötigten immer wieder neue Aufträge. Ihr Vater war leider ein ebenso unfähiger Geschäftsmann wie ihr Sohn Fabian, dieser Trottel. Deswegen hat mich Evas Mutter Maria Anfang der 70er-Jahre engagiert, um nach dem Rechten zu sehen. Die gute Frau konnte ja nicht alles alleine machen. Bis 1976 steckten die Firmen regelmässig in Geldnöten, doch dann fiel uns das Cincera-Archiv in den Schoss. Das löste alle Probleme. Denn die Geheimnisse aus dem Archiv waren immer ein unschlagbares Verkaufsargument. Sie würden staunen darüber, welche Dummheiten die Söhne und Töchter reicher Familien in den 60er- und 70er-Jahren angestellt haben. Heute sind viele von denen anerkannte Politiker oder Firmenchefs.»

Zoe konnte den Hunger riechen, der diese Frau antrieb – den Hunger nach Geld, nach Macht. Langsam setzte sie die Puzzleteile zusammen. «Und nach dem Tod von Evas Mutter Maria haben Sie das Geschäft übernommen?»

«Jemand musste doch die Zügel in der Hand halten. Die Bärtschis sind allesamt geschäftsuntüchtig. Das bewies Eva erst kürzlich wieder, als sie den Moralapostel in sich entdeckte. Zu allem Übel drohte sie noch damit, uns auffliegen zu lassen.»

«Und deshalb haben Sie Eva umbringen lassen? Weil sie nicht mehr mitspielen wollte?»

«Also bitte. Sie hätte doch wissen müssen, dass ich so etwas nicht tolerieren würde.» Ein verschlagenes Lächeln huschte über Christens Gesicht, als sie sich zu Lucy hinabbeugte. «Was mit Ihrem Mann geschehen war, hätte Eva doch Warnung genug sein müssen.»

Grosi riss die Augen auf.

«Was meinen Sie damit?», fragte Zoe.

«Na, Felix, diesen Sturkopf. Hielt einfach an seinem Sitz im Nationalrat fest, obwohl wir Gelder aus seiner Parteikasse abgezweigt und die Medien informiert hatten. Und dann wollte er auch nicht einsehen, welche Möglichkeiten dieses Archiv bot. Deswegen ist er ja von der Kirchenfeldbrücke gesprungen. Mit etwas nachdrücklicher Hilfe natürlich.»

Zoe schmeckte Galle im Mund, ehe sie es ganz begriff. «Sie haben meinen Grossvater umgebracht.»

Mit einem roten Kanister in der Hand kam Glatzkopf zurück ins Haus.

«Ich doch nicht. Für so etwas hat man Personal.» Christen neigte den Kopf in seine Richtung. «1976 hat unsere Zusammenarbeit angefangen.»

«Der Auftrag kam von Ihnen?» Glatzkopf stellte den Kanister auf den Esstisch. «Das war einer meiner ersten Jobs.»

«Ach, ja? Damals liess die Qualität Ihrer Arbeit noch nichts zu wünschen übrig. Deswegen habe ich Sie auch später regelmässig angeheuert. Es gab schliesslich immer mal wieder jemanden, der sich bei der Polizei beschweren wollte.»

«Und Paul Aebi? Haben Sie den ebenfalls erpresst?»

«Den Fotografen? Für Geld hätte der doch alles getan. Leider wurden seine Forderungen immer unverschämter, je näher die Pensionierung rückte. Seit den 80er-Jahren hat er uns auf dem Laufenden gehalten, was so lief bei der Zeitung. Das war sehr nützlich für Evas politische Karriere. Eigentlich hatten wir geplant, dass er auch bei der Polizei herumschnüffelt. Die kleine Provokation hat ja funktioniert, Herr Vanzetti hat die Nerven verloren.»

Vanzetti stiess unter dem Klebeband vermutlich Schimpflaute aus, Grosi hielt den Kopf gesenkt.

Mit ihren aalglatten Lügen hatte Christen alle bezirzt und manipuliert. «Doch die Polizei wollte nicht, dass Aebi mich begleitet.»

«Zu schade. Aber was zählt, ist das Ergebnis.» Sie verschwand hinter der Theke, kam wieder hoch und stellte eine Tasche darauf ab. Sie streckte eine Hand hinein, kramte kurz. Als sie wieder zum Vorschein kam, hielt sie die CD darin. «Vielen Dank für

Ihre Unterstützung. Das hier ist meine Altersvorsorge.» Sie wedelte mit der CD, bevor sie sie zurücksteckte. Dann zog sie Latex-Handschuhe aus der Tasche, streifte sie über, griff wieder hinein und hielt plötzlich eine Waffe in der Hand. Damit zielte sie auf Zoe.

Zoe biss die Zähne zusammen und wartete auf den Knall.

Doch Christen schwenkte den Lauf der Waffe herum von der Küche in den Aufenthaltsraum.

Glatzkopf stand am Esstisch und guckte verdutzt. «Was soll das jetzt?»

«Das ist doch ein schönes Bild. Mit einem Auftrag von mir haben Sie angefangen, jetzt hören Sie mit einem Auftrag von mir auf.» Ohne zu zögern feuerte Christen zwei Mal ab.

Ungläubig starrte Glatzkopf auf seine Auftraggeberin, dann auf seine Brust, wo Blut durch sein Hemd sickerte. Mit einem Stöhnen brach er zusammen.

«So, damit kommen wir zum Ende der Vorstellung.» Christen plapperte, als sässe sie beim Coiffeur. Sie holte eine Rolle Klebeband aus der Tasche, riss ein Stück ab und legte es über Zoes Mund. «Wir wollen die Nachbarn doch nicht erschrecken, oder?» Dann schraubte sie den Verschluss des Kanisters ab und goss Benzin über den Esstisch, den Parkettboden, die Theke und schliesslich über Grosi, Vanzetti und Zoe.

Zoe riss an ihren Fesseln, das Benzin tropfte von ihren Haaren, die Kleider waren durchweicht.

Christen stellte den leeren Kanister auf den Boden neben die Leiche und legte die Waffe auf dessen Brust. Dann richtete sie sich auf, schaute sich um und tippte mit einem Zeigfinger auf die Lippen. «Nichts vergessen? Ich glaube nicht. Bestimmt wird sich die Polizei irgendein hübsches Szenario ausmalen für das, was hier geschehen ist.» Sie nickte leicht, als wolle sie ihre Meinung bekräftigen. «Jetzt muss ich mich leider verabschieden.» Sie streifte die Latex-Handschuhe ab und verstaute sie in der Tasche.

Zoe legte ihre ganze Kraft in die Arme, doch die Kabelbinder liessen sich nicht sprengen. Tränen traten ihr in die Augen. Sie schaute Vanzetti an, der den Kopf schüttelte. Die Verzweiflung stand ihm ins Gesicht geschrieben.

Mit ausdrucksloser Miene und geradem Rücken sass Grosi zwischen ihnen auf dem Küchenboden. Sie schien nicht wahrzunehmen, was um sie herum geschah. Stattdessen verfolgte sie jede Bewegung von Christen, als die ihre Sachen zusammenpackte.

In Grosis Blick lag etwas, das Zoe nie zuvor gesehen hatte: unsagbarer Hass.

60

Mein Gott, Felix! So viele Jahre lang hatte Lucy getrauert und geschimpft darüber, dass er damals einfach aufgegeben hatte, als der Druck nach dem Verschwinden der Parteigelder zu gross geworden war. Um jetzt zu erfahren, dass er sich gar nicht das Leben genommen hatte!

Was genau hinter dem Tresen geschehen war, hatte Lucy nicht direkt beobachten können. Doch sie nahm an, dass Christen den Entführer erschossen hatte. Eiskalt!

Wie Bauern auf einem Schachbrett hatte dieses teuflische Weib alle herumgeschoben. Doch perfekt war Christen selber nicht. So verstand sie wenig vom Fesseln, im Gegensatz zum toten Killer und Lucy. Sie hatte nämlich ihre Handgelenke hochkant hingehalten, als Christen ihr den Kabelbinder umgelegt hatte. Das gab Lucy jetzt Spielraum. Seit sie auf den Küchenfliesen sass, zerrte sie an den Händen unter dem Kunststoff.

Etwas Feuchtes rann über ihre Hände – wahrscheinlich Blut. Die vernarbten Wunden mussten wieder aufgebrochen sein. Doch Lucy spürte keine Schmerzen. Eine Hand hatte sie beinahe durch die Schlaufe des Kabelbinders gezogen.

Christens Kopf tauchte über dem Tresen auf. Sie kramte in ihrer Tasche und zog etwas heraus. Für einen Augenblick verschwand sie, dann kam sie rechts um den Tresen herum und lächelte. Nein, es war kein Lächeln, eher ein höhnisches Grinsen. In der einen Hand hielt sie ein Feuerzeug, in der anderen die rote Stumpenkerze vom Tresen. «Zur Andacht. Leider wird sie nur kurz.» Sie zündete die Kerze an und stellte sie auf den Tresen.

Geschafft! Lucy konnte eine Hand aus der Schlinge ziehen. Sie hielte ihre Arme still, schloss halb die Augen und spannte die Muskeln an.

Christen ging vor Zoe in die Hocke. «Sie haben die Wahl. Entweder atmen Sie nachher tief ein oder warten ab, bis Ihr Fleisch geröstet wird. Ich empfehle Ihnen Ersteres.»

Lucy sass Schulter an Schulter mit Zoe, Christen befand sich eine Armeslänge entfernt. Lucy riss ihre Hände hinter dem Rücken hervor und warf sich mit Fäusten und Oberkörper gegen das Teufelsweib.

Christen fiel auf ihren Po und knallte mit dem Kopf seitlich gegen eine Schranktüre.

Blitzschnell zog Zoe ihre Beine an und machte Platz.

Lucy kam auf die Knie und rutschte über die Fliesen vor, bis sie sich in Reichweite von Christen befand. Dann schlug sie mit den Fäusten und zusammengebissenen Zähnen auf das Weib ein. Mit jedem Schlag wuchs ihre Kraft, der Gedanke an Felix liess sie nicht müde werden.

Christens Nase explodierte in einem Schwall von Blut. Betäubt rang sie nach Luft, dann kreischte sie wie ein Kind, dessen Schokoriegel in den Dreck gefallen war. Sie wollte sich in Sicherheit bringen, warf sich um den Tresen herum und knallte mit der Schulter dagegen. Das Möbel wackelte, die brennende Kerze fiel dahinter auf den Boden.

Mein Gott! Das Benzin!

Lucy hechtete Christen hinterher und schlug von hinten auf sie ein. Die Teufelin rollte sich auf dem Boden zusammen und legte die Arme schützend vors Gesicht. Lucy hatte die Oberhand, doch die gefesselten Fussgelenke brachten sie aus der Balance, sodass sie neben Christen auf das Parkett knallte. Im Liegen sah sich Lucy fieberhaft um. Die Kerze musste davongerollt sein – hoffentlich brannte sie nicht mehr. Sie riss sich das Klebeband vom Mund. «Wir müssen raus hier.»

Zoe und Vanzetti brauchten keine Aufforderung. Sie kamen bereits um den Tresen herum, auf ihren Rücken schoben sie sich mit den Füssen durch die Benzinlache. Lucy und Christen lagen im Weg.

Das ging zu langsam!

Lucy stiess die reglose Christen zur Seite und zog sich mit den Händen am Tresen hoch. Sie machte ein paar Hüpfer an Zoe vorbei, stolperte um ein Haar über Vanzettis Beine und riss neben der Spüle Schubladen auf der Suche nach einem Messer oder einer Schere auf.

Ein dumpfes Kreischen liess sie herumfahren. Wild gestikulierte Zoe mit den gefesselten Füssen.

Christen hatte sich aufgerappelt und stützte sich mit der rechten Hand an einen Stuhl. Blut lief ihr über Wangen und Kinn, Benzin tropfte von ihren Kleidern. Das Gesicht der Lügnerin und Trickserin war verschwunden und hatte dem eines Monsters Platz gemacht. Mit Geheul warf sie sich nach vorne über den Tresen und auf Lucy.

Die knallte rücklings gegen die Spüle, ihre Knie knickten ein. Lucy zog die Schultern hoch und versuchte, sich mit den Unterarmen zu schützen, während Christen von oben auf sie einprügelte.

«Dich mach ich kalt.» Christen schrie wie eine Wahnsinnige und legte ihre Hände um Lucys Hals.

Es fühlte sich an, als ob zwei Schraubstöcke Lucy die Luft nahmen. Sie drückte ihren Kopf gegen Christens Brust, holte aus und boxte ihr mit der rechten Hand seitlich gegen die Schläfe.

Christen wankte.

Lucy liess einen zweiten Schlag folgen.

Christen lockerte ihre Hände.

Ein Wusch erklang in der Ecke, ein heller Schimmer erleuchtete die Decke. Ein bodenlanger Vorhang im Aufenthaltsraum hatte Feuer gefangen.

Christen richtete sich auf, taumelte zwei Schritte rückwärts und ergriff die Flucht.

Nie im Leben würde Lucy dieses Weib entkommen lassen. Sie zog sich am Tresen hoch, hüpfte darum herum und warf sich der Hexe hinterher. Mit ihren Armen umklammerte Lucy Christens Hüften.

Christen schrie und torkelte an Vanzetti auf dem Parkett vorbei.

Der trat nach ihr und erwischte sie an den Oberschenkeln. Christens Beine knickten ein, sie landete auf allen Vieren, kam wieder hoch auf die Knie und drosch mit Armen und Ellenbogen auf Lucys Kopf in ihrem Rücken ein.

Lucy spürte nichts. Sie hatte das Bild des zerschundenen Körpers von Felix vor den Augen, den sie in der Leichenhalle hatte identifizieren müssen. Sie würde nicht loslassen, und wenn es ihr Leben kostete.

Das Feuer kroch den Vorhang hoch und erreichte die Holzdecke, es stank nach Rauch. Wenn es das Benzin entzünden würde …

Christen kreischte wie ein verwundetes Tier in einer Falle. Sie liess sich auf die Hände plumpsen und trat nach hinten aus.

Lucy verlor den Halt und platschte auf den Bauch.

Christen krabbelte zum Ausgang.

Dort kniete Zoe vor der geschlossenen Tür. Sie stürzte sich kopfvoran auf Christen, sodass ihre Schädel aufeinanderkrachten. Christen sackte zusammen, Zoe blieb benommen liegen.

Die Decke brannte, eine Woge aus dichtem, heissem Qualm sank zu Boden. Sie mussten hier raus, und zwar schnell.

Lucy drückte ihren Kopf nach unten und atmete flach. Dann robbte sie zurück in die Küche, zog sich an der Spüle hoch und riss eine weitere Schublade heraus. Ja! Darin lag eine Schere. Sie warf sich wieder auf den Boden und zerschnitt den Kabelbinder zwischen ihren Knöcheln.

Die Hitze und der Rauch wurden immer stärker.

Endlich konnte Lucy sich frei bewegen. Mit der Schere in der Hand kroch sie um den Tresen herum und zu Vanzetti. Sie durchtrennte den Kabelbinder um seine Knöchel.

Vanzetti rollte sich auf den Bauch und streckte ihr die Arme hin.

Lucy sog die Luft wie durch einen Strohhalm ein. Sie spürte, wie ihre Sinne schwanden. Mit letzter Kraft befreite sie Vanzetti von seinen Fesseln.

Brennende Holzstücke fielen von der Decke auf den Esstisch, das Benzin entzündete sich. Rasend schnell breiteten sich die Flammen über die Tischplatte und die Stühle aus.

Vanzetti rannte zur Eingangstür und riss sie auf. Der Luftzug liess das Benzin explodieren.

Die Flammen versengten Lucys Haut. Dann verlor sie das Bewusstsein.

61

Gegen Mittag des nächsten Tages piepsten und summten die Maschinen rund um das Krankenbett. Regungslos lag Lucy darin mit weissen Bandagen um Oberkörper, Arme und Kopf. Die versengten Haare hatten ihr die Pflegerinnen abrasiert.

«Wird sie es schaffen?», fragte Zoe Dr. Kläy, eine Ärztin mit asiatischen Gesichtszügen.

«Die Verbrennungen und Wunden werden zu einem grossen Teil verheilen. Aber Ihre Grossmutter hat viel Rauch eingeatmet. Und sie ist über siebzig. Wir können nur hoffen und beten.»

Kläy regulierte den Tropf und ging hinaus.

Zoe senkte die Stirn auf die Matratze und ergriff Grosis Hand. Sie lauschte den Geräten, zählte die Herzschläge. Irgendwann letzte Nacht war Grosis Herz stehen geblieben. Auf der Intensivstation im Inselspital hatte ein Alarm geschrillt, das Notfallteam war angerückt. Es hatte Grosi zurück ins Leben geholt.

Mit Religion hatte Zoe wenig am Hut. Doch sie hatte mit Inbrunst gebetet. Sie würde alles tun, wenn sie Grosi damit helfen könnte. Sie beide waren doch ein unzertrennliches Team. Und während Zoe am Krankenbett gewacht hatte, waren Bilder aus der

Vergangenheit aufgetaucht: Reisen mit Grosi zum Eiffelturm in Paris oder zum Pantheon in Rom. Songs von Jim Morrison oder Janis Joplin. Indianer, Frösche, das Bierbrauen – immer wieder hatte sich Grosi für etwas Neues begeistern können, und immer hatte sie Zoe daran teilhaben lassen.

Zoe hob den Kopf, als sie jemanden hinter sich ins Zimmer kommen hörte.

«Wie geht es ihr?», fragte Vanzetti. Pflaster auf seinem Gesicht bedeckten Spuren der Explosion, seine rechte Hand war verbunden.

Zoe liess die Schultern hängen. «Es ändert sich von Stunde zu Stunde. Die Ärzte wissen nicht, ob sie es schaffen wird.»

«Es tut mir sehr leid. Das hätte nie passieren dürfen.» Er sah sie an, als erwarte er Vergebung.

«Dich trifft keine Schuld.»

«Doch. Ich hätte euch nie in die Sache reinziehen dürfen.»

Der feuchte Schimmer in seinen Augen verriet, wie nahe es ihm ging. «Grosi und Eva Bärtschi waren einmal gute Freundinnen. Und ich suchte eine Story für die Zeitung. Nie im Leben hätten wir nach Evas Tod einfach die Hände in den Schoss gelegt. Ohne dich wäre Grosi jetzt gar nicht hier. Ich schulde dir alles.» Die Wucht der Explosion hatte Zoe durch die Türe des Observatoriums ins Freie geschleudert, wo sie benommen liegen geblieben war. Es war Vanzetti gewesen, der Lucy aus dem brennenden Haus geschleift hatte. «Hat Verena Christen überlebt?»

Er stellte sich ans Fussende des Bettes und schüttelte den Kopf. «Sie war tot, als der Krankenwagen im Spital eintraf.»

«Gut.» Sonst hätte Zoe dieses Miststück eigenhändig umgebracht. «Hast du etwas über sie in Erfahrung bringen können?»

«Noch nicht viel, die Ermittlungen stehen ganz am Anfang. Aber ein paar Eckdaten ihrer Biografie haben wir. Christen hat uns weisgemacht, dass sie Bärtschi am Gymnasium Kirchenfeld kennengelernt habe. Nur war sie gar nie dort. Sie war die Tochter einer 18-jährigen Verkäuferin, die kurz nach der Geburt des Kindes in eine psychiatrische Klinik eingeliefert wurde. Ihr Vater war mit einer anderen Frau verheiratet. Christen verbrachte ihre Kindheit in Heimen und bei verschiedenen Pflegefamilien, hatte Schwierigkeiten in der Schule, brach die Lehre ab. Irgendwann müssen sich die Wege von ihr und Evas Mutter gekreuzt haben. Vielleicht war Verena Christen die Art von Tochter, die sich Maria immer gewünscht hatte: machthungrig und skrupellos. Und für Christen war Maria möglicherweise eine Ersatzmutter, die ihr zum sozialen Aufstieg verhalf.»

«Aber Eva Bärtschi war nicht bloss ein Opfer, sie machte auch mit bei den Erpressungen.»

Vanzetti nickte. «Das ist zumindest Christens Version. Wobei sie eine notorische Lügnerin ist, wie wir ja wissen. Und die Vollmacht, dank der sie Zugriff auf Bärtschis Bankschliessfach erhielt, war auch gefälscht. Aber vielleicht brauchte Bärtschi tatsächlich Geld für ihre Firmen und nutzte das Archiv aus. Oder vielleicht hatte Christen etwas in der Hand, mit dem sie Bärtschi unter Druck setzen konnte. Es deutet ja einiges darauf hin, dass Bärtschis Firmen etwas zu verstecken haben. Weshalb sonst hätte mir Fabian einen Job anbieten sollen?»

Zoe machte grosse Augen. «Das hat er?»

«Sicherheitschef von Bärtschi Invest. Superlohn und tolle Nebenleistungen.» Vanzetti senkte den Blick. «Habe dankend abgelehnt und der Berner Steuerverwaltung geraten, die Firma mal genau unter die Lupe zu nehmen.» Er steckte den linken Zeigefinger unter den Verband an der rechten Hand. «Das juckt höllisch. Verena Christens Wohnung am Pappelweg war übrigens auch bloss eine Kulisse. Sie besass ein Haus in Aeschi bei Spiez. Das solltest du mal sehen: Aussicht über den Thunersee, Möbel, Elektronik, Küche, Kleider – alles vom Feinsten.»

Das passte zu der falschen Schlange. «Und der Mörder? Habt ihr etwas über ihn herausgefunden?»

«Noch nicht, seine Leiche ist stark verkohlt. Aber wir haben Experten für so etwas. Ich bin zuversichtlich, dass wir seine Identität lüften werden.»

«Eiskalt, wie ihn Christen einfach erschossen hat. Wie wird man bloss zu so einem Menschen?»

Geräuschvoll stiess Vanzetti den Atem aus. «Schwer zu sagen, ich bin nur ganz wenigen echten Psychopathen begegnet. Ich würde sie als Soziopathin einstufen. Das sind Menschen, die kein Mitgefühl empfinden können. Moral, Verantwortungsgefühl oder Liebe sind Fremdwörter für die. Manche von ihnen haben eine furchtbare Kindheit hinter sich. Möglicherweise gehörte Christen zu ihnen.»

Für einen kurzen Augenblick empfand Zoe so etwas wie Mitleid mit der Frau. Doch das Gefühl verblasste rasch. «Und die CD? Ist drauf, was wir erwartet haben?»

«Es scheint tatsächlich Cinceras Archiv zu sein beziehungsweise eine digitale Kopie davon. Saxer kümmert sich darum.»

«Saxer? Was ist mit der Suspendierung?»

Er bedachte sie mit einem kleinen Lächeln. «Angesichts der Umstände sind wir wieder in Amt und Würden. Doch unsere Chefin Oppliger lässt uns bestimmt nicht so einfach davonkommen. Vorläufig stehen wir unter besonderer Beobachtung. Und ihr wird sicher noch etwas einfallen, mit dem sie uns piesacken kann.»

Das würde er überleben. «Und? Was enthält denn jetzt dieses Archiv?»

«Polizeiberichte, Arztzeugnisse, Armeerapporte, Protokolle von Sitzungen und Gesprächen. Cincera muss über ein Heer von Informanten verfügt haben, auch in der öffentlichen Verwaltung. Da sträuben sich einem wirklich die Haare. Saxer ist auf eine ganze Reihe illustrer Namen gestossen. Viele Leute würden sich die Finger nach den Unterlagen lecken – unter anderem auch Journalisten.»

Noch gestern wäre Zoe eine von ihnen gewesen. Doch Exklusivstorys interessierten sie überhaupt nicht mehr. «Okay, ich kann das Interesse verstehen. Aber all diese Menschen mussten bloss sterben, weil Eva Bärtschi das Archiv verschlüsselt hat?»

«Und weil sie die Nebengeschäfte auffliegen lassen wollte. Auf die Einkünfte hätte Christen verzichten müssen, vielleicht wäre sie gar ins Gefängnis gewandert. Ob wir die Erpressungen hätten beweisen können, ist allerdings eine andere Frage. Es wird eine Weile dauern, bis wir darauf eine Antwort haben. Oppliger hat angeordnet, dass bloss Saxer und ich die Unterlagen sichten. Sie will nicht, dass irgendwelche Informationen nach draussen sickern.» Er verstummte und betrachtete Lucy in ihrem Bett.

Schweigen breitete sich zwischen ihnen im Krankenzimmer aus.

Vanzetti brachte ein schwaches Lächeln zustande. «Apropos Journalisten. Draussen beim Eingang wartet eine ganze Meute davon.»

Aasgeier. Stopp, nein. Auf ein paar von ihnen mochte das zutreffen. Viele von Zoes Kollegen standen jedoch nicht aus freien Stücken dort draussen. Sie taten es, weil es zum Job gehörte. Weil sie berichten wollten, was geschehen war. Sie empfanden durchaus Mitgefühl. «Ich werde rausgehen und mit ihnen reden. Später.»

Vanzetti machte einen Schritt auf Zoe zu. «Wie geht es dir denn eigentlich?»

Sie zuckte mit den Schultern und sah weg. «Ein paar Kratzer und Blutergüsse, eine leichte Hirnerschütterung. Nichts Schlimmes.»

Vanzetti legte eine Hand auf ihre Schulter. «Ich meinte nicht körperlich.»

«Ich weiss.» Zoe fühlte sich nicht stark genug, um mit ihm über Gefühle zu reden. Sie ergriff seine Hand. «Ich weiss noch nicht, was morgen sein wird. Es gibt noch zu viel gestern und heute, das ich bewältigen muss.»

«Das verstehe ich.» Er zögerte, doch dann gab er Zoe zum Abschied einen sanften Kuss auf die Wange.

Der Nachmittag ging in den Abend über, es wurde Nacht, dann brach der neue Tag an. Grosi lag immer noch regungslos da, die Geräte gaben monotone Geräusche von sich. Die Pflegerinnen kamen und gingen, lächelten, sagten ein paar ermutigende Worte, überprüften die Monitore und verschwanden wieder.

Dr. Kläy riet Zoe, nach Hause zu gehen und richtig auszuschlafen. Da hatte sich Zoe vorgestellt, wie sie zurückkäme und ein leeres, frisch gemachtes Bett vorfände. Der absolute Horror. Nein, sie würde hier sitzen bleiben, egal, ob es Tage oder Wochen dauerte.

Zoe nahm Grosis Hand, legte den Kopf wieder auf die Matratze und spürte einen leichten Händedruck. Sie musste weggedöst sein und geträumt haben.

«Zoe?», hörte sie Grosis schwache Stimme. «Bist du das?»

Zoes Kopf schnellte hoch.

Grosi hatte die Augen aufgeschlagen.

Eine unermessliche Dankbarkeit erfüllte Zoe, Tränen füllten ihre Augen. «Ja, Grosi, ich bin hier.»

62

Es war früher Abend, als Vanzetti über die Pflastersteine zur Villa schritt. Sie stand im noblen Epalinges, wenige Kilometer ausserhalb von Lausanne. Das blassgelbe Gebäude mit den grünen Fensterläden war geformt wie ein L, hatte zwei Stockwerke und ein braunes Ziegeldach, aus dem eine Reihe von Lukarnen guckte.

Zwischen zwei weissen Säulen trat Vanzetti unter das Vordach, wo er sich den Schweiss von der Stirn wischte. Anfang Juli war die Temperatur tagsüber auf 33 Grad geklettert, auch kurz vor 20 Uhr hatte es noch nicht merklich abgekühlt.

Vanzetti drückte die Glocke aus Messing und wartete.

Bundesrichter Arnold Tobler öffnete die Türe selber. Er war 64, wie Vanzetti aus den Akten wusste. Er hatte ein rundes Gesicht und eine fleischige Nase. «Sie wünschen?» Er trug eine schwarze Hose und ein weisses Hemd.

«Alex Vanzetti von der Bundeskriminalpolizei.» Er zückte seinen Ausweis.

Toblers Gesichtsausdruck glich dem eines Bluthundes, der Witterung aufgenommen hatte. «Ich war der Meinung, dass ich mich am Telefon klar ausgedrückt hätte. Heute habe ich keine Zeit für Sie, weder im Büro und noch bei mir zu Hause. Bitten Sie meine Sekretärin um einen Termin.» Er hatte die überhebliche Stimmlage eines Mannes, der zu befehlen gewohnt war.

«Ich denke, das hier wird Ihre Meinung ändern.» Vanzetti fischte den weissen Umschlag aus dem Jackett.

Tobler starrte zuerst Vanzetti an wie einen stinkenden Hundehaufen, dann das Couvert. Mit spitzen Fingern griff er danach und holte den Polizeibericht heraus. Schlagartig änderte sich sein Gesichtsausdruck, die Hand verkrampfte sich um das Papier. «Kommen Sie rein», knurrte er. Tobler ging voraus und durchquerte die Eingangshalle.

Vanzetti schloss die Haustüre hinter sich und folgte dem Richter vorbei an einem Wohnzimmer mit Kronleuchter, Perserteppich und drei Sofas. Sie betraten ein Büro mit Holzpaneelen, einem vollgestopften Bücherregal, das eine ganze Wand einnahm, und einem mächtigen Schreibtisch. Der Blick durch das Fenster dahinter ging hinaus auf einen weitläufigen Garten mit Rasenfläche, einem Teich und Bäumen, zwischen denen Eisenskulpturen standen.

Tobler liess sich in den Stuhl hinter den Schreibtisch fallen. «Meine Frau ist an einem Konzert.» Offensichtlich bemühte sich der Mann mit den Tränensäcken und schweren Lidern um Fassung. «Wollen Sie etwas trinken?»

Vanzetti nahm auf dem braunen Ledersessel vor dem Pult Platz, ihn fröstelte in der klimatisierten Luft. «Nein, danke.»

Mit rosa Fingern strich Tobler das schüttere weisse Haar glatt. «Woher haben Sie den Polizeibericht?»

«Er ist im Rahmen unserer Ermittlungen im Mordfall Eva Bärtschi aufgetaucht. Bestimmt haben Sie die Medien verfolgt. Wir sind auf das Archiv gestossen, das einst Ernst Cincera angelegt hatte. Aber natürlich wissen Sie das längst.»

Tobler wollte etwas erwidern, besann sich jedoch eines Besseren.

Vanzetti rutschte auf die Kante des Sessels vor. «Unsere Ermittlungen beschränkten sich nicht bloss auf den Mord an Frau Bärtschi. Wie Sie wissen, gab es weitere Tote: den Berner Anwalt Guido Winzenried, den Fotografen Paul Aebi, Verena Christen, die Assistentin von Frau Bärtschi, und einen Mann namens Bernhard Kohler, einen ehemaligen Fremdenlegionär. Zudem gab es mehrere Verletzte, zu denen die Journalistin Zoe Zwygart und ihre Grossmutter Lucy Eicher gehören. Frau Eicher hat nur mit viel Glück überlebt.»

Toblers Miene blieb versteinert. Er hob den Polizeibericht mit Daumen und Zeigfinger hoch. «Ich verstehe nicht, was das alles mit dem hier zu tun haben soll.»

Vanzetti hätte ihm ins Gesicht schlagen wollen. «Die Mätzchen können Sie sich sparen. Wir wissen, dass Sie seit langer Zeit immer wieder Kontakt zu Verena Christen hatten. Das geht aus Verbindungsdaten der Swisscom hervor. Und aus Unterlagen, die wir in ihrem Haus gefunden haben.»

In seinen Augen blitzte Verschlagenheit auf, der Anwalt in ihm wägte offenbar Chancen und Risiken ab. «Es ist nicht verboten, dass die Sekretärin einer Ständerätin mit einem Bundesrichter spricht. Was wollen Sie von mir?»

«Eine Erklärung.»

Tobler blähte die Nüstern. «Ich bin Ihnen keine Erklärung schuldig, Herr Vanzetti. Wenn Sie mich einer Straftat beschuldigen wollen und genügend Beweise dafür haben, dann wenden Sie sich an den Bundesanwalt. Ich betrachte dieses Gespräch als beendet.» Er streckte die Hand nach dem Telefon aus. «Gehen Sie freiwillig oder soll ich die Polizei rufen?»

Es fühlte sich an wie ein Pokerspiel. Und Vanzetti erhöhte den Einsatz. «Tun Sie das, denn ich gehe nirgendwo hin. Dann wird es einen Bericht geben und die Angelegenheit wird offiziell. Und bestimmt bekommen auch die Medien Wind davon. Dafür muss ich nicht einmal selber sorgen.»

Toblers Augen funkelten zornig. Nach ein paar Sekunden nahm er die Hand vom Telefon, seine Schultern sackten ein wenig ein. «Sie Sauhund.»

«Was ist passiert am 22. Februar 1969?»

Tobler legte den Kopf gegen die Lehne und starrte gegen die Decke. Dann wies er mit dem Finger über Vanzettis Schulter. «Sehen Sie das Gemälde dort an der Wand?»

Vanzetti guckte nicht hin.

«Das ist mein Vater, Lorenz Tobler, Anwalt aus Winterthur, Dozent an der Universität, Obergerichtspräsident des Kantons Zürich. Doch seinen Traum, Bundesrichter zu werden, hat er nie verwirklichen können. Meine ganze Erziehung und Ausbildung hatte bloss ein Ziel: das höchste Schweizer Gericht. Als ich es geschafft hatte, war mein Vater unendlich stolz.»

Vanzetti deutete auf den Polizeibericht auf der Tischplatte. «Der hätte wohl schlecht in die Karriereplanung gepasst.»

Mit den Ellenbogen stützte sich Tobler auf dem Pult ab. «Stellen Sie sich einen 17-Jährigen vor mit hervorragenden Noten und makellosem Auftreten. Der perfekte Sohn. Doch in seinem Inneren brodelt es. Er würde später gerne Kunstgeschichte studieren, doch das steht nicht zur Debatte. Der junge Mann ist wie ein Dampfkochtopf kurz vor der Explosion. Da gehen Jugendliche auf die Strassen, es wird demonstriert und randaliert. Für den jungen Mann ein Geschenk des Himmels. Nicht weil er politisch interessiert ist, sondern weil er ein Ventil braucht. Also macht er mit, skandiert Parolen, demoliert Schaufenster. Und er lernt begierig, wie man Brandsätze baut. Natürlich will er die auch testen, als Ziel sucht er sich eine Telefonzentrale aus, eine menschenleere Baracke voller Schaltkreise und Kabel.»

«Nur hielt sich in der Zentrale ein Monteur auf, der bei dem Brand schwer verletzt wurde.»

Tobler senkte den Blick. «Ja, das wusste der jugendliche Hitzkopf leider nicht.»

Jetzt kapierte Vanzetti. «Kurz nach Brandausbruch hat Sie eine Polizeipatrouille in der Nähe der Telefonzentrale aufgegriffen. Und es gab bereits eine Akte wegen Sachbeschädigung über Sie. Das steht in diesem Bericht. Ihr Vater muss alle Hebel in Gang gesetzt haben, damit es nicht zu einer Strafverfolgung kam.»

«Ja, das hat er wohl.»

«Doch irgendjemand, vielleicht ein Polizist, fand das nicht in Ordnung. Deswegen wandte er sich an Ernst Cincera.»

Tobler lehnte sich zurück und faltete die Hände vor dem Bauch. Er seufzte müde. «Das Feuer war ein tragischer Unfall. Doch in der Schweiz verjährt sogar Mord nach 30 Jahren. Und der verletzte Monteur erhielt eine grosszügige Spende, anonym natürlich. Wollen Sie mir nach fast 50 Jahren einen Strick daraus drehen?»

Vanzetti wusste, dass das aussichtslos war. «Der Brand ist eine Sache, Mord und Erpressung eine andere.»

Tobler hob die Augenbrauen. «Ich sehe noch immer keinen Zusammenhang.»

Das Getue ging Vanzetti auf den Wecker. «Es hat eine Weile gedauert, bis ich das Puzzle zusammensetzen konnte. Wir wussten, dass Verena Christen mit Unterlagen aus dem Archiv Menschen erpresste. Doch wen? Und wofür? Da fanden wir Ihre Telefonnummer in Christens Unterlagen. Und dann die von Hannes Berchtold, dem Inhaber der Berchtold-Firmengruppe.»

Tobler zog die Augen zu Schlitzen zusammen. «Worauf wollen Sie hinaus?»

«Ach, das wissen Sie genau. Als Berchtold 2005 Konkurs anmeldete, mussten sich die Gläubiger 930 Millionen Franken ans Bein streichen. Wenige Monate vor dem Konkurs hatte Hannes Berchtold Immobilien, Aktien und Gemälde im Wert von 45 Millionen Franken auf seine Frau überschrieben. Die Gläubiger zogen den Fall bis vors Bundesgericht. Wo Sie entschieden haben, zur Überraschung vieler Juristen, dass die Überschreibung rechtmässig war. Bestimmt hat sich Berchtold das Urteil einiges kosten lassen.»

Vanzetti stand auf und lehnte sich über den Schreibtisch. «War es das erste Mal, dass Sie ein Urteil auf Bestellung abgeliefert haben? Wie viel haben Sie bekommen dafür?»

Tobler schoss hoch, er beugte sich über den Schreibtisch vor, auf den Vanzetti sich nun stemmte. Ihre Gesichter waren nur wenige Zentimeter entfernt voneinander. «Was erlauben Sie sich, Sie kleiner Kläffer? Mit einem Anruf beim Bundesrat versenke ich Ihre Karriere im Mülleimer.»

Vanzetti richtete sich auf. «Bitte, rufen Sie an. Bestimmt wird er sich interessieren für den Polizeibericht und die Kontakte zwischen Ihnen, Christen und Berchtold. Nimmt man noch das sehr überraschende Urteil zu Berchtolds Gunsten hinzu, würde es mich nicht erstaunen, wenn der Bundesanwalt Ermittlungen wegen Rechtsbeugung aufnähme. Er würde dann alle Fälle aus Ihrer Vergangenheit genau unter die Lupe nehmen. Eine interne Untersuchung im Bundesgericht dürfte folgen.»

Rote Flecken bildeten sich auf Toblers Wangen. «Wenn Sie sich mit den Abläufen am Bundesgericht befasst hätten, dann wüssten Sie, dass so etwas gar nicht möglich ist», zischte er. «Drei Richter haben den Fall Berchtold begutachtet und das Urteil gefällt. Einstimmig.»

Es war nicht mehr als ein Rückzugsgefecht. «Ich muss zugeben, dass mir dieser Punkt zunächst auch Kopfzerbrechen bereitet hat. Bis ich mich mit Juristen unterhalten habe, die sich auskennen am Bundesgericht.»

Tobler hob spöttisch die Oberlippe. «Das interessiert mich jetzt brennend.»

«Nun, wie überall sonst menschelt es auch am höchsten Schweizer Gericht. Das beginnt bei der

Zusammensetzung der Richterbank. Als Präsident haben Sie grossen Einfluss darauf, wer welchen Fall bekommt. Und natürlich kennen Sie Ihre Kolleginnen und Kollegen bestens. Da soll es eine Richterin geben, mit der Sie gut befreundet sind; die folgt praktisch immer Ihrem Urteil. Andere fürchten sich vor öffentlicher Demütigung. Offenbar kanzeln Sie Kollegen gerne ab, wenn die eine andere Meinung vertreten. Also müssen Sie bloss Ihre Freundin und einen Angsthasen einsetzen. Und schon haben Sie Ihr einstimmiges Urteil.»

Tobler bleckte die Zähne. «Viel Glück, wenn Sie das beweisen wollen.»

Vanzetti wandte sich zum Gehen. «Das überlasse ich anderen. In Ihrer Karriere sollen Sie eine Menge Leute vor den Kopf gestossen haben. Bestimmt werden die sich darauf stürzen. Und die Medien erst … Selbst wenn Sie am Ende nicht vor Gericht landen, sind Sie erledigt.»

Tobler sank zurück in den Sessel. «Verschwinden Sie.»

«Gerne. Ich finde selber hinaus.» Vanzetti verliess das Büro, schlenderte durch die Eingangshalle und hinaus in die schwüle Luft. Tobler war der Einzige bisher, bei dem Saxer und er keinen Zweifel über die krummen Geschäfte hegten. Doch es lag noch viel Arbeit vor ihnen, sie hatten erst einen Teil des Archivs gesichtet.

Er ging über das Kopfsteinpflaster hinunter, steckte sich eine Zigarette an und erreichte das schmiedeeiserne Tor. Da hörte er einen dumpfen Schuss. Vanzetti drehte sich um und griff seufzend zum Handy.

Tobler, dieser Feigling, stahl sich aus der Verantwortung.

63

Vanzetti liess das Auto auf dem Parkplatz stehen, durchquerte das offene Tor und spazierte über das Gelände. In der Hand hielt er einen Strauss Lilien – Tamaras Lieblingsblumen.

Beim Teich setzte er sich auf eine Bank und genoss die Sonne im Gesicht. Er verweilte gerne auf dem Friedhof von Köniz. Das weitläufige Gelände mit den mächtigen Bäumen und dem Gurten im Hintergrund hatte nichts Bedrückendes, im Gegenteil. Hier kam er zur Ruhe, konnte seine Gedanken sammeln. Es war der Wunsch von Tamaras Eltern gewesen, ihre Tochter und ihre Enkelin «in der Nähe» zu haben. Heute war Vanzetti froh, dass er damals zugestimmt hatte.

Vor zwölf Tagen hatte sich Bundesrichter Arnold Tobler das Leben genommen, damit hatte Vanzetti zumindest diesen Teil des Falls offiziell zu den Akten legen können. Doch noch immer arbeiteten sich Saxer und er durch das Cincera-Archiv auf der Suche nach weiteren Tätern oder Opfern. Es würde noch Wochen dauern, bis sie zu einem Abschluss kämen.

Das galt auch für Lucy. Erst vor wenigen Tagen hatte sie einen ersten Spaziergang an der Aare machen können. Nach wie vor war ihr anzusehen, wie sehr sie physisch und psychisch litt. Doch es gab auch positive Zeichen: Überraschend hatte sich Lucy vor drei Tagen einen Hund aus dem Tierheim geholt, ein komisches Vieh, und ihn auf den Namen Winston getauft. Mit dem ging sie jetzt drei Mal pro Tag an die frische Luft.

Zoe hatte unbezahlten Urlaub genommen und kümmerte sich liebevoll um ihre Grossmutter. Doch neuerdings trainierte sie wieder und verfolgte die Nachrichten. Vanzetti konnte ihr ansehen, wie ihre innere Unruhe wuchs. Bestimmt würde sie bald in den Job zurückkehren. Und später, in ein paar Wochen vielleicht, die Zeit für einen langen Spaziergang oder ein gemeinsames Essen finden.

Und dann …? Noch vor Kurzem hätte Vanzetti die Idee einer Beziehung mit dieser hyperaktiven Nervensäge für völlig hirnrissig gehalten. Doch mittlerweile fand er den Gedanken nicht mehr ganz so abwegig.

Er setzte sich wieder in Bewegung, machte einen weiten Bogen um den Teich, ging an der Aufbahrungshalle vorbei und kam schliesslich zum Feld A5. Frische Blumen schmückten das Grab – bestimmt von Tamaras Mutter. Vanzetti legte seine Lilien daneben, kniete sich vor den Grabstein und strich mit der Hand über den Granit. Vor bald drei Jahren war Tamara bei der Geburt von Laura gestorben. In Gedanken verweilte Vanzetti bei seiner kleinen Familie.

Mit den Fingern grub er ein kleines Loch neben den Stein. Er griff in seinen Nacken, löste die Halskette mit dem Ehering und legte beides hinein. Dann schaufelte er mit der Hand Erde darüber.

Mit dem Zeigfinger fuhr Vanzetti die eingeritzten Namen seiner Frau und seiner Tochter nach.

Er erhob sich und schlenderte zurück unter den mächtigen Bäumen, blickte hinauf zum Gurten und noch weiter in den blauen Sommerhimmel.

Anmerkungen

Diese Geschichte ist Fiktion. Die Personen oder Ereignisse sind allesamt frei erfunden. Real sind hingegen die Orte, die in diesem Buch beschrieben werden. Hie und da habe ich mir allerdings erlaubt, Gebäude und Schauplätze ein wenig umzubauen oder zu verschieben.

Ebenfalls real ist die Geschichte von Ernst Cinceras Geheimarchiv. Cincera, Zürcher FDP-Politiker und Besitzer eines Grafikbüros, hatte ursprünglich durchaus Sympathien für linke Kreise. Doch eine Reise in den Ostblock veranlasste ihn zu einem radikalen Seitenwechsel. Ab den 1970er-Jahren kämpfte Cincera gegen die linke Unterwanderung der Schweiz, warnte in Vorträgen vor der Gefahr und ermunterte Bürgerinnen und Bürger dazu, ihm die Namen von «Verdächtigen» zu melden. Zudem schleuste er Spitzel in linke Gruppierungen ein. Die Daten sammelte er in einem Geheimarchiv an der Englischviertelstrasse in Zürich.

In einer Broschüre berichtete Cincera regelmässig über die linke Szene, die Abonnenten stammten unter anderem aus der Wirtschaft und den Verwaltungen. Auf Anfrage gab Cincera auch gezielt Auskunft über Personen, die er fichiert hatte. So gelangten Informationen, die häufig auf Gerüchten oder Vermutungen beruhten, an Behörden oder die Armee. Das konnte Entlassungen oder Absagen bei Stellenbewerbungen zur Folge haben.

Am 20. November 1976 flog das Cincera-Archiv auf. Linke Aktivisten um den Journalisten Jürg Frischknecht hatten einen Spitzel enttarnt, waren ins Archiv eingedrungen und hatten einen Teil der Unterlagen mitgenommen. Danach informierten sie die Medien. Pikant an der Affäre ist, dass die Aktivisten offenbar von politisch rechter Seite auf den Spitzel aufmerksam gemacht worden waren. Und dass dieser Spitzel nicht nur für Cincera, sondern auch für den Schweizer Staatsschutz arbeitete.

Nach dem Skandal gingen auch bürgerliche Kreise auf Distanz zu Ernst Cincera. Trotzdem schaffte er 1983 den Sprung in den Nationalrat, in dem er bis 1995 sass. Er starb im Oktober 2004 im Alter von 77 Jahren, der Journalist Jürg Frischknecht im Juli 2016 im Alter von 69 Jahren.

Bedanken möchte ich mich bei allen Personen, die mir durch ihr Wissen und ihre Ratschläge beim Schreiben geholfen haben. Zu meinem tollen Beraterteam gehören neben der Lektorin Denise Erb vom Reinhardt Verlag der ehemalige Berner Stadtratspräsident Urs Frieden sowie meine guten Kollegen Gregor Saladin und Rolf Wirz, meine Schwester Michaela und mein Bruder Peter.

Den grössten Dank schulde ich wie immer meiner Frau und meinen Kindern, die mich auf vielfältige Weise unterstützt haben.

«Es ist eines jener Bücher, die man nicht aus der Hand legen möchte, sich aber später darüber ärgert, dass mans nicht getan hat – dann nämlich, wenn man am Ende angelangt ist.»

Martin Zimmerli, Coopzeitung

«Ein hoch spannender Plot mit dramatischen Entwicklungen und einer überraschenden Wendung.»

Thomas Gubler, Basler Zeitung

Rolf von von Siebenthal: **Lange Schatten**

Ein Leibwächter stirbt, eine Bundesrätin überlebt. Auf den ersten Blick sieht es wie ein missglückter Anschlag aus, doch Bundeskriminalpolizist Alex Vanzetti hat Zweifel. Ein weiterer Mord geschieht, das Opfer arbeitete als Arzt am Inselspital. Während Vanzetti und seine Sonderkommission im Dunkeln tappen, bekommt die junge Journalistin Zoe Zwygart mysteriöse Botschaften, die auf einen Serientäter hinweisen. Auf der Jagd nach einer Exklusivgeschichte sucht sie den Absender. Doch je tiefer Zwygart und Vanzetti in der Vergangenheit graben, desto mehr geraten sie selbst in Gefahr. Denn jemand will mit allen Mitteln verhindern, dass die Wahrheit ans Licht kommt.

Rolf von Siebenthal: Lange Schatten
440 Seiten, gebunden mit Schutzumschlag
CHF 29.80
ISBN 978-3-7245-2227-0
Erhältlich auf www.reinhardt.ch